Das 20. Jahrhundert

Geschichte Österreichs   Band VI

Roman Sandgruber

Das 20. Jahrhundert

Pichler Verlag

UMSCHLAGBILDER:
Groß: 400.000 steirische „Volksgenossen" umjubeln am 4. April 1938 „ihren" Führer. Österreichisches Institut für Zeitgeschichte – Bildarchiv.
Klein: Brigittenauer Brücke in Wien. Foto: Toni Anzenberger/Agentur Regina Maria Anzenberger.
Umschlagbild hinten: Die Unterschriften auf dem Staatsvertrag vom 15. Mai 1955. Foto: Andreas Dobslaw.
Buchrücken: Leopold Figl. Gemälde von Robert Fuchs. Öl auf Leinwand, 1966. Niederösterreichisches Landesmuseum.

VORSATZ:
Außenminister Leopold Figl zeigt den Staatsvertrag. Archiv Pichler Verlag.

NACHSATZ:
Herbert Boeckl, Donawitz. Bleistift und Aquarell, 1960. Galerie Magnet.

FRONTISPIZ:
Blinde Mutter. Gemälde von Egon Schiele. Öl auf Leinwand, 1914. Imagno/Austrian Archives.

IMPRESSUM

ISBN 3-85431-315-2
© 2003 by Pichler Verlag in der Styria Pichler Verlag GmbH & Co KG, Wien
Alle Rechte vorbehalten

Fotoredaktion und Bildtexte: Dr. Johannes Sachslehner
Umschlaggestaltung: Bruno Wegscheider
Design und Produktion: armanda,geisler Wien
Druck und Bindung: Druckerei Theiss GmbH, St. Stefan im Lavanttal

Inhalt

	Einleitung	6
1	Das Jahrzehnt der Träume 1900–1909	10
	*) Das Jahrhundert des Massensports	24
2	Das Jahrzehnt der Zerstörung 1910–1919	30
3	Das Jahrzehnt der Enttäuschung 1920–1929	40
	*) Das Jahrhundert des Massenkonsums	58
4	Das Jahrzehnt der großen Krise 1930–1938	62
5	Sieben Jahre der Leiden 1938–1945	78
6	Fünf Jahre der Hoffnung 1945–1950	100
	*) Das Jahrhundert der Massenmedien	120
7	Das Jahrzehnt der Wunder 1950–1959	124
8	Das Jahrzehnt der „Macher" 1960–1969	138
	*) Das Jahrhundert des Massenverkehrs	150
9	Das Jahrzehnt auf der Insel 1970–1979	154
10	Das Jahrzehnt der Skandale 1980–1989	164
	*) Das Jahrhundert der Datenmassen	174
11	Das Jahrzehnt der Öffnung 1990–2000	178
	Zeittafel	188
	Weiterführende Literatur	190
	Bild- und Quellennachweis	192

*) Themenschwerpunkte

Einleitung

Viribus unitis! („Mit gemeinsamen Kräften!") in das 20. Jahrhundert – unter diesem Motto des Kaiserhauses stellten auch die Herausgeber Alexander Duschnitz und Carl Fischer ihre zur Jahrhundertwende erschienene „Ehrengallerie der österreichisch-ungarischen Monarchie".

Wie eine Zwiebel rollt sich die Geschichte Österreichs auf: Jede Periode hat eine weitere Schale hinzugefügt, immer dickere und immer direkter auf die Gegenwart einwirkende.

Nur mehr verschwommen erkennt man die Urzeit, an einzelnen Fluss- und Ortsnamen, am Grundnetz der Städte und Wege, in der Kontinuität von Siedlungsplätzen oder des Salzbergbaus. In Wirklichkeit sind uns die Venus von Willendorf oder der Ötzi, die Pfahlbausiedler und die Hallstattleute fremder als nahöstliche oder afrikanische Kulturen.

Viel deutlicher zeichnet sich die römische Antike ab, in der Kultur und Infrastruktur, im Straßennetz und in Städtenamen, in landwirtschaftlichen Traditionen und im kulturellen Erbe. Es sind das lateinische Christentum und die provinzialrömische Infrastruktur, auf denen Österreich aufbaut.

Die ethnische Struktur der Österreicher wurde im Frühmittelalter geformt, aus keltischen, provinzialrömischen, slawischen und germanischen Bestandteilen, zusammen mit awarischen, ungarischen, ja sogar bulgarischen Wanderwellen und versprengten Gruppen. Das Hochmittelalter schuf die heutige Kulturlandschaft, die Flurformen und Siedlungsstrukturen, Pfarrgrenzen, Burgen und Herrschaften, Dörfer, Märkte und Stadtrechte. Im Spätmittelalter war die Ausbildung der österreichischen Länder und Territorien im Wesentlichen abgeschlossen.

Die Frühe Neuzeit unter Maximilian I., Karl V. und Ferdinand I. katapultierte das Land ins große Spiel der europäischen Mächte. In Gegenreformation, Absolutismus und beginnendem Verwaltungsstaat wuchs Wien zur Haupt- und Residenzstadt und die Monarchie der Habsburger zur europäischen Großmacht. Die Aufklärung machte aus grundherrschaftlichen Untertanen und städtischen Bürgern der Theorie nach Staatsbürger, in der Realität aber Staatsuntertanen. Der Bürgerbegriff wurde immer mehr vom privilegierten Stadtbewohner zum Gewerbetreibenden allgemein und Staatsbürger generell ausgeweitet.

Auch in Österreich war im Anfang Napoleon: Mit der Ausrufung des Kaisertums Österreich im Jahr 1804 und dem Ende des Römisch Deutschen Reiches im Jahr 1806 begann staatsrechtlich die eigene Geschichte Österreichs.

Als wichtigste Auswirkung der Revolution von 1848 und der Aufhebung der Grundherrschaft wurden die modernen Verwaltungsstrukturen begründet: Ortsgemeinden, Gerichtsbezirke und politische Bezirke als Grundlage einer effizienten Verwaltung und Rechtssprechung, die Gendarmerie

Das 20. Jahrhundert / Einleitung

als Ergänzung zur Polizei für die Gewährleistung der öffentlichen Sicherheit auch außerhalb der Städte und die Handelskammern als Instrumente der Gewerbeförderung und Interessenvertretung.

Die Industrialisierung begann die wirtschaftlichen Strukturen zu verändern. Eisenbahn, Dampfschiff und Telegraph bewirkten seit der Mitte des 19. Jahrhunderts eine mehrfache Globalisierung. Seit etwa 1880 folgten Telefon und elektrische Beleuchtung, nach 1885 Fahrrad und Automobil, in den neunziger Jahren die ersten Filme, die erste Datenverarbeitung auf Lochkartenbasis, der Giroverkehr und die Warenhäuser. Die modernen Parteien formierten sich. Die Einigung der Sozialdemokratie gelang am Hainfelder Parteitag an der Jahreswende 1888/89, die der Christlichsozialen mit dem Schindler-Programm, die Deutschnationalen fanden ihre Grundlage im Linzer Programm von 1882. In den Lebensreform-Bewegungen der Jahrhundertwende stecken die Wurzeln der Grünen Parteien.

Das 20. Jahrhundert war nach einem berühmten Buchtitel des Altösterreichers Eric Hobsbawm das Zeitalter der Extreme. Das könnte für kein Land besser zutreffen als für Österreich. Es war alles, zuerst Großstaat und dann Kleinstaat, ja für kurze Zeit von der Landkarte überhaupt verschwunden, zweimal fast zum Verhungern verurteilt und ins untere Drittel der europäischen Wohlstandsskala zurückgefallen, heute aufgerückt in die Spitzengruppe der reichsten Staaten der Welt; es hatte in dem Jahrhundert alle denkbaren Staatsformen von Monarchie und Demokratie bis zur Diktatur in den Spielarten von autoritär und totalitär, war sowohl im Zentrum Europas wie an dessen Rand, in der Existenzfähigkeit und Eigenstaatlichkeit bestritten und zu einer eigenen Nation geworden, unter nationalsozialistischer und unter kommunistischer Besatzung, Opfer und Täter, gehasst und geliebt, voll Licht und voll Schatten, mit schwarzen Legenden und goldenen Klischees ... Fünfmal wechselten die Hymnen, noch häufiger die Wappen, fünfmal wurden auch die Währungen geändert, vom Gulden über Krone, Schilling, Reichsmark und wieder Schilling zum Euro, in zwei Hyperinflationen wurden überhaupt alle Geldwerte vernichtet.

Eine Periodisierung der österreichischen Geschichte im 20. Jahrhundert scheint fürs Erste sonnenklar. 1918 zerfiel die Habsburgermonarchie und wurde die Republik ausgerufen. 1933 endete die Demokratie in Österreich. 1938 wurde die Republik Österreich an das nationalsozialistische Deutsche Reich angeschlossen. 1945 ging der Krieg zu Ende und wurde Österreich vom

Nationalsozialismus befreit. 1955 war auch die Besatzung durch die vier Siegermächte vorbei und Österreich erhielt im Staatsvertrag seine volle Souveränität zurück. 1989 fiel der Eiserne Vorhang und 1995 trat das Land der EU bei.

Aber die Wahl der Wendepunkte verändert jeweils die Perspektiven: Welches Geschichtsbild entsteht, wenn die Jahre 1914 bis 1945 als „Dreißigjähriger Krieg" des 20. Jahrhunderts gemeinsam betrachtet werden, dem ein „Vierzigjähriger Kalter Krieg" nachgefolgt sei? Ist 1914, der Ausbruch des Krieges, oder 1917, das Datum der russischen Oktoberrevolution, oder doch 1918, das Ende des Krieges, der wichtige Wendepunkt, der das 20. Jahrhundert einleitet? Oder begann dieses 20. Jahrhundert schon viel früher, mit den sozioökonomischen, technischen und künstlerischen Revolutionen der 80er- und 90er-Jahre des 19. Jahrhunderts?

Je nachdem, wie die Periodisierungen gesetzt werden, entstehen unterschiedliche Blickpunkte und Ideologien. Wenn man von „zwölf Jahren Diktatur" (1933 bis 1945) oder von „siebzehn Jahren Besatzung" (1938 bis 1955) spricht, stiftet man jeweils völlig unzulässige Vermischungen und Verwirrungen. Die Jahre 1933 bis 1945 als Einheit zusammenzuziehen, ist teils gedankenlose Übertragung der deutschen zeitgeschichtlichen Periodisierung auf Österreich, teils Ergebnis einer politisch gefärbten Subsumierung der ständestaatlichen und der nationalsozialistischen Epoche der österreichischen Geschichte unter ein und dasselben Etikett „Faschismus". Die Jahre 1938 bis 1955 unter dem Aspekt Besatzung zusammenzufassen und 1955 statt 1945 als Befreiung zu feiern, übergeht völlig die Dimensionen totalitärer NS-Herrschaft und Unterdrückung und verwischt auch die Rolle einer österreichischen Mittäterschaft und Mitverantwortung am NS-Unrechtsstaat.

1945 und 1938 sind Strukturbrüche, die die österreichische Geschichte jeweils in eine ganz andere Richtung gelenkt haben, ebenso wie die Zerstörung der Habsburgermonarchie im Jahr 1918. Aber ist zum Beispiel der Staatsvertrag 1955 tatsächlich ein Perioden begrenzender Einschnitt, oder war nicht in Wahrheit schon Anfang der 50er-Jahre für die Österreicher die Nachkriegszeit vorbei, das Wirtschaftswunder eingeleitet und eine Unfreiheit durch die „Besatzung" kaum mehr spürbar? Ist das Jahr 1929 mit dem Ausbruch der Weltwirtschaftskrise der entscheidendere Wendepunkt oder das Jahr 1933 mit der Ausschaltung des Parlaments? Oder ist das Jahr 1934 mit dem Bürgerkrieg, dem Juli-Putsch und der Einführung der ständestaatlichen Verfassung ein Perioden begrenzender Einschnitt? Sind die dreizehn Jahre der Kreiskyschen Alleinregierung eine eigenständige Periode oder geben die beiden Alleinregierungen von 1966 bis 1983 eine zusammenhängende Phase, oder ist vielleicht doch die grundlegende Änderung der weltwirtschaftlichen Stimmungslage im Jahr 1973 (der so genannte „Energieschock") der wichtigere Bruch?

Das 20. Jahrhundert teilt sich in Österreich in zwei recht unterschiedliche Hälften: Die erste Hälfte ist voll blutiger und zerstörerischer Konfrontationen, beginnend mit den Badenischen Unruhen über die großen Streiks und Straßenschlachten der ausgehenden Habsburgermonarchie, die Katastrophe des Ersten Weltkriegs, die Gewalttätigkeiten der Ersten Republik, den Bürgerkrieg bis zu der nationalsozialistischen Terrorherrschaft und dem Zweiten Weltkrieg und endend mit den ersten Jahren der Besatzungszeit und dem Oktoberstreik 1950. Die zweite Jahrhunderthälfte zeigt eine ganz andere Grundstimmung: konsensorientiert, sozialpartnerschaftlich, friedlich und ohne wirklich große Gewaltausbrüche.

In Wahrheit bestehen Kontinuitäten, der sozialen Eliten, der wirtschaftlichen Strukturen, der Mentalitäten und Einstellungen, wirkten wirtschaftlich-konjunkturelle Wechsellagen und Modeströmungen bei politischen Entscheidungen, Alltagskultur und künstlerischem Wandel mit, gab es Überlagerungen und Zeitverschiebungen. Die Historiker haben es sich angewöhnt, die Periodisierungen zu strecken und zusammenzudrücken: das „lange" und das „kurze" 20. Jahrhundert, die „langen" 50er-Jahre, die „kurzen" 60er-Jahre, wiederum die langen 70er-Jahre. Aber in Wahrheit denken wir in runden Zahlen: das 20. Jahrhundert, das erste Jahrzehnt, die wilden 50er-Jahre, das 68er-Jahr. Die runden Zahlen des Kalenders kommen nicht nur dem Leser entgegen, sie entsprechen auch sehr viel besser der Unschärfe und Ungleichzeitigkeit des Gleichzeitigen in der historischen Entwicklung.

So ist das hier gewählte Gliederungsschema nach Dekaden, gesprengt von den Strukturbrüchen 1938 und 1945, nicht nur als chronologisch-didaktische Gedächtnisbrücke, sondern auch als Versuch einer Charakterisierung nach Zeitstimmungen zu verstehen, die sich nie sehr genau datieren lassen und denen runde Zahlen besser entsprechen. Dazu kommen die langen Trends des 20. Jahrhunderts, der Massenkonsum, die Massenmotorisierung, die Massenmedien, der Massensport und die Verarbeitung riesiger Datenmassen.

Österreich ist im 20. Jahrhundert nicht nur als Staat entstanden, sondern auch zu einer Nation geworden. Es darf nicht wundern, dass diese Nationswerdung mit zahlreichen Schmerzen und Schwierigkeiten verbunden war, um die dafür notwendige Identität zu finden: Immer noch mit Großmachtsambitionen kokettierend, dann im Anschlussdenken verheddert, zuletzt auf die Neutralität fixiert, die aber inzwischen ihre Bedeutung verloren hat, konnten sich die Österreicher als Bollwerk, Brücke oder Insel definieren, als Herz Europas, als Reservoir schöner Landschaft, als stolzer Besitzer natürlicher Ressourcen, vom Erz bis zum Wasser, als Kulturvolk der Geiger und Tänzer, als Hüter der Umwelt und Mahner gegen Kernkraft oder Gentechnik. Das alles ist österreichische Geschichte, die das Land entsprechend schwer im Gepäck hat.

1

Das Jahrzehnt der Träume 1900–1909

Eröffnete einen neuen Blick auf den Menschen: Sigmund Freud, der Begründer der Psychoanalyse. Foto, um 1900.

Im Anfang war der Traum. Sigmund Freuds *Traumdeutung* war zwar schon im Jahr 1899 ausgeliefert worden, aber vordatiert auf die magische Zahl 1900. Das von Vergil entlehnte Motto: „Kann ich die Himmel nicht beugen, so hetz ich die Hölle in Aufruhr" (*Flectere si nequeo superos, Acheronta movebo*, Äneis VII 312), von Freud sicherlich in Bezug auf die Abgründe der Seele gedacht, könnte mit dem Wissen der Nachgeborenen auch als politische Vorhersage auf das neue Jahrhundert gedeutet werden. 1885 malte Anton Romako mitten in einer der längsten Friedenszeiten der österreichischen Geschichte einen „Totentanz", ein Schlachtfeld, uniformierte Skelette vor verbrannten Ruinen, scheinbar unzeitgemäß, anachronistisch, visionär, wütend bekämpft von der Öffentlichkeit ... der Albtraum des 20. Jahrhunderts.

Die alten Menschheitsträume schienen am Anfang des 20. Jahrhunderts Realität zu werden: Der Traum von der Geschwindigkeit und der nahezu

Von der Öffentlichkeit wütend bekämpft: Anton Romakos visionäres Gemälde „Totentanz", 1885. Österreichische Galerie Belvedere.

Das 20. Jahrhundert / Das Jahrzehnt der Träume

OBEN: *Einer der Väter der „Wiener Moderne": der Philosoph und Physiker Ernst Mach (1838–1916). Foto, um 1900.*
UNTEN: *Der Nationalökonom Eugen von Böhm-Bawerk (1851–1914) führte als Finanzminister die progressive Einkommenssteuer ein.*

unbeschränkten Mobilität, die Menschheitsträume vom Fahren, Fliegen, Tauchen wurden realisiert. Auch die alten Träume von der Gedankenübertragung und den künstlichen Gehirnen schienen plötzlich nicht mehr utopisch. Der Traum vom Schauen und Hören über alle zeitlichen und örtlichen Grenzen hielt mit den neuen virtuellen Medien Film, Radio, Fernsehen Einzug. Der Sport wurde zum neuen Träger der Massenunterhaltung und der nationalen Identität. Und schließlich alles übergreifend, stülpte sich der Traum vom Massenkonsum darüber, in den Warenhäusern, den neuen „Museen des Kleinen Mannes" und der Wegwerfmentalität der modernen Konsumgesellschaft.

Das spezifische Lebensgefühl des Fin de Siècle schien sich in den Kaffeehäusern zu artikulieren: Dort gab es die besten Zeitungen, dort trafen sich die Journalisten, die Literaten, die Politiker, die Austromarxisten, die jungen Emanzipierten. Geblieben ist ein Mythos. Es gab zahlreiche kreative Kreise: die Frauenemanzipation um Rosa Mayreder, die Psychoanalyse um Sigmund Freud, den Zionismus um Theodor Herzl, die Literatur um Arthur Schnitzler und Hugo von Hofmannsthal, die Musik um Gustav Mahler und Arnold Schönberg, die Malerei um Gustav Klimt, für die Architektur Zirkel um Josef Hoffmann, Otto Wagner und Adolf Loos, die Philosophie um Ernst Mach, die Nationalökonomie um Eugen Böhm-Bawerk, den Austromarxismus um Victor Adler, die Medizin um Theodor Billroth und Karl Landsteiner. Warum diese Blüte? Man kann viele Gründe anführen – Wien als boomende Millionenstadt hat sie angezogen.

Spitzenleistungen gab es in Medizin, Physik, Biologie, Chemie, Philosophie, Rechtswissenschaft, Nationalökonomie, Musik, Literatur, Malerei, Architektur. Wien wurde zur Experimentierstation der Moderne. Aber auch die Provinz emanzipierte sich: Peter Rosegger in der Steiermark, der Brenner-Kreis in Tirol, der junge Georg Trakl aus Salzburg, Hermann Bahr, der Mann aus Linz. Prag, Brünn, Laibach, Triest, Graz, Lemberg, Czernowitz wetteiferten untereinander: Ein gemeinsamer Stil der öffentlichen Bauten, der

In den Kaffeehäusern artikulierte sich das spezifische Lebensgefühl des Fin de Siècle: das 1705 gegründete Café Tomaselli in Salzburg. Zeitgenössische Postkarte, um 1910.

Dirigierte seine Operetten selbst: Franz Lehár (1870–1948). Kompositionen wie „Die lustige Witwe" (1905) und „Das Land des Lächelns" (1929) wurden zu Klassikern des Genres. Gemälde von E. Gläsen im Lehár-Haus, Wien-Döbling. Öl auf Leinwand.

Theater, Museen, Bahnhöfe, Banken, Finanzämter, Gerichtsgebäude, Kaffeehäuser prägt bis heute den Raum der ehemaligen Habsburgermonarchie.

Wien war wieder wie zur Zeit der Klassik zum Nabel der Musikwelt geworden. Das Nebeneinander von Anton Bruckner und Johannes Brahms, Johann Strauß und Hugo Wolf, Gustav Mahler und Arnold Schönberg, Alexander Zemlinsky, Wilhelm Kienzl und Franz Schmidt und Oscar Straus, Carl Michael Ziehrer, Richard Heuberger oder Franz Lehár existierte zwar in der Ortswahl, aber die Wege und Ausdrucksformen gingen immer mehr auseinander. Die Spezialisten setzten sich durch. Brahms war der Letzte, der noch einmal alle Genres der musikalischen Ausdrucksweise zu umfassen versuchte, Anton Bruckner wollte ausschließlich als Sinfoniker beurteilt werden, Hugo Wolf wurde zum Liederkönig und Johann Strauß zum Walzerkönig. Es gab die Operettenkaiser, die Marschexperten, die Spätromantiker und die Pioniere der musikalischen Avantgarde.

Gustav Mahler war es, der während seiner zehnjährigen Direktionszeit (1897–1907) die Wiener Hofoper zum führenden Opernhaus der Welt machte. Seine Musik wurde zur Verbindung zwischen Romantik, Fin de Siècle und neuer Moderne. Die von Arnold Schönberg begründete Schule der Zwölftontechnik, die zur wichtigsten Kompositionstechnik des zweiten Viertels des 20. Jahrhunderts aufrückte, wirkte vor allem über seine Schüler Alban Berg, Anton von Webern und Egon Wellesz.

Das letzte Drittel des 19. Jahrhunderts war die Zeit der klassischen Wiener Operette, ihr „goldenes Zeitalter": Franz von Suppè, Johann Strauß Sohn, Carl Millöcker, Carl Zeller, Carl Michael Ziehrer. Nach der Jahrhundertwende folgte, nicht weniger großartig, ihr „silbernes Zeitalter": Richard

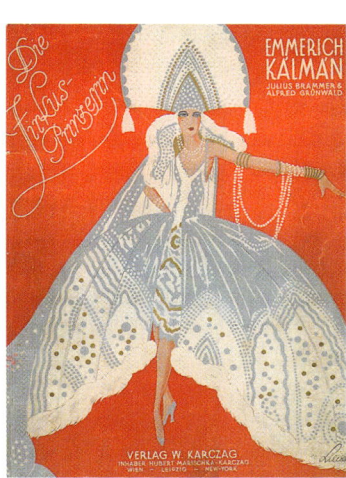

„Gräfin Mariza" (1924) und „Die Zirkusprinzessin" (1926) wurden zu den größten Operettenerfolgen Emmerich Kálmáns. Die Libretti für beide Stücke schrieb das kongeniale Duo Julius Brammer und Alfred Grünwald.

Heuberger, Leo Fall, Edmund Eysler, Oscar Straus, Franz Lehár, Emmerich Kálmán, Robert Stolz. Die großen Publikumserfolge der silbernen Zeit der Wiener Operetten lagen auch in der ironischen Nähe zur Tagespolitik begründet: „Ach die arme Dynastie, so was überlebt sie nie", heißt es im *Walzertraum* von Oscar Straus. Auch Franz Lehárs *Lustige Witwe* (1905) lebt vom Charme des Untergangs: „Oh Vaterland, du machst bei Tag / mir schon genügend Müh und Plag ..."

Das Fin de Siècle ist als „gute alte Zeit" in die Erinnerung eingegangen. Die letzte Chance für die Habsburgermonarchie, auf wirtschaftlichem Gebiet aufzuholen, bot sich um die Jahrhundertwende. Ab 1896 begann ein langer wirtschaftlicher Aufschwung, der häufig auch als „Zweite Gründerzeit" bezeichnet wird. Neue Produktionszweige, die Großchemie, der Fahrzeugbau und die Elektroindustrie, gaben Impulse. 1899 bis 1904 war in Österreich unter Ministerpräsident Koerber eine Regierung am Werk, die Bedeutendes vorhatte: den Koerber-Plan mit großen Kanal- und Eisenbahnprojekten.

Die letzten großen Eisenbahnen (die Pyhrnbahn, die Tauernbahn, die Karawankenbahn) wurden gebaut, die ersten Strecken elektrifiziert, das Wiener Straßenbahnnetz seit 1898/99 von Pferdebetrieb auf elektrischen Antrieb umgestellt. 1909 erhielt Österreich die erste Seilbahn. Entlang der Eisenbahnen begannen sich die großen Urlaubsziele aufzureihen, Reichenau, der Semmering, Mürzzuschlag, die Kärntner Seen, die Dolomiten, Grado, Abbazia, das Salzkammergut mit Gmunden, Ischl und Aussee, Gastein, Zell am See. Die Landpartie, die Bergtour und die Sommerfrische waren die Privilegien einer städtischen Oberschicht, denen nunmehr auch Mittelschichten und Arbeiter nachzueifern anfingen.

Die goldene Zeit der Eisenbahnreisen: Werbebroschüre der k. k. priv. Südbahn-Gesellschaft.

14 Das 20. Jahrhundert / Das Jahrzehnt der Träume

Das Fin de Siècle erstrahlte im neuen Licht der Elektrizität. Was Hitler in Wien als Erstes im Unterschied zu seiner Heimatstadt Linz auffiel, waren die hell erleuchteten Straßen. Die Elektrifizierung schritt rasch voran und stand in heftiger Konkurrenz mit dem Gaslicht. Mit einem Schlag gab es eine Vielzahl prominenter Erfinder: Carl Auer von Welsbach (Gasglühlicht, Seltene Erden), Nicola Tesla (Wechselstrom), Robert von Lieben (Diode, Triode), Otto Nussbaumer (Radiodetektor), Ludwig Hatschek (Asbestzement), Viktor Kaplan (Turbine), Hans Hörbiger (Ventile) etc.

Der 1892 eingeleitete und im Jahre 1900 abgeschlossene Übergang von der Silber- zur Goldwährung, verbunden mit der Umbenennung von Gulden und Kreuzer auf Krone und Heller und mit einer leichten Abwertung nach außen, begünstigte die Exporte und schien die Sicherheit des Goldes zu bieten: eine sehr trügerische Sicherheit, wie sich 1914 herausstellte.

Seit den 80er-Jahren begann sich die Struktur der Wirtschaft tief reichend zu ändern: In einzelnen Branchen schritt die Konzentration rasch voran, Kartelle bildeten sich, der Bankeneinfluss wurde immer stärker, die Organisierung der Interessen der Arbeitsmarktkontrahenten in Verbänden, Kammern, Gewerkschaften und Parteien dichter und die direkte Einflussnahme des Staates durch Schutzzölle, Subventionen, ordnungs- und stabilitätspolitische Eingriffe und direkte Verstaatlichung intensiver.

Erstmals schienen um die Jahrhundertwende auch die Massen etwas von den Früchten der industriellen Revolution ernten zu können. Zucker und Schokolade begannen zu Massenprodukten zu werden. Man konnte sich ein Fahrrad leisten, Inbegriff individueller Fortbewegung und weiblicher Emanzipation. Aber die „gute alte Zeit", die Welt von Gestern, die Stefan Zweig so einfühlsam schilderte, war eine trügerische: Die Wohnungsnot war nicht gelöst. Die Teuerung erregte die städtischen Massen. Die Bauern der Alpenländer bangten um ihre Existenz. Die Nationalitäten und die Klassen prallten aufeinander. Streiks wurden mit vehementer Erbitterung geführt.

Was aus bürgerlicher Sicht als das „Zeitalter der Sicherheit" erschien, war für die Arbeiter immer noch von höchster Unsicherheit geprägt und von Jahr zu Jahr ein Sorgen und Bangen ohne Ende: Rascher Wechsel der Beschäftigung, häufige Wohnungswechsel und Unsicherheit bei Arbeitslosigkeit, im Alter, bei Krankheit oder Behinderung verbanden sich mit vielerlei Abhängigkeiten, vom Arbeitgeber, vom Werkmeister, vom Hausherrn, vom Greißler, bei dem man anschreiben ließ, immer geprägt von dem Zwang, genau mit jedem Heller rechnen zu müssen, fast ohne Aussicht, Ersparnisse anlegen zu können, stets von der Hand in den Mund. Arbeiterleben, das war die ständige Hetzjagd mit der Zeit, zehn bis elf Stunden tägliche Arbeit, die Wege von und zur Arbeitsstätte zu Fuß, kaum Zeit für Besorgungen, kaum Raum für Erholung. Und immer wieder Zusammenstöße: Streiks, Unruhen und am Ende der Krieg.

Dem Automobil voran ging die „Cyclisation", der Radfahrboom. Reklameschild für das Steyr-Waffenrad, um 1925.

 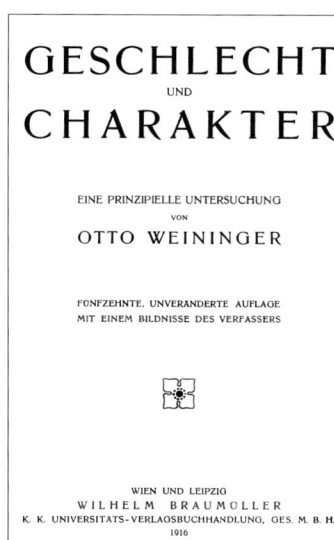

Der Philosoph Otto Weininger (1880– 1903) und sein verhängnisvolles Werk Geschlecht und Charakter, *das 1903 erstmals erschien und großen Einfluss auf die Literatur der folgenden Jahre ausübte.*

Bis 1906 bestand ein Klassenwahlrecht. Der Großteil der Bevölkerung war vom Wahlrecht praktisch ausgeschlossen. Das allgemeine und gleiche Wahlrecht, das 1906 im österreichischen Abgeordnetenhaus unter dem Eindruck der russischen Revolution („Österreich kann nicht russischer als Russland bleiben!") 1905 nach langem Kampf mit erstaunlicher Mehrheit beschlossen wurde und 1907 erstmals wirksam war, allerdings nur für Männer, änderte die Kräfteverhältnisse im Parlament und verstärkte gleichzeitig seine Handlungsunfähigkeit: Der Einfluss des Adels wurde dezimiert, ebenso jener der national-liberalen Bürgerparteien. Die großen Gewinner waren die Sozialdemokraten und die Christlichsozialen. Die Sozialdemokraten als mandatsstärkste Partei (87 Mandate bei insgesamt 516 Sitzen) waren allerdings in deutsche, tschechische, polnische, italienische und ruthenische Sozialisten aufgespalten. Die Christlichsozialen waren eine rein deutsche Partei und erreichten durch den Zusammenschluss mit den Katholisch-Konservativen 96 Mandate. 1911 war die Reihenfolge umgekehrt: Nun lagen die Deutschnationalen vor den Sozialdemokraten und den Christlichsozialen.

Insgesamt waren etwa 30 Parteien und Gruppierungen vertreten. Neben den Christlichsozialen und Sozialdemokraten spannte sich der Bogen von den Deutschradikalen und Schönerianern bis zu den Alttschechen, Jungtschechen und Tschechischen Nationalsozialisten, den Zionisten, polnischen, italienischen, ruthenischen Parteien etc. Zwischen 1907 und 1913 gab es fünf Regierungen und zahlreiche Ministerwechsel.

Hauptziele der Arbeiterbewegung: der Achtstundentag und das allgemeine Wahlrecht. Illustration aus der Mai-Festnummer der Neuen Glühlichter, 1904.

Das Mehrheitswahlrecht nach Wahlkreisen führte nahezu automatisch zu nationalen Zusammenschlüssen der Abgeordneten, etwa im Polen-Klub, Tschechen-Klub, Slowenen-Klub, oder auch zu klubübergreifenden nationalen Zusammenschlüssen, der „Slawischen Union" und dem „Nationalverband der deutschfreiheitlichen Abgeordneten". Der „Verband der sozialdemokratischen Abgeordneten" konstituierte sich 1907 zwar als einheitlicher Parlamentsklub, gliederte sich aber in fünf nationale Gruppen. 1911 gab es nur mehr drei sozialdemokratische Parlamentsklubs, einen deutschen, einen tschechischen und einen polnischen, aber keine einheitliche Partei mehr.

Immer mehr entwickelte sich das parlamentarische Leben zum Theater: Verhandelt wurde in zehn Sprachen, ohne Dolmetsch, ohne Redezeitbeschränkung, mit ständiger Obstruktion durch Dauerreden, durch vielerlei Lärm erzeugende Instrumente und durch immer wieder in Handgemenge verwickelte Abgeordnete. So war eine Kommunikation und konstruktive Arbeit kaum möglich. Regiert wurde immer wieder mit Notstandsparagraphen, bis im März 1914 das Parlament wieder einmal nach Hause geschickt wurde, just in einer entscheidenden Phase der österreichischen Geschichte.

Schon in den 70er-Jahren des 19. Jahrhunderts hatte sich die Abqualifizierung des Österreichischen Reichsrats und Parlaments als Theater eingebürgert, wegen des Tagungsortes in einem Theatersaal, bevor das neue Gebäude am Ring bezogen werden konnte – nun, nach 1900, wurde es zum europaweiten Gespött für links und rechts: Ein „reines Affentheater" nannte es August Bebel, eine „Quatschbude" Adolf Hitler, ein „unwürdiges Schauspiel" Mark Twain. Hier lag die Wurzel für das tief sitzende Misstrauen gegenüber der parlamentarischen Demokratie in weiterer Folge.

Die Entstehung der drei großen politischen Massenparteien, die das öffentliche Leben Österreichs bis ins späte 20. Jahrhundert bestimmen sollten, erfolgte in den 80er-Jahren des 19. Jahrhunderts unter dem Eindruck des Scheiterns der Liberalen. Die drei prominentesten Exponenten dieser drei Lager, Victor Adler, Karl Lueger und Georg v. Schönerer, hatten gemeinsame Wurzeln in der Arbeit am Linzer Programm der Deutschnationalen, entwickelten sich aber in sehr verschiedene Richtungen.

Ein Gründungsdatum für die Christlichsozialen lässt sich nicht angeben. Sie formten sich aus zwei Strängen, aus einer eher katholisch-konservativ orientierten Richtung des höheren Klerus und einer eher katholisch-sozial orientierten der jungen Kapläne. Schon 1891 war eine erste programmatische Einigung der Christlichsozialen im so genannten „Schindler"-Programm und die Formung zu einer Art Partei erfolgt. Ohne explizite Bezugnahme auf die christliche Theologie, aber mit einem von der katholischen Soziallehre geprägten Parteiprogramm präsentierten sich die Christlichsozialen als sozialreformerische und doch bürgerliche Partei mit einer kleinbürgerlichen Basis in den Städten und einer ländlichen Basis bei den Bauern. Die Bemühungen, mittels einer christlichen Arbeiterorganisation auch in der Industriearbeiterschaft Einfluss zu gewinnen, waren trotz der langen Tradition in der Lehrlings- und Gesellenarbeit über die Kolping-Vereine nicht wirklich erfolgreich.

Die österreichische Sozialdemokratie hat sich parteioffiziell auf ihr eigenes Gründungsdatum am Hainfelder Parteitag (an der Jahreswende 1888/89) festgelegt, ohne dass dies recht viel Sinn macht. Als politische Bewegung ist sie älter, als Partei um einiges jünger. Bevor die österreichische Sozialdemokratie im ersten Jahrzehnt des 20. Jahrhunderts einen führenden Platz erreichte, hatte sie Jahrzehnte schwerster Kämpfe hinter sich: parteiinterne Differenzen, Auseinandersetzungen mit den Arbeitgebern und Konflikte mit der staatlichen Obrigkeit. Erst 1888/89 gelang es Victor Adler, die Radikalen und die Gemäßigten auf eine Linie einzuschwören. Am Hainfelder Parteitag an der Jahreswende 1888/89 wurde das Programm der Sozialdemokratie formuliert, auch wenn schon 1874 auf dem Parteitag in Neudörfl (Ungarn) eine Parteigründung erfolgt war. Erst im letzten Jahrzehnt vor dem Weltkrieg wurden die Sozialdemokraten zu einer Mitgliederpartei. Allerdings zählte sie im ganzen cisleithanischen Teil vor 1914 nicht mehr als 90.000 Parteimitglieder.

1890 wurde der erste Maiaufmarsch durchgeführt. In den 90er-Jahren begann auch der Aufbau einer Gewerkschaftsbewegung. Die Arbeiterbewegung entwickelte eine wirkungsmächtige Symbolik: das Rot der Fahnen, die sich verbindenden Hände, den Hammer, die roten Nelken. Denkende Arbeiter trinken nicht, war die Kurzformel Victor Adlers. Anderseits nahm das Gasthaus eine wesentliche Funktion in Freizeitgestaltung, Vereinsleben und politischer Agitation ein. Man veranstaltete Arbeiterolympiaden und Sängerfeste. Eingängige Lieder trieben die Massen: das „Brüder, zur Sonne, zur Freiheit, Brüder, zum Lichte empor..." oder die 11. Strophe des Herweghschen Bundesliedes: „Mann der Arbeit, aufgewacht! Und erkenne deine Macht! Alle Räder stehen still, wenn dein starker Arm es will!"

Drei wesentliche Ziele bestimmten die Arbeiterbewegung vor 1914: der Kampf um das allgemeine Wahlrecht, um den Achtstundentag und um die soziale Sicherheit. Victor Adler, dessen ausstrahlende Persönlichkeit die österreichische Sozialdemokratie zu ihrer Geltung geführt hatte, war, wie er sich selbst bezeichnete, ein „Hofrat der Revolution" und bei aller Prinzipientreue ein Mann des Ausgleichs. Es war nicht nur eine persönliche Tragik, dass er am letzten Tag der Monarchie, am Vorabend der Ausrufung der Republik, verstorben war, zu jenem Zeitpunkt, als die Arbeiterbewegung erstmals in die Regierung eintrat und Verantwortung übernehmen sollte.

Das Haupt der österreichischen Arbeiterbewegung: Victor Adler. In der Provisorischen Regierung Renner, knapp vor seinem Tod am 11. November 1918, übernahm er das Amt des Staatssekretärs des Äußeren.

Otto Bauer (1881–1938), der Theoretiker des Klassenkampfes, war ein Mann des rhetorischen Aufreißens von Gräben. Nach dem Bürgerkrieg im Februar 1934 floh er nach Brünn, 1938 nach Paris.

Otto Bauer, der Nachfolger Victor Adlers als Parteiobmann, war sehr viel stärker der Theoretiker des Klassenkampfes und ein Mann des rhetorischen Aufreißens von Gräben.

Die Deutschnationalen, die den Habsburgerstaat entschieden ablehnten, waren nicht nur Vertreter der Idee der deutschen Einheit und Befürworter einer Volksbewegung, die sich bewusst außerhalb aller gesetzlichen Spielregeln stellte und Gewalt als Mittel der Politik ausdrücklich bejahte, sondern auch rabiate Gegner der römischen Kirche und der Habsburger: „Gegen Juda, Habsburg, Rom / bauen wir den deutschen Dom."

Georg Ritter von Schönerer (1842–1921) wurde zum lautstärksten rassenantisemitischen Hetzer: „Ob Jud, ob Christ ist einerlei, in der Rasse liegt die Schweinerei." 1885 wurde in das deutschnationale Linzer Programm von 1882 ein Arierparagraph eingefügt. Diese machten rasch Schule, bei Burschenschaften (Waidhofener Beschluss), im Alpenverein, im Turnerbund und in zahlreichen anderen Vereinen. Das Symbol der Schönerianer war die Kornblume, ihr Gruß das „Heil". Sie wollten weitgehend vegetarisch leben, ihre Frauen sollten sich nicht schminken. Fremdworte wurden eingedeutscht, Kalender zu Zeitweiser, Redakteur zu Schriftleiter. Die lateinischen Schriftzeichen sollten durch germanische Runen ersetzt werden, die christlichen Hochfeste durch Sonnwend- und Julfeiern, die christlichen Taufnamen durch germanisches Namensgut, die christliche Zeitrechnung durch eine nordische. Statt „nach Christus" (n. Chr.) wollte man „nach Noreia" (n. N.) zählen (113 v. Chr.), der angeblich ersten Schlacht, wo germanische Heerhaufen über römische Soldaten einen Sieg errungen hätten. Schönerers Geburtstag, der 17. Juli 1842 n. Chr., wurde von seinen radikalen Anhängern als 17. Heuerts 1955 n. N. gefeiert.

Es gab Deutsche, Deutschere und Deutscheste. Schönerer war ein Extremist, ebenso wie Franz Stein (1869–1943), der Begründer der „Alldeutsche Arbeiterbewegung", oder Karl Hermann Wolf (1862–1941), der Führer der Deutschradikalen Partei und der 1903 gegründeten „Deutschen Arbeiterpartei" (DAP), aus der 1918 im Sudetenland sich die erste NSDAP herausentwickelte.

Das vielgerühmte Wien der Jahrhundertwende bereitete das geistige Umfeld, aus dem Adolf Hitler kam. „Entartet" war ein Modewort der Jahrhundertwende. Max Nordau, der aus Ungarn stammende Korrespondent der *Neuen Freien Presse* in Paris, hatte es 1892/93 geprägt. Houston Stewart Chamberlain schrieb in Wien sein rassentheoretisches Buch *Die Grundlagen des 19. Jahrhunderts:* In popularisierter Form waren die Reden von Herrenmensch und Untermensch, Edelrassen und Sklavenvölkern in allen nationalen Zeitschriften zu finden. Guido von List teilte die Menschheit in arische Herren- und nicht arische Herdenmenschen. Der von ihm gegründete Geheimbund der „Armanen" führte das Hakenkreuz als Emblem ein. Lists engster Schüler, Jörg Lanz von Liebenfels (1874–1954), ein ehemaliger

Zisterzienser, hisste auf seiner „Ordensburg", der Ruine Werfenstein im Strudengau, 1907 die erste Hakenkreuzfahne, noch in den Farben Blau-Silber, und verbreitete seine obskuren Ideen vom „Lebensod", vom „Landbeuterecht", von „Reinzuchtkolonien" in ländlicher Abgeschiedenheit, die ihre Wirkung auf Hitler nicht verfehlten; ab 1906 gab er die Ostara-Hefte heraus.

Gleichzeitig wurde der Antisemitismus immer rabiater: Der religiöse und kulturell motivierte Antisemitismus vieler Geistlicher, der politische Antisemitismus vieler Konservativer, in Armee, Adel und Bürgertum, die Liberalismus und Revolution mit Judentum gleichsetzten, und der wirtschaftliche Antisemitismus des Kleinbürger- und Bauerntums, dessen sich populistische Spieler wie Karl Lueger bedienten, waren kalkulierte Mittel zum Zweck, aber deswegen nicht weniger verwerflich als der hetzerische Rassenantisemitismus der Schönerianer.

Österreich hatte zwar ein demokratisches Parteiensystem. Aber die Parteien erlangten wenig Einfluss auf die Regierungen, die politisch ausschließlich vom Kaiser statt vom Abgeordnetenhaus abhängig waren. Stärker war der Einfluss der Parteien in den Landtagen und Gemeinden, allerdings blieb dort das Wahlrecht immer noch ein Klassenwahlrecht.

Beamte, Adel und Kirche waren die Stützen des Systems: Die Juden waren die österreichischsten Österreicher. Wie keine andere Gruppierung betrachteten sie sich als habsburgische Bürger und fühlten sich dem Habsburgerstaat als Ganzem und dem Kaiser im Besonderen verbunden, als des Kaisers treueste Untertanen. Österreich-Ungarn sahen sie als ihr „gelobtes Land", Wien als ihr „Jerusalem". Jüdische Wissenschaftler, Künstler, Journalisten, Unternehmer und Freiberufler erbrachten einen wesentlichen Beitrag zum kulturellen Glanz dieser Epoche.

Die Habsburgermonarchie ruhte auf ihren Beamten. Die Literatur über die vor dem Ende stehende Habsburgermonarchie ist voller Beamter, vom technokratischen Sektionschef Tuzzi in Robert Musils *Mann ohne Eigenschaften* über den Hofrat Winkler in Schnitzlers *Professor Bernhardi*, den Bezirkshauptmann Trotta in Joseph Roths *Radetzkymarsch*, den Sektionsrat Geyrenhoff in Doderers *Die Dämonen* und den Tabakamtsrat Melzer in der *Strudlhofstiege* bis hin zur grotesken Überzeichnung beamteten Kompetenzdschungels bei Fritz Herzmanovsky-Orlando. Der höchste Beamte war Kaiser Franz Joseph selbst. Das meritorische Verfahren, das er so schätzte und das dem Beamten viel Freiheit ließ, seinen Auftrag auf seine Weise zu erfüllen, kennzeichnete die positive Seite des Stils der österreichischen Bürokratie. Der „Beschwichtigungshofrat", dem jede Lösung eines Problems zuwider war, war die Kehrseite der Medaille: „Tue nichts und verhindere alles". „Als Beamter", lässt Arthur Schnitzler den Hofrat Winkler in seinem Stück *Professor Bernhardi* sagen, „da hat man nur die Wahl, Anarchist oder Trottel".

Arthur Schnitzler zeichnete in seinen Stücken und Prosatexten ein authentisches Porträt der Gesellschaft „Kakaniens". Foto, um 1910.

Modische Abendfrisuren des Jahres 1909.

Den Abschluss dieser Entwicklung bildete schließlich die mit 25. Jänner 1914 gleichsam als ein letztes Vermächtnis des untergehenden Habsburgerstaates eingeführte Dienstpragmatik, die nicht nur Art und Zahl der Verwendungsgruppen, sondern auch das biennale Zeitavancement festlegte und dem Staatsdiener langsame, aber stetige Gehaltsvorrückungen, ihre heute so umstrittene Pragmatisierung und Pensionsordnung sowie eine wohlgeordnete Titelabfolge zusicherte.

Die Kirche stand auf Seiten der Monarchie, nicht nur weil die Kirchenfürsten in der Regel aus dem Hochadel stammten und mit dem Adel im Herrenhaus und in den Landtagen saßen, sondern weil sich die Habsburgermonarchie immer als christlicher Staat verstanden hatte, der sich zur Verteidigung des Abendlandes positioniert sah. Auf der anderen Seite machte sich immer mehr ein kämpferischer Antiklerikalismus breit. Gegen die Religion machten sowohl die Liberalen und Sozialisten wie auch die Nationalisten Front. Der Deutschnationalismus der Schönerianer beinhaltete neben dem Antisemitismus und der Aversion gegen die Habsburger ein radikales Programm der Entchristlichung.

Der Adel war immer noch die führende Schicht der Monarchie und ein Aufstieg in den Adel das höchste Ziel. Die politische Basis des Hochadels waren verbriefte Vertretungen im Herrenhaus und in den Landtagen sowie tradierte Positionen in der Diplomatie, in der Hochbürokratie, in der Armee, auch in der Kirche, die wirtschaftliche Basis bildeten große Besitzungen im Norden und Osten der Monarchie und ihre weit in Industrie, Banken und Beamtenschaft hineinreichenden Netzwerke.

Die Dynastie, die das Reich zusammenhielt, war allerdings zu einer Schwachstelle geworden: Skandalgeschichten, unglückliche Ehen und Flucht aus der Verantwortung kennzeichneten den Hof. Kaiser Franz Joseph genoss eine gewisse Popularität, schon wegen seines Alters. Er regierte so lang, dass er schon immer an der Macht gewesen zu sein schien, und wurde durch seine lange Regierung zum Symbol und zur Inkarnation des Österreichischen. Persönlich war er anspruchslos, immer in Uniform, zur Nacht im eisernen Feldbett, zum Essen kaum Zeit und ohne intellektuelle Höhepunkte. Mit nichtssagenden Phrasen, darunter die nichtssagendste: „Es war sehr schön, es hat mich sehr gefreut ...", erfüllte er seine „Pflicht" bis zum Untergang.

Aber als Staatsmann war er nicht wirklich geachtet. Seinem Wahlspruch *Viribus unitis*, „Mit vereinten Kräften", konnte er nicht gerecht werden. Er war ein gebrochener Mann, der vom Untergang der Monarchie überzeugt war. Kaiserin Elisabeth, abseits des Sisi-Mythos und ihres makabren Endes im Jahr 1898 durch die Hand eines Anarchisten am Genfer See, war eine rast- und ruhelose Exzentrikerin. Ob Kronprinz Rudolf „Habsburgs letzte Hoffnung" gewesen wäre, ist nicht beantwortbar. Seine politischen Ansich-

Das 20. Jahrhundert / Das Jahrzehnt der Träume

Ein Prachtwerk, erschienen zum 60-jährigen Regierungsjubiläum Kaiser Franz Josephs I. im Jahre 1908: Das Buch vom Kaiser, *herausgegeben von Max Herzig mit Illustrationen von Kolo Moser.*

Kolo Moser (1868–1918) in seinem Atelier. Foto, 1898. Gemeinsam mit Josef Hoffmann gründete er 1903 die „Wiener Werkstätte".

ten waren in sich höchst widersprüchlich. Die meiste Zeit verbrachte er bis zu seinem berühmten Selbstmord, der „Tragödie von Mayerling" (1889), mit schönen Frauen. Zum neuen Thronfolger, Erzherzog Franz Ferdinand, hatte der Kaiser kein Vertrauen, weil er ihm seine unstandesgemäße Heirat mit einer Gräfin nicht verzeihen wollte. Franz Ferdinand war zweifellos moderner als der alte Kaiser. Ob seine politischen Vorstellungen eines Umbaus der Habsburger von einem Dualismus zu einem Trialismus durch Konstruktion eines südslawisch-kroatischen Reichsteiles allerdings eine Lösung gebracht hätten, war angesichts der Spannungen am Balkan sehr zweifelhaft. Mit den kulturellen Glanzleistungen des Fin de Siècle konnte Franz Ferdinand nicht allzu viel anfangen.

Die Habsburgermonarchie war in ein nicht ihren Interessen entsprechendes Bündnissystem eingebunden. Die Erweiterung des 1878 eingegangenen Zweibundes mit dem Deutschen Reich um Italien im Jahr 1882 und um Rumänien 1883, die beide territorial-nationale Ansprüche an die Habsburgermonarchie verfolgten und die Vertretung oder Heimholung von 700.000 Italienern und mehr als vier Millionen Rumänen im habsburgischen Territorium zum Ziel hatten, erwies sich als wenig stabil. Beide Länder wandten sich im Ersten Weltkrieg gegen die Monarchie. Das Deutsche Reich verstrickte Österreich-Ungarn in seine imperialistischen Ambitionen und versuchte seinen schwächeren Partner über diverse Mitteleuropa-Konzepte an sich zu binden.

Österreichs Versuch, durch eine expansive Politik auf dem Balkan den Bestand des Staates sichern zu wollen, gestaltete sich zum tragischen

Der Vielvölkerstaat Österreich-Ungarn: „Humoristisch-politische Land- und Seekarte", herausgegeben von der satirischen Zeitschrift Kikeriki. Zeichnung von F. G. Ilger, um 1908.

Irrtum. Für Österreich-Ungarn wurde der Balkan zum Albtraum und Schicksal. Die 1908 handstreichartig durchgeführte Annexion des 1878 besetzten Bosnien-Herzegowina erwies sich als Pyrrhus-Sieg und konnte als Imperialismus gedeutet werden. An sich konnten weder die Ungarn noch die Deutschen Österreich-Ungarns an einer Erwerbung Bosnien-Herzegowinas interessiert sein, wurde damit doch der slawische Anteil weiter verstärkt. Allerdings wiesen die Militärs immer wieder darauf hin, dass Dalmatien ohne das bosnisch-herzegowinische Hinterland in einem Konflikt kaum zu verteidigen sei. Karl Renner hat zur Annexion Bosnien-Herzegowinas durch die Habsburgermonarchie die nicht unrichtige Beurteilung abgegeben, Österreich sei damit „zum Prügelknaben des britischen und germanischen Imperialismus" und „zum Blitzableiter der ganzen Spannung der europäischen Atmosphäre" gemacht worden.

Die Lösung jenes Problems, das Österreich zur Annexion veranlasst hatte, nämlich der südslawischen Frage durch einen dritten habsburgischen Teilstaat unter kroatischer Führung, kam nicht mehr zustande und würde die Gegensätze auch kaum verringert haben. Die großserbischen Ambitionen, die auf die Bildung eines großserbisch-südslawischen Reiches von der Adria bis zum Schwarzen Meer abzielten, wurden für die Existenz der Donaumonarchie immer bedrohlicher. Auf Bosnien-Herzegowina erhoben sowohl die großserbischen als auch die großkroatischen Kräfte Anspruch.

Das 20. Jahrhundert / Das Jahrzehnt der Träume

Die beiden Balkankriege 1911 und 1913 konnten noch eingedämmt werden. 1914 kam es zur Explosion.

Die Gegensätze der europäischen Mächte und die Spannungen der Bündnissysteme wurden immer größer. Die Habsburgermonarchie hingegen wurde immer immobiler. Man hatte sich an das „Duchwursteln" mit Notverordnungen gewöhnt und träumte von einer Lösung in einem gewaltsamen Befreiungsschlag. Niemand hat dies eindringlicher formuliert als Hermann Broch: „Das Apokalyptische schwebte in der ganzen Welt, am hektischsten in Deutschland, am mildesten im eigentlichen Untergangszentrum, also in Österreich, denn im Zentrum des Taifuns herrscht immer das Vakuum und seine Stille."

Die Habsburgermonarchie ist nicht am Nationalitätenproblem gescheitert, sondern sie hat dieses Problem nicht gelöst, schreibt Helmut Rumpler, weil sie sich durch den Entschluss zum Weltkrieg um die Chance brachte, die vorhandenen Ansätze zu möglichen Lösungen zu Ende zu führen. Aber nach 1918 sollte sich zeigen: Wenn irgendwo und irgendwann die so komplexe Aufgabe des Ausgleichs der Interessen einer national, kulturell und ökonomisch so heterogenen und pluralistischen Großregion in die Nähe einer Lösung gebracht worden war, dann war es in der Habsburgermonarchie.

Wien, Treffpunkt der mondänen Welt: der Prinz von Wales mit den Prinzessinen Victoria und Maud auf einem Fahrradausflug im Wiener Prater. Die englische Königsfamilie war Jahr für Jahr zu Gast in der Donaumetropole. Zeitgenössische Ansichtskarte.

*) Das Jahrhundert des Massensports

Die Turnbewegung fand immer mehr Anhänger: Schauturnen des Welser Turnvereins in der Rainerstraße. Foto, 1908. Stadtarchiv Wels.

Sport ist zur wichtigsten Nebensache geworden. Er war zwar im 19. und beginnenden 20. Jahrhundert nichts Neues. Was neu war, war der allmähliche Wandel zum Massensport, zum Leistungssport, zum Berufssport und zum Schausport. Der militärische Kontext vieler Sportarten war offensichtlich: Die Logik des Sports war auf Sieg gerichtet. Sport wurde seit dem späten 19. Jahrhundert aber auch zu einer Angelegenheit von Produktivität und Leistung: Einerseits begann das anonyme Messen in Metern, Gramm und Sekunden, andererseits das Bewerten in Geld und das Positionieren in Tabellen und Ranglisten. Auch die Verfügbarkeit von Freizeit war eine Bedingung für sportliche Betätigung.

Bei einzelnen Sportarten, die mit erheblichen Kosten verknüpft waren, blieb auch die Einkommenssituation entscheidend. Der Profisport hielt Einzug, und das Sportgeschehen wurde immer mehr zu einer Angelegenheit der Medien.

In den 90er-Jahren des 19. Jahrhunderts begann der große Aufschwung des Sports und der Sportbewegung. Der Sport wurde immer stärker zum Gegenstand parteipolitischer, nationaler und schichtspezifischer Identitäten und zum Ausgangspunkt kommerzieller Aktivitäten. Das ideologische Lagerdenken fand im Sport eine wichtige Spielwiese. Überall und in allen Sportarten etablierten sich deutschnationale, sozialdemokratische und christlichsoziale Sportvereine, dazu fallweise auch tschechische, z.B. die Sokol-Bewegung, und jüdische, am berühmtesten der Sportverein Hakoah. Die sozialistische Arbeitersportbewegung grenzte sich programmatisch strikt von den bürgerlichen Sportvereinen ab. Frauensport wurde von breiten Teilen der Gesellschaft noch lange mit Misstrauen betrachtet, vor allem bei Ausdauerbewerben in der Leichtathletik und im Radsport, im Box-, Ring- und Kraftsport oder im Fußball.

Vier Sportarten, die im ausgehenden 19. Jahrhundert neu eingeführt worden waren, erlangten für das österreichische Selbstverständnis im 20. Jahrhundert ganz besondere Bedeutung: Radfahren, Fußball, Schifahren und Tennis. Eine Zeit lang konnten sich auch Stemmen und Boxen, die Gymnastik und die Leichtathletik einiger Beliebtheit erfreuen, neben dem Wandern und Bergsteigen. Die klassischen Sportarten der zweiten Hälfte des 19. Jahrhunderts wie Turnen, Schwimmen, Rudern, Eislaufen und ältere adelige Körperübungen und Vergnügungen wie das Fechten, Reiten, Jagen, Schießen sind demgegenüber immer auf spezifische Gruppen und Schichten beschränkt geblieben. Modische Einflüsse, aber noch viel mehr gesellschaftliche und einkommensmäßige Abstufungen gaben den Ausschlag für weitere sportliche Betätigungen, von Handball und Wasserball über Golf oder Polo bis zu diversen Bewerben des Motorsports.

Vor allem das Radfahren bot Frauen die Möglichkeit – wenn auch unter scheelen Blicken – sich sportlich zu betätigen. Werbeplakat für das Steyr-Waffenrad.

Ein neues Thema: Sport und Liebe: „Nimmt auch der Sport den Sinn gefangen/ Fühlt doch das Herz auch ein Verlangen." Postkarte, um 1908.

LINKS: *Matthias Sindelar (1903–1939), legendärer Stürmerstar der Austria und des Wunderteams (27 Länderspieltore).*

RECHTS: *Rapid-Goalgetter Franz „Bimbo" Binder (1911–1989) im legendären Spiel gegen Schalke 04 um die deutsche Meisterschaft am 22. Juni 1941, das durch seine Tore gewonnen werden konnte.*

Der Fußball kam auf zwei Wegen, aber nahezu gleichzeitig nach Österreich, einerseits englisch nobel, andererseits proletarisch vorstädtisch. Im Dress des 1894 gegründeten „First Vienna Football Club" in Döbling traten Großindustrielle auf; und zu den begeisterten Jungkickern zählten zwei Erzherzöge. Ein Paragraph der Vereinssatzung schloss „Arbeiter, Handwerker und Taglöhner" als Aktive aus. Im Gegensatz dazu wurde 1898 der „1. Wiener Arbeiter-Fußball-Club" gegründet, der sich bereits im folgenden Jahr 1899 zwecks Vermeidung behördlicher Schikanen in Rapid umbenannte. 1900 gab es in Wien 45 amtlich registrierte Fußballvereine oder Sportvereine mit Fußballsektionen, 1910 bereits 90.

Der Fußball wurde nach dem Ersten Weltkrieg zum Massensport und zur Massenunterhaltung, an der sich besonders gut nationale Identitäten entwickeln konnten: 85.000 Fußballfreunde füllten den Platz auf der Hohen Warte beim Spiel gegen Italien im Jahre 1923, während vor dem Krieg selbst zu einem Ländermatch gegen Ungarn keine 10.000 zu mobilisieren waren. Es begannen die zwei erfolgreichsten und interessantesten Jahrzehnte des Wiener Fußballs. Österreich war 1924 das erste Land auf dem Kontinent, das dem Professionalismus im Fußballsport die Tür öffnete. Momente des Starkults vorwegnehmend, entfaltete sich eine merkwürdige Verbindung von literarischer Kaffeehauskultur und proletarischer Fußballwelt: „Heute spielt der Uridil!" wurde zum Lied des Jahres 1922 für den populären Josef (Pepi) Uridil, der durch sein Draufgängertum und Schussvermögen zum Volks-, Film- und Schlagerhelden wurde.

Als die großen Jahre des österreichischen Wunderteams gelten die

30er-Jahre, als 1931 Deutschland 6:0 deklassiert wurde oder Schottland, damals eine der besten Mannschaften der Welt, 5:0 vom Platz ging. In dem durch „Dribbling, Schmäh und Ballverliebtheit" charakterisierten Spielstil dieser Jahre glaubte man die spezifisch wienerische oder österreichische Mentalität wiedererkennen zu können.

Der Wiener Fußball spielte auch in den Meisterschaften des Dritten Reiches eine wichtige Rolle. Bald artikulierten sich in den Verhaltensweisen der Fußball-Fans diffuse Auflehnungen gegen das Dritte Reich und neue „Österreich-Tendenzen", die gegen die mentalitätsfremden „Piefke", „Marmeladinger" oder „Saupreußen" gerichtet waren.

Nach dem Zweiten Weltkrieg war im Fußball die Luft viel dünner geworden: Trotz zweitem Wunderteam (6:1 auswärts gegen Ungarn) konnte nicht mehr an die Erfolge der Zwischenkriegszeit angeschlossen werden. Die Niederlage gegen Deutschland bei der Weltmeisterschaft 1954, die Ernst Happel so schmerzte, brachte Österreich immerhin noch den 3. Platz ein, eine Position, von der das Land inzwischen meilenweit entfernt ist. Und dann war noch einmal der große Ausreißer, Cordoba 1978, der 3:2-Sieg für Österreich bei der WM 1978, der Deutschland aus der Weltmeisterschaft warf und österreichische Nationalgefühle und fußballerische Herzen für kurze Zeit ident werden ließ.

Die Rolle des Sports beim Aufbau und Ausbau der Österreich-Identität in der Zweiten Republik kann nicht überschätzt werden. Sport wurde von einer fast ausschließlichen Wiener Angelegenheit zu einer gesamtösterreichischen. Das galt für den Fußball, wo nach dem Zweiten Weltkrieg die Bundesliga gegründet wurde und immer stärker auch die Bundesländerclubs, und nicht nur jene aus den Landeshauptstädten, an die Spitze drängten.

„Wödmasta" Ernst Happel sorgte als Spieler bei Rapid immer wieder für Furore: Am 14. November 1956 erzielte er im Wiener Stadion – das heute seinen Namen trägt – gegen Real Madrid 3 Tore.

Der Rekordstürmer der 70er- und 80er-Jahre: Hans Krankl erzielte für Rapid 267 Meisterschaftstore. 1985 schaffte er mit den Grün-Weißen den Einzug ins Europacupfinale (im Bild das Semifinalhinspiel gegen Dynamo Moskau).

OBEN: *Bahnbrechende Methodik für den neuen Massensport Alpinschilauf: Matthias Zdarsky leitet einen Schikurs in Mariazell, um 1900.*

UNTEN: *Olympische Winterspiele 1964 in Innsbruck: Dreifachsieg in der Abfahrt durch Traudl Hecher, Christl Haas und Edith Zimmermann.*

Das galt naturgemäß für den Radsport, der auf dem Wege der Österreich-Rundfahrt nach dem Zweiten Weltkrieg für einige Jahre ungeheuer populär war und die Ikonen des österreichischen Nationalstolzes, vom Großglockner über die Wachau bis zum Wiener Rathausplatz, in einem riesigen Bogen zusammenschloss. Und das galt vor allem für den alpinen Schisport, wo sich die Österreicher in die Weltranglisten einzutragen begannen und wo nicht mehr Wien, sondern das westliche und ländliche Österreich dominierte.

Dabei hatte auch der Schisport in den 90er-Jahren des 19. Jahrhunderts von Wien aus begonnen: am Semmering, in Mürzzuschlag, Lilienfeld und anderen von Wien leicht erreichbaren Ausflugsgebieten. Alle Schipioniere überragte Matthias Zdarsky (1856–1940). Er veröffentlichte 1896/97 seine *Lilienfelder Skilauf-Technik*, das erste Schilehrbuch der Welt (Einstocktechnik). Es erlebte bis 1925 nicht weniger als 17 Auflagen, ab 1908 unter dem Titel *Alpine (Lilienfelder) Skifahr-Technik*.

Hannes Schneider verhalf mit der Arlbergschule des Schifahrens und mit den in den frühen 20er-Jahren dort gedrehten Schifilmen der Idee des alpinen Rennlaufs zum Durchbruch. Mit dem ersten Arlberg-Kandahar-Rennen in St. Anton 1928 und dem Hahnenkammrennen 1929 in Kitzbühel wurden Klassiker des alpinen Schirennsports geschaffen. 1955 wurde der von Stefan Kruckenhauser entwickelte neue österreichische Schifahrstil, das Wedeln, der Weltöffentlichkeit vorgeführt.

Nach 1945 begannen die Österreicher Schigeschichte zu schreiben, schon 1948 in St. Moritz, 1950 bei der Weltmeisterschaft in Aspen, 1952 bei den Olympischen Spielen

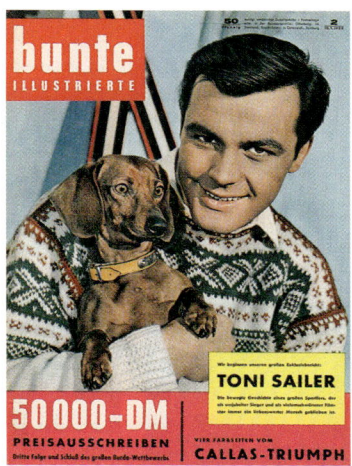

LINKS: *Vom umjubelten Goldmedaillengewinner zum Filmstar: Toni Sailer, 1959.*

RECHTS: *Die erfolgreichste Schiläuferin des Jahrhunderts: Annemarie Moser-Pröll gewann in ihrer Karriere 63 Weltcuprennen und Abfahrtsgold in Lake Placid. Foto: Herbert Sündhofer.*

in Oslo mit Othmar Schneider und Christian Pravda, schließlich 1956 in Cortina d'Ampezzo, als Toni Sailer in allen drei alpinen Herrendisziplinen die Goldmedaille holte.

Karl Schranz war zweimal bei Olympischen Spielen Anlass für sportpatriotische Ausbrüche geworden, 1968, als ihm in Grenoble unter etwas dubiosen Umständen die Goldmedaille aberkannt wurde, und 1972, als er in Sapporo wegen Verstößen gegen den Amateurparagraphen überhaupt nicht an den Start gehen durfte und ihm auf dem Wiener Heldenplatz von 90.000 Menschen ein triumphaler Empfang bereitet wurde. Annemarie Pröll wurde zum Schiidol wie keine Frau vor und nach ihr. Auch an die Popularität eines Franz Klammer oder Hermann Maier konnten nur wenige andere Persönlichkeiten herankommen.

Sport ist starken modischen Schwankungen unterworfen, der nationale Fußball steckt in der Krise, der Tennis-Boom ebbt ab, Golf schickt sich an, von einem elitären Altherren-Sport immer mehr zu einem Breitensport zu werden, die ganze Nation joggt und die Fitness-Welle hat den österreichischen Nationalfeiertag, der ohnehin an Erklärungsdefiziten leidet, längst in einen National-Wandertag und National-Lauftag umfunktioniert.

Olympia Innsbruck 1976: Abfahrtsstar Franz Klammer behält die Nerven und holt Gold am Patscherkofel. Foto: Herbert Sündhofer.

2

Das Jahrzehnt der Zerstörung 1910–1919

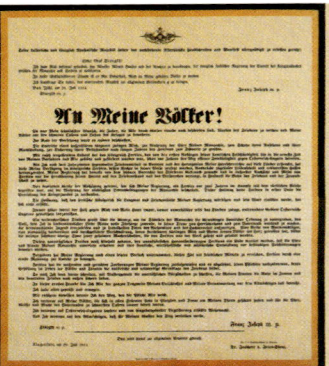

Es war das Jahrzehnt des Zerfalls der Reiche, des Sturzes der Monarchien, des Verfalls aller Werte. Europas Vorherrschaft ging zu Ende. „In Europa gehen die Lichter aus – wir werden sie zu unserer Lebzeit nicht mehr angehen sehen", sagte der britische Außenminister Edward Grey am Tage der Kriegserklärung 1914. Am 28. Juni war der österreichische Thronfolger Franz Ferdinand in Sarajewo ermordet worden. Am 28. Juli unterzeichnete Kaiser Franz Joseph in Ischl das Kriegsmanifest „An Meine Völker": „In dieser ernsten Stunde", schloss der Kaiser, „bin ich Mir der ganzen Tragweite Meines Entschlusses und Meiner Verantwortung vor dem Allmächtigen voll bewusst. Mit ruhigem Gewissen betrete ich den Weg, den die Pflicht mir weist." Dies war wenige Tage nach dem Tode der österreichischen Friedensnobelpreisträgerin Bertha von Suttner, die am 21. Juni 1914 im Alter von 71 Jahren ge-

OBEN: *Der Weg in den Krieg ist beschlossen: die Proklamation des Kaisers „An meine Völker!" vom 28. Juli 1914. Tatsächlich war der Text dieses Manifests schon einige Tage vor Ablauf des Ultimatums an Serbien fertig gestellt und mit den Ministerpräsidenten der beiden Reichshälften, Karl Graf Stürgkh und István Graf Tisza, abgestimmt worden. Bereits am 25. Juli 1914 hatte Franz Joseph die Weisung zur Mobilisierung für den „Kriegsfall Balkan" unterschrieben.*

RECHTS: *Den Namenlosen. Gemälde von Albin Egger-Lienz. Öl auf Leinwand, 1914.*

Das 20. Jahrhundert / Das Jahrzehnt der Zerstörung

In der Propaganda der Mittelmächte immer wieder beschworen: die „Waffenbrüderschaft" zwischen Österreich-Ungarn und dem Deutschen Reich. Diese Darstellung der ersten beiden Kriegsjahre erschien 1916 in Berlin, als Autoren wirkten auch einige k. u. k. Offiziere mit.

storben war. Ein von ihr noch für den Sommer vorbereiteter großer Friedenskongress fand nicht mehr statt.

Es steht außer Streit, dass die Entscheidung zum Krieg im Juli 1914 in Wien gefällt wurde. Aber das bedeutet nicht, dass Österreich es war, das den Weg der Gewalt öffnete und Europa in den Krieg stürzte. Die Entfesselung des Kriegs war die mörderische Antwort auf eine mörderische Provokation, schreibt zutreffend Helmut Rumpler.

Es gibt viele Erklärungen, warum Österreich 1914 in einen Krieg ging, der in der Meinung der Generäle und Politiker natürlich ein begrenzter hätte sein sollen: das alte Denken in Kategorien der Verteidigung Europas, wirtschaftliche Interessen in Südosteuropa, Stabilisierung im Inneren durch politisch-militärische Erfolge nach außen und sozialimperialistische Ambitionen seiner militärischen und beamteten Eliten.

Österreich, besser gesagt, seine traditionellen Eliten, die sich immer noch an den Schalthebeln der Macht befanden, der hohe Adel, dem Hugo von Hofmannsthal 1913 in einem ahnungsvollen Brief die Verantwortung für alle Katastrophen Österreichs anlastete, die Generäle, die hohen Beamten, Politiker, Journalisten und Künstler, nicht zuletzt der Kaiser als „oberster Kriegsherr" hatten diesen Krieg herbeigeredet und damit entfacht. Die Versuchung war groß geworden, die einzige Möglichkeit für die Überwindung der nationalen und sozialen Schwierigkeiten der Habsburgermonarchie im Krieg und in einer damit verbundenen Diktatur zu sehen. Die geistige Disposition zur Anwendung von Gewalt, die als notwendig begrüßt oder zumindest fatalistisch als unvermeidlich akzeptiert wurde, führte militärisch und außenpolitisch zu Präventivkriegs- und Erstschlagsüberlegungen, innenpolitisch zum Ruf nach starken Männern, die dem Nationalitätengegensatz und dem Aufstieg der Arbeiterschaft sich entgegenzustellen in der Lage seien, wobei immer auch das Kalkül mitschwang, den Untergang zu riskieren: Besser ein Ende mit Schrecken als Schrecken ohne Ende. Graf Alexander Hoyos,

Aus dem „Gloria-Viktoria-Album", herausgegeben vom Kriegsfürsorgeamt: Gefangene russische Soldaten werden abgeführt, Lyck 1915.

der Kabinettschef des österreichischen Außenministers Berchtold, meinte: „Wir wollen und dürfen kein ‚kranker Mann' sein, lieber rasch zugrunde gehen!" Graf Ottokar Czernin redete vom „Krepieren mit Anstand". Kaiser Franz Joseph formulierte es nobler, aber im Grunde noch erschreckender: „Wenn die Monarchie schon zugrunde gehen muss, so soll sie wenigstens anständig zugrunde gehen." Manche Politiker, die sich in Wien im Juli 1914 für den Krieg entschieden, waren sich dessen bewusst, dass es sich um den von Karl Kraus rückblickend diagnostizierten Entschluss zum Selbstmord aus Angst vor dem Henker handelte.

Die deutschen Kriegsziele waren im „Septemberprogramm" 1914 formuliert worden, das als zentrales wirtschaftliches Ziel die Schaffung eines „mitteleuropäischen Wirtschaftsverbandes" vorsah, der von Frankreich bis Polen und den Balkan reichen sollte, unter äußerlicher Gleichberechtigung seiner Mitglieder, aber tatsächlich unter deutscher Führung, mit dem erklärten Ziel, damit die wirtschaftliche Vorherrschaft Deutschlands über

Hurrastimmung im August 1914: Noch glaubten die einrückenden k. u. k. Truppen an einen schnellen Sieg ...

Flammenwerfer in Tätigkeit. In seinen Privaten Aufzeichnungen *schrieb Generalstabschef Franz Conrad von Hötzendorf: „Ein Krieg der Massen und der Industrien".*

OBEN: *Flüchtlingselend: Galizischer Jude mit seiner Frau und fünf Kindern auf der Flucht vor der zaristischen Armee, daneben k. u. k. Soldaten. Foto, um 1915.*
UNTEN: *Soldaten des 47. Infanterieregiments in einem Unterstand bei Comen während der 11. Isonzoschlacht, 25. März 1917. Foto: Heinrich Hacker.*

König Viktor Emanuel III. beobachtet vom Panzerwerk Cima di Campolongo aus den Beginn einer österreichischen Offensive, Mai 1916.

Mitteleuropa zu stabilisieren. Das konnte keineswegs im Interesse der Habsburgermonarchie sein.

Österreich hatte keine Kriegsziele oder formulierte sie zumindest nicht deutlich. Aber es gab natürlich Kräfte, die von Landgewinnen phantasierten oder sich von neuen Einflusszonen oder unterworfenen Regionen politische und wirtschaftliche Vorteile versprachen.

In den wenigen Tagen zwischen dem 28. Juli (Kriegserklärung Österreich-Ungarns an Serbien) und 6. August (Kriegserklärung Österreich-Ungarns an Russland) war aus dem Krieg am Balkan ein Weltkrieg geworden, in den vorerst Österreich-Ungarn und Deutschland einerseits und Frankreich, England, Russland, Serbien und Montenegro und das neutrale Belgien andererseits verwickelt waren. Italien und Rumänien blieben als Dreibundmitglieder zunächst neutral, traten aber 1915 gegen die Mittelmächte in den Krieg ein. Die Türkei und Bulgarien hingegen stellten sich auf die Seite Österreichs und Deutschlands.

Man war in der Heeresleitung davon ausgegangen, dass der Krieg nach wenigen Monaten zu Ende sein werde. Die Schonung des Materials, des „Menschenmaterials" wie des Sachmaterials, schien vorerst keine Rolle zu spielen. Mannschaften und Pferde wurden ohne Rücksicht in die Schlacht geworfen. Auch mit den Lebensmitteln und sonstigen Vorräten glaubte man nicht sparen zu müssen. Die Eisenbahn wurde fast ausschließlich in den Dienst des Truppenaufmarsches gestellt, was recht rasch durch den Ausfall von Kohlentransporten die Energieversorgung und damit die gesamte Produktion lahm zu legen drohte.

Die österreichische Offensive gegen Serbien kam nur sehr langsam voran. Wenig günstig verliefen zunächst auch die österreichischen Operationen gegen Russland. Erst im Mai 1915 gelang den habsburgischen Truppen bei Gorlice und Tarnów ein großer Sieg. Am 23. Mai 1915 trat aber Italien in

"Industrielle" Waffen forderten Opfer wie nie zuvor ein Krieg: Massengrab bei San Gabriele, 1915.

Ein Exponent der Präventivkriegspläne gegen Serbien und Italien: Franz Conrad von Hötzendorf, Generalstabschef des k. u. k. Heeres. Zeitgenössische Postkarte.

den Krieg ein. Die Gebirgsfront erwies sich für beide Seiten als unerhört verlustreich. In zwölf Isonzoschlachten vom Juni 1915 bis Oktober 1917 und im Hochgebirge der Dolomiten kämpfte man um trostlose Berggipfel und ödes Karstland. Als Russland im Juni 1916 unter General Brussilow eine Offensive startete, drohte die galizische Front Österreichs zusammenzubrechen, und auf dem Balkan wurden durch den Kriegseintritt Rumäniens neue Kräfte gebunden. 1917 entwickelte sich die Lage an der Front für Österreich nicht ungünstig. Serbien war längst besiegt, Rumänien erobert, Russland am Zusammenbrechen und auch gegen Italien brachte die letzte Isonzoschlacht durch das „Wunder bei Karfreit" einen erheblichen Landgewinn, der die Front für Italien bedrohlich nahe an Venedig heranrückte.

In den *Privaten Aufzeichnungen* Franz Conrads von Hötzendorf, von 1906 bis 1911 und wieder von 1912 bis 1917 Chef des Generalstabs der k. u. k. Armee, findet sich die Bemerkung: Dieser Krieg war kein Krieg der Feldherren, sondern ein „Krieg der Massen und der Industrien". Der „Krieg" wurde zur „Maschine": Das Maschinengewehr brachte alle Angreifer in einen entscheidenden Nachteil. Unterseeboote und Giftgasgranaten verbreiteten Schrecken. Panzer und Flugzeuge trieben die technologische Entwicklung voran. Neue Begriffe wurden geprägt: Niemandsland, Schützengraben, Trenchcoat, Stellungskrieg, Trommelfeuer, Sturmangriff, Materialschlacht: durch Abnützung bis zur völligen Erschöpfung.

Der trügerische Glaube an einen raschen Sieg und die Vorstellung von der Habsburgermonarchie als einem agrarisch autarken Gebiet hatten dazu verleitet, kaum ernährungswirtschaftliche Vorsorgen für einen langen Krieg zu treffen. Die Erschöpfung der Mittelmächte war nur eine Frage der Zeit. Der Hunger wurde allgegenwärtig. Das Kriegsjahr 1917 stand bereits ganz im Zeichen der Ersatzmittel und der Bewirtschaftung. „Gold gab ich für Eisen", der Tausch goldener Eheringe gegen eiserne, war eine Kampagne, die zuerst begeistert mitgemacht worden war. 1917 allerdings war nichts mehr da, was nicht dringend gebraucht oder nur mit unheimlichem Grimm hergegeben worden wäre, die Kirchenglocken ebenso wie das Tafelsilber. Was von vornherein nicht gelang, war die Lösung des Ernährungsproblems. Mit der über Lebensmittelkarten zugeteilten Kalorienmenge konnte man nicht überleben. Die Klein- oder Schrebergärten, deren Zahl in allen Städten rapide stieg, boten eine notdürftige Hilfe: „Hätt ich nicht geschrebert, wer weiß, ob ich noch lebert", lautete ein populärer Spruch.

Die Lösung der Probleme der Kriegswirtschaft suchte man durch zentrale Bewirtschaftung (Lebensmittelkarten, Preis- und Lohnstopps, Ablieferungszwang, Beschlagnahme kriegswichtiger Güter ...) und in einem dichten Geflecht staatlicher und halbstaatlicher Organisationen. Die Macht der Gewerkschaften und Unternehmerverbände stieg immens. Der „Kriegskapita-

Die Finanzierung des Krieges erfolgte über Anleihen: Plakat zur dritten Kriegsanleihe, 1915.

Ein Akt der Niedertracht und Menschenverachtung: die Hinrichtung des italienischen Irredentisten Cesare Battisti. Karl Kraus druckte dieses Foto vom „lachenden Henker", in dem er ein „Gruppenbild des k.k. Menschentums" erblickte, als Frontispiz in der Buchausgabe seines großen Weltkriegs-Dramas Die letzten Tage der Menschheit *ab.*

lismus" wandelte sich zum „Kriegssozialismus". Die Heimat wurde zur „Front", der Haushalt zum „wirtschaftlichen Schützengraben" mit Kochkursen für Ersatzmittel, Bewirtschaftung der Abfälle, Anleitungen zum Improvisieren und Aufrufen zum Durchhalten.

Man flüchtete in Unterhaltung: Das Theater an der Wien eröffnete die Herbstsaison 1914 mit Emmerich Kálmáns Kriegsoperette *Gold gab ich für Eisen*. Während der vier Kriegsjahre gab es insgesamt 120 Operettenuraufführungen, unter anderem auch noch Kálmáns *Die Csárdásfürstin*. Die Vergnügungsstätten, die Bühnen, Revuetheater und Kinos konnten nicht über schlechten Besuch klagen. „Das theaterfrohe Wien – jetzt im Kriege ist es theatergieriger als je." Ein wahrer Gründungsboom von „Kinematographen-Theatern" setzte ein. Auch Sport konnte über die Tristesse hinwegtäuschen. Fußball wurde erstmals zu einem Massenereignis mit Massenpublikum.

Zahlreiche der prominenten österreichischen Literaten ergingen sich in hysterischer Kriegspropaganda: Hermann Bahr, Hugo von Hofmannsthal, Franz Theodor Csokor, Felix Salten, Franz Karl Ginzkey, Rainer Maria Rilke, Alfons Petzold, Peter Rosegger, Ottokar Kernstock. Auch Anton Wildgans' berühmtes Wort vom „Volk der Tänzer und der Geiger" steht in einem der fürchterlichen, hetzerischen Kriegsgedichte. Der Arbeiterdichter Alfons Petzold reimte: „Die Bücher hinein, das Schwert heraus / Schussfreudig die blanke Büchse ...", der Priesterdichter Ottokar Kernstock: „Steirische Holzer, holzt mir gut, mit Büchsenkolben die Serbenbrut ..."

Dass niemand zum kriegerischen Dichten gezwungen wurde, beweisen einige Gegenbeispiele: Arthur Schnitzler, Alfred Polgar, Franz Werfel oder Stefan Zweig. Karl Kraus verarbeitete den ganzen Irrsinn des Krieges in sein riesiges Weltkriegs-Drama *Die letzten Tage der Menschheit*. Tausende von Zeitungsmeldungen, Verordnungen, Heeresverlautbarungen, Slogans, Werbetexten und Augenzeugenberichten wurden zu 219 Einzelszenen zusammengefasst, zu mehr als einem Drittel belegbare Zitate, die ein Panorama der Niedertracht, der Menschenverachtung und Hinterhältigkeit eröffnen, von den Nörglern und Patrioten, den Reportern und Offizieren, den Schiebern und Beinstellern, den Literaten im Kriegsarchiv und den Verehrern der *Reichspost* bis hin zum abschließenden Kommentar des Kaisers „Ich habe es nicht gewollt."

Auch die Bischöfe überboten sich in Kriegshirtenbriefen, Kriegsandachten und Waffensegnungen. Die Kriegstheologie währte bis zum Kriegsende.

Die gesamten Kriegsausgaben Österreich-Ungarns, die für die ganze Kriegsdauer auf 81 bis 90 Milliarden Kronen geschätzt werden können, waren, auf das Preisniveau von 1914 umgelegt, mit circa 18 bis 19 Milliarden Kronen annähernd so hoch wie das gesamte Volkseinkommen der Doppel-

Der Erste Weltkrieg: Trotz bedeutender militärischer Erfolge ist der Mehrfrontenkrieg für die Mittelmächte nicht zu gewinnen. Zu Brennpunkten des Kampfes werden für Österreich-Ungarn Galizien und der italienische Kriegsschauplatz.
Die blaue Linie zeigt das weiteste Vordringen der Mittelmächte, die rote jenes der Entente.
Die blau strichlierte Linie markiert die Gebiete, die von den Mittelmächten nach der Revolution in Russland (1917) besetzt wurden.

20 Kronen. Probeprägung aus dem Jahre 1918 mit dem Porträt Kaiser Karls I.

monarchie im Jahre 1914, betrugen allerdings nur knapp ein Viertel von denen des Deutschen Reiches. Man getraute sich nicht, den Krieg über zusätzliche Steuern zu finanzieren und auf das Eigentum zuzugreifen, während man keine Bedenken hatte, immer mehr Leute zu den Waffen zu zwingen und das Leben der jungen Menschen einzufordern. Die regulären Staatseinnahmen, die vor allem aus Genussmittelbesteuerung und Zöllen stammten, wurden immer unergiebiger. So wurde der Krieg zu fast drei Fünftel über festverzinsliche Anleihen, die zwischen 1920 und 1930 zurückgezahlt werden sollten, und zu zwei Fünftel über die Geldschöpfung finanziert. Das Geldvolumen war von 1914 bis 1918 von 3,4 auf 42,6 Milliarden Kronen gestiegen, was letztendlich eine alles zerstörende Hyperinflation zur Folge hatte.

Versucht man aus der für die österreichische Reichshälfte angegebenen Zahl von etwa 4,36 Millionen zum Militärdienst herangezogenen Personen den auf Österreich entfallenden Anteil aliquot herauszurechnen, ergäbe das rund eine Million, rund 60 Prozent der im Alter zwischen 18 und 53 Jahren befindlichen Männer. Die höchsten Einbußen hatten die Bergbauern – wie der Salzburger Landesstatthalter stolz nach Wien berichtete: ein „Menschenmaterial, das sich für das Militär am besten eignete". Auf das heutige Österreich entfielen etwa 180.000 bis 190.000 Gefallene und Vermisste. Etwa die Hälfte der Gefallenen war verheiratet. Das ergäbe etwa

Das 20. Jahrhundert / Das Jahrzehnt der Zerstörung

LINKS: *Symbol des „industriellen" Kriegs: die Gasmaske.*
RECHTS: *Die Rüstungsindustrie begann auf Hochtouren zu laufen: die Produktion „großer Kaliber" in einer Geschoss-Dreherei. Postkarte, um 1916.*
UNTEN: *Das Ende des alten Österreich: der tote Kaiser. Franz Joseph I. starb am 21. November 1916 im 87. Lebensjahr nach 68-jähriger Regierungszeit.*

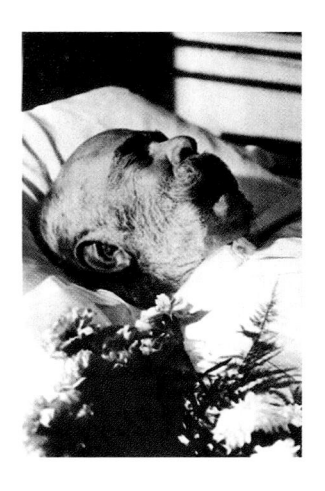

90.000 bis 95.000 Kriegswitwen und etwa dreimal so viele Kriegswaisen. Dazu kommen die Verwundeten. Wieder aliquot gerechnet, dürften auf das heutige Österreich etwa 220.000 bis 230.000 schwer Verwundete entfallen sein, von denen etwa 66.000 eine dauernde Invalidität davontrugen. Man darf aber nicht nur auf die körperlichen Schäden sehen. Die Kriegsneurosen und die seelischen Traumata, die viele Soldaten davongetragen hatten, beschäftigten die Psychiatrie noch lange. Der Krieg hatte die Erfahrungswelt der Betroffenen so entscheidend geprägt, dass sie auch Jahrzehnte später kaum anderes aus ihrem Leben zu erzählen wussten als eben diesen Krieg.

Frauen mussten an die Stelle der eingerückten Männer treten, ebenso Kinder und alte Leute. Schrittweise dürfte die Zahl der erwerbstätigen Frauen außerhalb der Landwirtschaft um etwa 40 Prozent zugenommen haben, während bei den in der Landwirtschaft als mithelfende Familienmitglieder gezählten Frauen vor dem Krieg ohnehin schon das zahlenmäßige Höchstmaß erreicht gewesen sein dürfte. Die Intensivierung und die Verlängerung der Arbeitszeit mithelfender Familienmitglieder wegen der Abwesenheit der männlichen Arbeitskräfte und Betriebsleiter müssen allerdings hoch gewesen sein.

Als Kaiser Franz Joseph 1916 im Alter von 86 Jahren starb, erschien das vielen schon als das Ende des alten Österreich. Sein Nachfolger Kaiser Karl konnte den Zerfall der Habsburgermonarchie nicht mehr aufhalten. Sein Taktieren zwischen missglückten Friedensbemühungen in den so genannten Sixtus-Briefen und einem immer engeren Schulterschluss mit dem Deutschen Reich entfremdete ihn zuletzt allen Parteien. Der im Mai 1918 Tatsache gewordenen drastischen Einschränkung der österreichischen militärischen Souveränität folgte das im Spätsommer 1918 ausgehandelte und am 11. Oktober unterfertigte Zoll- und Handelsbündnis mit dem Deutschen Reich. Im Jahr 1918 war aber der wirtschaftliche und militärische Zusammenbruch nur mehr eine Frage der Zeit. Die russische Revolution warf ihre Schatten. Die Arbeiter streikten im Winter 1918 in den Munitionsfabriken,

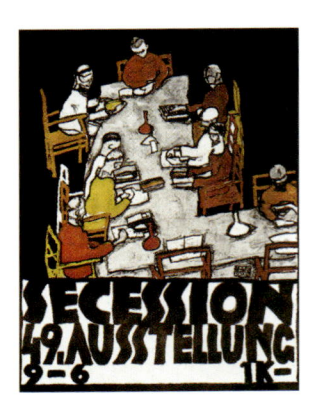

Kunst im Krieg: Plakat für die im März 1918 eröffnete 49. Ausstellung der Wiener Secession.

Der letzte Kaiser, Karl I. (1887–1922), verzichtete am 11. November 1918 auf „jeden Anteil an den Staatsgeschäften".

Heimkehrer meuterten im Mai in Judenburg, Murau und Radkersburg, die Matrosen revoltierten in Cattaro und Pola.

Ende Oktober 1918 konnte auch beim größten Optimisten kein Zweifel mehr bestehen, dass der Krieg verloren war. Dass der Termin des Waffenstillstands mit Italien am 3. November 1918 unpräzise festgelegt wurde und daher noch 400.000 österreichische Soldaten in italienische Gefangenschaft fielen, wurde später in einer Art Dolchstoßlegende der Heimtücke der Italiener angelastet, kann aber durchaus auch logistischen Überlegungen entsprungen sein, weil man in Österreich im Durcheinander des Zusammenbruchs diese Leute ohnehin nicht zurücktransportieren und vor allem nicht verpflegen hätte können und dies lieber den Italienern überließ. Es war ein Ende aus Erschöpfung. „Der Krieg ist aus – und ich muss gehen", waren die letzten Worte Egon Schieles, der am 31. Oktober 1918, 1 Uhr nachts an der Spanischen Grippe in der Wohnung seiner Schwiegereltern verstarb. Am 4. November kapitulierte die österreichische Armee.

Kaiser Karls Völkermanifest vom 16. Oktober 1918, das einen Umbau der Monarchie in einen Bundesstaat ankündigte, kam zu spät, um noch etwas ändern zu können. Nach außen bewirkte es nichts, im Inneren sanktionierte es den Zerfall. Die einzelnen Nationalitäten bildeten eigene Nationalräte, die Südslawen, die Polen, die Tschechen. Am 21. Oktober 1918 konstituierten sich die deutschsprachigen Reichsratsabgeordneten im Sitzungssaal des Niederösterreichischen Landhauses als „provisorische Nationalversammlung des selbständigen deutschösterreichischen Staates", ein Staat, dessen Grenzen vorerst nicht feststanden. Der eigentliche Akt der Staatsgründung, in der historischen Erinnerung und in den meisten Darstellungen fast vergessen und gegenüber dem 12. November in den Hintergrund gedrängt, erfolgte am 30. Oktober: Ein Staatsrat wurde eingerichtet, das provisorische Grundgesetz des neuen Staates beschlossen und ein beanspruchtes Staatsgebiet definiert. Am 31. Oktober wurden die Staatsfarben Rot-Weiß-Rot und ein vorläufiges Staatswappen (ein mit Hämmern versehener Stadtturm im Roggenkranz) festgelegt. 1919 wurde das endgültige Staatswappen bestimmt, der Adler, allerdings nicht der österreichische Doppeladler, sondern der preußische Adler, statt mit Szepter und Reichsapfel mit Hammer und Sichel, mit der Mauerkrone statt der Preußenkrone und dem Bindenschild statt der preußischen Farben auf der Brust.

Dass die Monarchie und die Habsburger abgewirtschaftet hatten, war 1918 ein weit verbreiteter Eindruck. „Mir ist's ganz egal, wer mich beherrscht", sagte die Wirtin vom Grünen Baum in Gastein 1917 zu Arthur Schnitzler. „Die Bauern kommen als Anarchisten nach Hause", befürchteten die Christlichsozialen am 21. Oktober 1918. Letztlich war die Zustimmung zur Republik weit verbreitet. Für die Republik waren nicht nur die Sozialdemo-

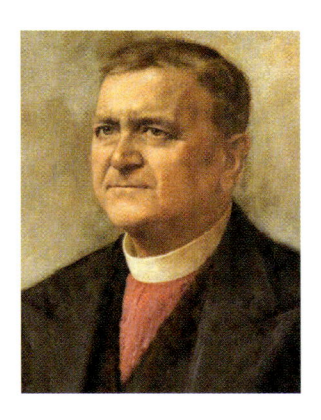

Das 20. Jahrhundert / Das Jahrzehnt der Zerstörung

LINKS: *Nach einigem Zögern Befürworter der Republik: Prälat Johann Nepomuk Hauser (1866–1927), der Vorsitzende der Christlichsozialen Partei.*

RECHTS: *Der Untergang der Habsburgermonarchie war besiegelt: Ausrufung der „Republik Deutsch-Österreich" am 12. November 1918.*

Der Schöpfer der Bundesverfassung von 1920: Hans Kelsen (1881–1973). Foto, um 1925.

kraten, sondern auch viele Christlichsoziale, der Vorarlberger Jodok Fink, der Tiroler Landeshauptmann Josef Schraffl und nach einigem Zögern auch der Vorsitzende der Christlichsozialen Partei, der oberösterreichische Prälat Johann Nepomuk Hauser. Eine kommunistische Revolution stand als Drohung da, als eine fanatisierte Menge am 12. November anlässlich der Ausrufung der Republik vor dem Parlament aus den neuen rot-weiß-roten Fahnen den weißen Mittelteil herausriss und es einige Male Putschgerüchte gab.

Der 12. November wurde zum Staatsfeiertag erklärt. Aber er fand wenig gemeinsame Akzeptanz, nicht zuletzt weil die Republikausrufung durch Präsident Dr. Franz Dinghofer, Staatskanzler Dr. Karl Renner, begleitet von den beiden anderen Präsidenten der Provisorischen Nationalversammlung, Karl Seitz und Prälat Johann Nepomuk Hauser, in der Folge sowohl von links wie von rechts als einseitiges Werk der Sozialdemokratie interpretiert wurde. Das 1928 von der Stadtgemeinde Wien im Park des Rathauses an der Ecke zum Parlament errichtete „Denkmal der Republik" zeigt drei Sozialdemokraten, Viktor Adler, Jakob Reumann und Ferdinand Hanusch, die an den Ereignissen des 12. November nicht – Viktor Adler war am 12. November schon tot – oder bestenfalls am Rande beteiligt waren. Eine gemeinsame Erinnerungskultur schien unmöglich.

Die Konstituierung der Republik am 12. November war nicht die Staatsgründung, sondern die Festlegung der Regierungsform, nachdem Kaiser Karl am 11. November auf jeden Anteil an den Staatsgeschäften verzichtet und die Entscheidung über die zukünftige Staatsform den Österreichern anheim gestellt hatte. Artikel I des Gesetzes über die Staats- und Regierungsform von Deutsch-Österreich lautete: „Deutsch-Österreich ist eine demokratische Republik, Artikel II, Deutsch-Österreich ist ein Bestandteil der Deutschen Republik." Ein Staat wurde gegründet und verkündete im selben Atemzug seine Selbstauflösung, wahrlich kein wirklicher Anlass für einen Feiertag.

3

Das Jahrzehnt der Enttäuschung 1920–1929

Die Erwartungen, die die Österreicher an die neue Republik stellten, waren nicht groß und es waren die falschen Erwartungen. Der Vereinigung aller Deutschen und dem Anschluss an die Weimarer Republik wurde von den Siegermächten ein Riegel vorgeschoben. Das neue Österreich wurde mit viel Skepsis gesehen: Man hielt es für wirtschaftlich nicht lebensfähig und für politisch zu klein. Das Vertrauen in die neue republikanisch-demokratische Staatsform war bei vielen entweder überhaupt gering oder wurde rasch erschüttert. Rechts wie links neigte man zu diktatorischen Formen und gewaltbereiter Auseinandersetzung. Die Hyperinflation am Anfang und die Weltwirtschaftskrise am Ende raubten dem Land den wirtschaftlichen Atem.

Was sich 1918 abspielte, war zumindest in der Überstürzung der Ereignisse eine Revolution. Innerhalb von Wochen änderten sich Rahmenbedingungen, die sich in Jahrhunderten herausgebildet hatten. In Österreich,

OBEN: Michael Hainisch (1858–1940), der erste Bundespräsident der Ersten Republik. Foto, 1929.

RECHTS: Die österreichische Friedensdelegation in St. Germain unter der Leitung von Karl Renner (Mitte). Der Staatsvertrag, von Renner am 10. September 1919 unterzeichnet, sah harte Bedingungen vor, u. a. die Abtretung Südtirols und des Kanaltals an Italien. Als Rechtsnachfolger der Monarchie musste man Wiedergutmachung leisten, das Heer durfte nur mehr eine Stärke von maximal 30.000 Mann aufweisen.

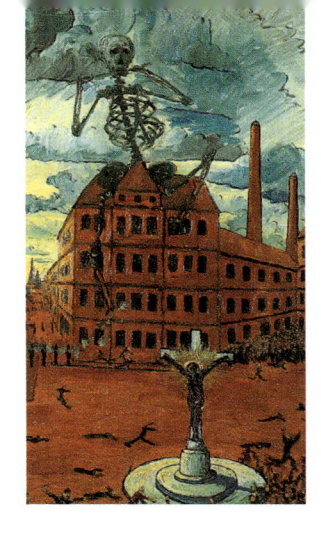

Das 20. Jahrhundert / Das Jahrzehnt der Enttäuschung

Republik Deutsch-Österreich: Aufbruch unter rot-weiß-roter Fahne. Postkarte, 1919.

der bis dahin privilegiertesten Region der Habsburgermonarchie, musste man den Zerfall als Entthronung und Katastrophe empfinden, ohne auf die Euphorie einer wirklichen oder wenigstens vorgeblichen Befreiungsbewegung zurückgreifen zu können. „Der Rest ist Österreich", *l'Autriche, c'est ce qui reste*, lautete der berühmte Ausspruch Georges Clemenceaus.

Das war weniger abschätzige Resignation, als hartes Pokern um die Rechtsnachfolge. Das Kontinuitätsdenken und die Vorstellung der Siegermächte, dass Österreich der Rest sei, wurden von Österreich vehement bestritten. Man ging von einer völlig neuen Staatsgründung aus. Aber Österreich stieß mit seinem Anspruch auf Diskontinuität und nicht bestehende Rechtsnachfolge zur Habsburgermonarchie auf wenig Verständnis.

Allerdings war Österreich wirklich nur ein kleiner Rest. Man sah, dass Deutschland, obwohl besiegt, ein Großstaat geblieben war, Österreicher aber zum „Niemand und Bettler" geworden war. Während Deutschland ein Achtel seines Gebietes und noch deutlich weniger seiner Wirtschaftskraft verlor, wurde die Habsburgermonarchie unter sechs Nachfolgestaaten zerstückelt. Österreich werde, so argumentierte Karl Renner, von allen Nachbarstaaten abhängig sein: von Polen und der Tschechoslowakei wegen der Kohle, von Polen und Rumänien wegen des Petroleums, von Ungarn wegen des Getreides, von Südslawien wegen des Viehs, von Italien wegen des Zugangs zum Meer und von Deutschland wegen der Sprache. Das war zwar nicht wirklich stichhaltig. Aber rein gefühlsmäßig hielten viele ein kleines Österreich für nicht lebensfähig. Sigmund Freud notierte: „Österreich-Ungarn ist nicht mehr ... ich werde mit dem Torso weiterleben und mir einbilden, dass es das Ganze ist."

Die Aristokratie war der größte Verlierer des Zusammenbruchs der Habsburgermonarchie. Sie verlor an wirtschaftlicher Bedeutung, aber noch viel mehr an politischem und kulturellem Einfluss. Mit Gesetz vom 3. April 1919 wurden alle Vorrechte des Adels abgeschafft. Das Führen von Wappen

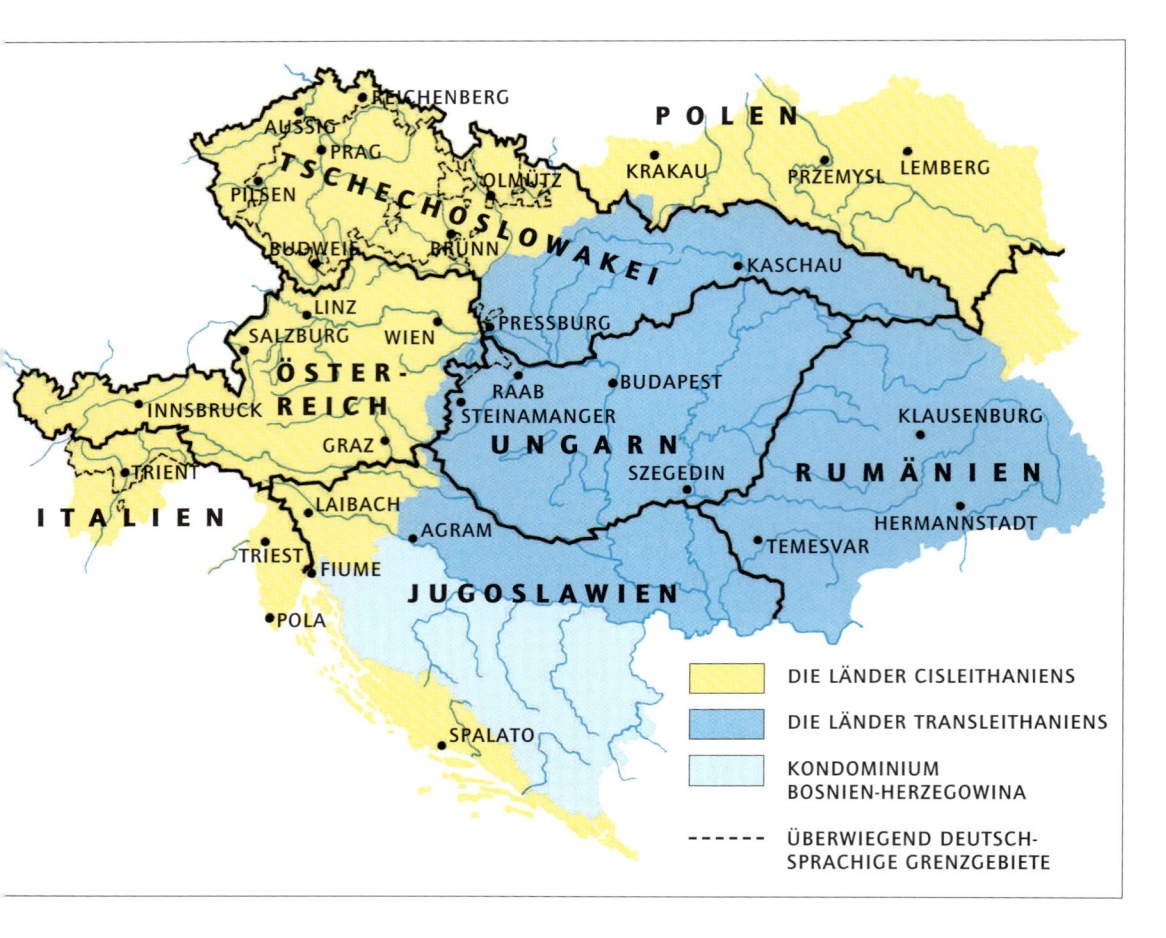

Österreich war nur ein kleiner Rest: Die Habsburgermonarchie wurde unter sechs Nachfolgestaaten zerstückelt.

und Adelstiteln wurde verboten. Die berühmte Antwort des Grafen Sternberg auf seiner Visitenkarte war: „Geadelt von Karl dem Großen, entadelt von Karl Renner." Der Adel hat seine Funktion gewandelt: Die Revolution nahm ihm die Titel, aber nicht die Mittel, auch wenn die großen Besitzungen vornehmlich außerhalb des heutigen Österreich zu liegen kamen. Aber kaum ein Adeliger, mit einigen eher unrühmlichen Ausnahmen, gelangte mehr zu Ministerehren. Das neue Österreich war zu einem Bauernstaat geworden. Es gab keinen kaiserlichen Hof mehr, aber immer noch den „Hofrat", es gab kein Reich mehr, aber weiter einen Reichsbauernbund, eine Reichspost, einen katholischen Reichsbund, Reichsstraßen ...

Fast die Hälfte der deutschsprachigen Bewohner der Habsburgermonarchie kam in Staaten, wo sie eine Minderheit bildeten. Österreich kon-

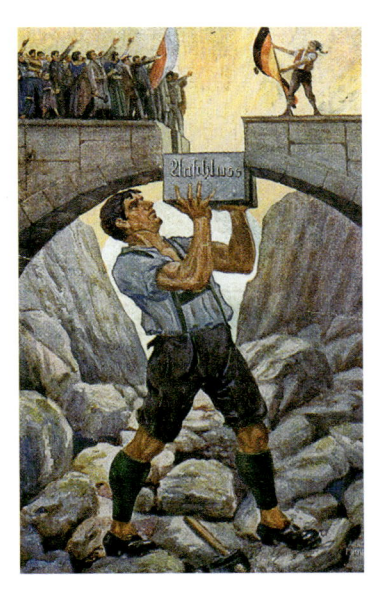

Das 20. Jahrhundert / Das Jahrzehnt der Enttäuschung

LINKS: *Gegen ein selbstständiges Österreich: „Anschlusskarte" des Alldeutschen Verbandes in Graz, 1921.*

RECHTS: *„Nun wollen wir die Brücke baun" – „Anschlusskarte", 1919/20.*

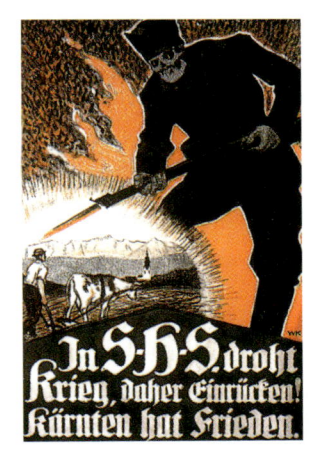

Plakat zur Volksabstimmung in Kärnten am 10. Oktober 1920. Im „Kärntner Abwehrkampf" war es den „Heimwehren" unter Oberstleutnant L. Hülgerth gelungen, die von SHS-Truppen besetzten Gebiete zu befreien; die Volksabstimmung in der so genannten Zone A brachte eine klare Stimmenmehrheit für Österreich.

stituierte sich als „Deutsch-Österreich". Das signalisierte einerseits den Anspruch, alle Deutschen der ehemaligen Monarchie, insbesondere die etwa drei Millionen in den Randgebieten der tschechischen Länder und die im westlichen Ungarn in dem neuen Staat vereinigen zu wollen, andererseits die Absicht, einen Anschluss an Deutschland durchzuführen.

Der Anspruch, alle Deutschen der Habsburgermonarchie zu vereinigen, war nicht durchzusetzen. Der am 10. September 1919 unterzeichnete Friedensvertrag von Saint-Germain gab dem neuen Staat den Namen „Republik Österreich" und beinhaltete ein Anschlussverbot. Allerdings war damit das Thema der Anlehnung an Deutschland in Österreich keinesfalls vom Tisch. Nun kamen die Anschlussforderungen aber nicht mehr aus Wien, sondern aus den Bundesländern.

In Vorarlberg gab es einige wenige Jahre eine mächtige Bewegung für den Anschluss an die Schweiz, deren durch keinen Weltkrieg gebrochene wirtschaftliche Stärke für die überwiegende Zahl der Vorarlberger nach Kriegsende eine starke Anziehungskraft ausübte. In Vorarlberg, Tirol und Salzburg wurde aber auch in Volksabstimmungen für den Anschluss an Deutschland sehr hohe Zustimmung erreicht. In Tirol plädierten am 24. April 1921 98,8 Prozent der Wähler für den Zusammenschluss. Die Stimmung in Salzburg, Oberösterreich und in der Steiermark war ähnlich. Man wollte los vom „roten" Wien, weg von „der ganzen verhassten Wiener Wirtschaft". Abstimmungen in Oberösterreich und in der Steiermark wurden aber nicht mehr gestattet.

Plakat zur Volksabstimmung in Ödenburg (Sopron). *Trotz der Anwesenheit von Entente-Truppen verlief dieses Plebiszit unter sehr zweifelhaften Umständen – Ödenburg blieb bei Ungarn.*

1918/19 war ein Staat entstanden, der in dieser Form nie bestanden hatte. Die ehemaligen Kronländer Tirol und Steiermark und zu einem kleinen Teil auch Kärnten wurden geteilt: Südtirol bis zum Brenner wurde Italien zugeschlagen, die zu 4/5 slowenisch besiedelte Untersteiermark Jugoslawien. Auch in Kärnten erhob Jugoslawien Anspruch auf die slowenischsprachigen Teile inklusive Klagenfurt. Nach einem Abwehrkampf und in einer Volksabstimmung entschied sich nahezu der gesamte slowenische Teil Kärntens für Österreich. Nur das Kanaltal kam zu Italien und ein kleineres Gebiet zu Jugoslawien. Die deutschsprachigen Teile Westungarns stimmten mit Ausnahme der Stadt Ödenburg und ihrer Umgebung für Österreich.

Man konnte sich schwer vorstellen, wie das neue, so kleine Staatsgebilde funktionieren könne, teils aus Minderwertigkeitsgefühl wegen des verlorenen Großmachtsstatus, teils aus wirtschaftlichem Realitätssinn wegen des zerstörten gemeinsamen Wirtschaftsraums. An der Lebensfähigkeit des eigenen Staatsgebietes zu zweifeln bedeutete, sein Heil in wirtschaftlichen Fusionen mit anderen Staaten zu suchen. Uneinig war man sich nur über die Varianten und Wege, die alte Größe wiederherzustellen. Da ein Anschluss an Deutschland am Einspruch der Alliierten gescheitert war, wandte man sich verschiedenen Assoziierungsplänen für den Donauraum zu.

Während der Anschluss an Deutschland vor allem von Frankreich bekämpft wurde, wurde der wirtschaftliche Fortbestand der Monarchie in Form einer Donaukonföderation vor allem von Italien, aber auch von Deutschland nicht goutiert. Die Idee eines Zollbündnisses zwischen den drei Kernländern der Monarchie, im Friedensvertrag angedeutet, hatte von Anfang an wenig Chance auf Realisierung, nicht nur wegen des Einspruches von Italien oder Deutschland. Die Angst vor Wien war in den Nachfolgestaaten mindestens ebenso stark wie in den westlichen Bundesländern Österreichs.

Für die Anschlusseuphorie der Sozialdemokraten gab es neben den wirtschaftlichen auch politische Gründe, die Vereinigung mit einem damals sozialistisch dominierten und industriell entwickelten Deutschland, wäh-

LINKS: *Agitation für die Volksabstimmung in Kärnten, 1920.*

RECHTS: *Kärnten wird im Reigen der anderen Bundesländer aufgenommen. Fresko (Ausschnitt) von Suitbert Lobisser im Klagenfurter Landtagssitzungssaal (übertüncht).*

Zwei österreichische Nationalökonomen als Professoren an der Harvard University: Joseph Schumpeter (1883–1950), 1919 noch Finanzminister in der Regierung Renner, im Gespräch mit Gottfried Haberler (1900–1995). Beide Fachleute trugen durch ihre Lehrtätigkeit wesentlich zum Aufschwung der Nationalökonomie in den USA bei.

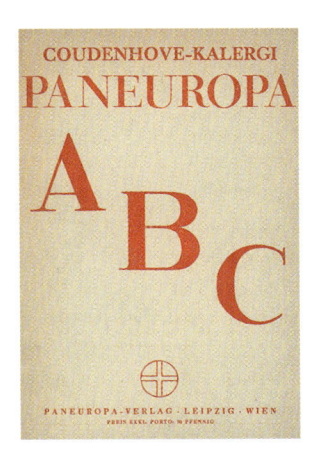

„Paneuropa heißt Alleuropa": Richard Coudenhove-Kalergi warb für seine Vision eines geeinigten Europas. Titelseite einer Broschüre aus dem Jahre 1931.

rend das neue Österreich auf lange Sicht agrarisch dominiert schien. Anzumerken ist allerdings, dass die meisten auch dann weiter für den Anschluss plädierten, als klar war, dass es kein sozialistisches Deutschland geben werde, und manche sogar dann noch, als es ein nationalsozialistisches war.

Die Christlichsoziale Partei, die nach dem Zusammenbruch der Habsburgermonarchie von der Spaltung in einen städtischen und einen ländlichen Flügel bedroht war, war vom Anschluss an ein sozialistisches, protestantisches oder gar revolutionäres Deutschland viel weniger begeistert. Ignaz Seipel versuchte in der Gründung einer Donauföderation ein Gegengewicht zu einer preußisch-protestantischen Übermacht zu bilden. „Ins Reich geschickt und dort Provinz neben Provinzen unter der Herrschaft Preußens sein", das wollte Seipel für Österreich nicht. Den Kleinstaat Österreich wollte er aber auch nicht. Auch Joseph Schumpeter, von Frühjahr bis Herbst 1919 Finanzminister, war Anhänger einer Donauföderation, die sich politisch und ökonomisch an die westlichen Alliierten anlehnen sollte, um mit deren Hilfe die finanzielle und wirtschaftliche Führungsrolle in Ostmitteleuropa halten zu können. Im Falle eines Anschlusses an Deutschland würde man „in der großen deutschen Firma" bestenfalls als „Kommanditist" fungieren, bei einer Föderation aber als unabhängiger „Chef".

Mit der Begründung eines europäischen Staatenbundes glaubte Richard Coudenhove-Kalergi 1923 ebenso wie mit dem 1924/25 von ihm ins Spiel gebrachten Plan einer gesamteuropäischen Zollunion die ideale und einzig praktische Lösung für die österreichische Frage zu finden, quasi den Anschluss an die Welt statt des Anschlusses an Deutschland. Er hielt es nicht nur für möglich, sondern sogar für wahrscheinlich, dass Wien sich zur Hauptstadt Paneuropas entwickeln würde, zum Mittelpunkt des gesamten Erdteils: „Es bedarf keiner weiteren Begründung, dass Wien es vorziehen würde, eine europäische Hauptstadt zu werden, statt eine deutsche Provinzstadt, lieber ein europäisches Washington, als ein zweites München ..."

Der Zerfall eines so großen Wirtschaftsraumes wie der Habsburgermonarchie bedeutet in jedem Fall Wohlstandseinbußen, wie umgekehrt eben der Aufbau eines größeren Wirtschaftsraumes Wohlstandseffekte bringt. Während bei den Gebietsabtrennungen, die das Deutsche Reich oder Russland nach dem Ersten Weltkrieg erfuhren, wirtschaftlich mehr oder weniger unbedeutende Randgebiete die Staatszugehörigkeit wechselten, zerfiel bei der Auflösung der österreichisch-ungarischen Monarchie ein in mannigfacher Weise verflochtenes großes Wirtschaftsgebiet in mehrere einzelne Blöcke, die alle mit unzähligen durchtrennten Verbindungen und ergänzungsbedürftigen Produktionskapazitäten zurückblieben. Was bisher Binnenhandel gewesen war, hatte sich plötzlich in einen mit viel größeren Schwierigkeiten behafteten und von außerökonomischen Einflüssen mitgesteuerten Außenverkehr verwandelt. Sowohl der Zerfall der traditionellen Wirtschaftseinheiten als auch das Zusammenfügen neuer schufen ungeheure volkswirtschaftliche Kosten.

Österreich war nach 1918 mit einer höchst inhomogenen regionalen Struktur konfrontiert: Niederösterreich, damals noch inklusive Wien, vereinigte mehr als die Hälfte der gesamten Einwohnerschaft des Landes auf sich. 1923 lebte jeder dritte Österreicher in Wien, heute nur mehr jeder fünfte. Die strukturellen Spannungen zwischen Hauptstadt und Provinz wurden durch die politischen Spannungen zwischen „rotem" Wien und „schwarzen" Bundesländern noch verstärkt. Wien wurde von Niederösterreich abgetrennt und als eigenes Bundesland etabliert.

Die Hauptprobleme stellten sich in Wien mit seiner Bürokratie für ein 50-Millionen-Reich, dem Hof, den Banken und den Zentralbüros der großen Industriegesellschaften, den Dienstleistungsbetrieben, freien Berufen, Rechtsanwälten, Ärzten und Künstlern. Wer meinte, dass sich das Unheil abwenden lasse, wenn Wien nicht mehr der „Wasserkopf" eines wirtschaftlich ohnmächtigen Zwergstaates sei, sondern eines von mehreren Wirtschaftszentren des großen Deutschen Reiches werde, übersah, dass Wien in einem Großdeutschen Reich auch noch seine Hauptstadtfunktion für das kleine Österreich verlieren musste und nach 1938 auch tatsächlich verlor.

Wien war der Hauptverlierer. Das Wien der Zwischenkriegszeit, so hochstehend das geistige Leben und so beeindruckend die kommunalpolitischen Leistungen gewesen sein mochten, konnte an das Wien der Vorkriegszeit weder in den finanziellen noch in den ideellen Ressourcen heranreichen. Einerseits war Wien der Moloch, von dem sich die Bundesländer absentieren wollten, andererseits blieb Wien das Hauptkonsumzentrum, das den dazu günstig gelegenen Betrieben in Niederösterreich, Burgenland und auch Oberösterreich einen Standortvorteil verschaffte.

Die Folgen der Zerschlagung der Habsburgermonarchie waren nicht nur neue Nationalitätenprobleme, sondern auch durchtrennte Infrastruktureinrichtungen, Eisenbahnlinien und Wirtschaftsverbindungen: Der Westen des Bundesgebietes, der so lange gegenüber Wien und dem Norden und Osten der Monarchie ins Abseits gedrängt gewesen war, erhielt größeres Gewicht. Politisch entscheidend aber war die Tatsache, dass der katholische Bauernbund von 1918 bis 1938 ununterbrochen an der Regierung beteiligt war. In den Jahren 1927 bis 1933 kam noch der antiklerikale Landbund hinzu. Das ermöglichte die Vision von Österreich als „Bauernland", wie sie von Josef Reither verkündet und der sozialdemokratischen Vision eines „roten Wien" und eines Industrielandes Österreich entgegengesetzt wurde (Hanisch).

Die russische Oktoberrevolution überschattete die Republikgründung. Österreich war an der West- wie an der Ostgrenze in Berührung mit Staaten, wo vorübergehend Rätediktaturen etabliert worden waren, in Un-

Der Bürgerkrieg 1919. Gemälde von Julius Endlweber (1892–1947), Öl auf Leinwand. Heeresgeschichtliches Museum, Wien. Die Darstellung Endlwebers bezieht sich auf einen Zusammenstoß zwischen kommunistischen Demonstranten und der Stadtschutzwache in der Hörlgasse im 9. Wiener Gemeindebezirk am 15. Juni 1919, bei dem es 20 Tote und 80 Verletzte gab.

Die Kriegsschuldfrage als Wahlkampfthema im Vorfeld der Nationalratswahl vom 21. Oktober 1923. Plakat von Victor Slama, 1923.

garn am 21. März 1919 und in Bayern am 7. April 1919. Im Frühjahr 1919 hatte auch in Österreich die Rätebewegung, die zunächst auf lokaler Basis operiert hatte, stark an Einfluss gewonnen und eine das ganze Staatsgebiet umfassende Organisation aufgebaut. Am 1. März 1919 trat eine Reichskonferenz der Arbeiterräte in Linz zusammen und beschloss ein eng an die russischen Sowjets angelehntes Statut. An Wahlen zu einem österreichischen Räteparlament zwischen April und Juni 1919 beteiligten sich immerhin fast 870.000 Wähler. Die Proklamation einer kommunistischen Räterepublik Deutsch-Österreich am 3. Juli 1919 wäre beinahe gelungen. Um die Arbeiter- und Soldatenräte konservativ auszutarieren, bildeten sich vorübergehend auch konservative Bauern-, Schüler- und Bürgerräte.

Der sozialpolitische Fortschritt, der 1918/20 erreicht wurde, war sehr beachtlich: In mehr als 80 wichtigeren sozialpolitischen Gesetzen und Verordnungen wurden Materien wie die Einführung des Achtstundentags, der Arbeitslosenversicherung, des Arbeiterurlaubs, der Betriebsräte, der Arbeiterkammern, des Mieterschutzes und die Verbesserung des Kollektivvertragsrechts und des Jugend- und Frauenschutzes geregelt. Von den weit ausgreifenden Sozialisierungsplänen hingegen wurde praktisch kaum etwas verwirklicht.

Aus der Auseinandersetzung mit der Rätebewegung erwuchs die rechtliche Verankerung der betrieblichen Mitbestimmung: Schon die Bezeichnung „Betriebsrat" statt des althergebrachten gewerkschaftlichen „Vertrauensmannes" verdeutlichte das verbale Zugeständnis, das an die Rätebewegung gemacht werden sollte. Zusammen mit der Regelung der Kollektivverträge, mit der Errichtung der paritätisch besetzten Einigungsämter und der Schaffung der Arbeiterkammern wurde mit dem Betriebsrätegesetz die Grundlage für die weitere Entwicklung der partnerschaftlichen Arbeitsverfassung gelegt, und zwar bis in die Gegenwart.

Mit der Ausrufung der Republik am 12. November 1918 war die Ausweitung des Wahlrechts auf Frauen und die Änderung von einem Mehrheitswahlrecht, in welchem in jedem Wahlkreis ein Abgeordneter ermittelt wurde, zu einem Proportionalwahlrecht verbunden. Parteipolitisch standen sich die Arbeiterbewegung – repräsentiert durch die Sozialdemokratie – und das äußerst heterogene bürgerliche Lager – die Christlichsoziale Partei, die Legitimisten, die deutschnationalen Parteien, vom Landbund über die Großdeutschen bis zu den Nationalsozialisten, sowie die autoritär-faschistisch orientierte Heimwehrbewegung – in unüberbrückbarem Gegensatz gegenüber.

Die größte Partei war die Sozialdemokratische Arbeiterpartei (SDAP). Der Anstieg ihrer Mitgliederzahlen setzte schon im Krieg ein: Nach Kriegsende erreichte sie über 330.000 und 1929, am Höhepunkt, mit mehr als 650.000 die weitaus höchste Mitgliederdichte in ganz Europa, dies vor allem in Wien, dessen Landesorganisation die größte Parteiorganisation der Welt war. Mit 400.000 Parteimitgliedern war etwa ein Viertel der Wiener Bevölkerung erfasst, 47 Prozent der Wiener Arbeiter waren Anfang der dreißiger Jahre sozialdemokratisch organisiert, drei Viertel der Mitglieder waren Arbeiter, mehr als 80 Prozent der Arbeiter wählten sozialdemokratisch.

Der Austromarxismus brachte bedeutende Theoretiker hervor: Victor Adler, der am Vorabend der Republiksausrufung verstorben war, Rudolf Hilferding, der 1877 in Wien geboren wurde, 1907 bereits nach Deutschland übersiedelte und 1941 in Paris in Gestapo-Haft umkam, Karl Kautsky (1854–1938), der ab 1920 wieder in Wien lebte und 1938 nach Holland flüchtete, Otto Bauer (1881–1938), der wichtigste theoretische Kopf der Sozialdemokratie, der 1934 in die Tschechoslowakei flüchtete und 1938 in Paris verstarb, Friedrich Adler (1879–1960), der durch das Attentat auf Ministerpräsident Graf Stürgkh am 21. Oktober 1916 im Hotel Meißl & Schadn zum Helden der internationalen Arbeiterbewegung aufgerückt war und bis 1940, bis zu ihrer Auflösung, als Sekretär der 2. Internationale fungierte, dann in die USA ins Exil ging und 1945 nicht mehr nach Österreich zurückkehrte, und Max Adler (1873–1937), der in Verbindung mit dem Neukantianismus eine sozialistische Lebens- und Kulturlehre formulierte.

Was die österreichische Sozialdemokratie kennzeichnete, war die Bedeutung des gesellschafts- und kulturpolitischen Auftrags, der sich von der Arbeiterbildung durch Volkshochschulen und Arbeiterbibliotheken über die Fest- und Sportkultur (Arbeitersänger, Arbeitersymphonieorchester), ein reges Vereinswesen, vom ASKÖ, den Naturfreunden, den Arbeiterabstinenten, den Anhängern der Freikörperkultur über die Arbeiter-Radfahrer, Arbeiter-Photographen, Arbeiter-Amateurfunker und die Organisierung der Frauen, Kinder und Jugend bis zu den Freidenkern und Anhängern der Feuerbestattung („Die Flamme") erstreckte. Esperanto, Schach, Briefmarkensammeln, Kleingärten, Fischen, Flugsport, Radiobasteln ... die Arbeiterbewegung griff alle als modern geltenden gesellschaftlichen Trends begierig auf.

Marie Jahoda, die berühmte Soziologin, die zusammen mit Paul Lazarsfeld und Franz Zeisel den Klassiker der Arbeiterforschung *Die Arbeitslosen in Marienthal* verfasst hatte und bereits 1937 Österreich verlassen musste, erzählte begeistert von dieser Dynamik der Wiener Arbeiterkultur: „Oh, als wir jung waren, war Österreich das Zentrum der Welt. Es hatte die einzige sozialdemokratische Partei, die eine wirkliche Hoffnung für die Zukunft bot, die einzige sozialdemokratische Massenpartei, in der die Arbeiterschaft wirklich am Kulturleben teilgenommen hat. Kein anderes Land in der Welt hätte mit Österreich konkurrieren können, als wir jung waren."

Die Sozialdemokratie stützte sich auf die drei Säulen Partei, Gewerkschaft und Genossenschaften, auf die Konsumgenossenschaften und die Siedlungsgenossenschaften. Von den österreichischen Parteien hatte die SDAP den

„Ein Fest der großen Idee des Sozialismus" (Karl Seitz): das Logo des Internationalen Sozialistischen Jugendtreffens in Wien im Juli 1929.

Das 20. Jahrhundert / Das Jahrzehnt der Enttäuschung

LINKS: *Der militärische Arm der Sozialdemokratie: „Sturmtrupp" des Republikanischen Schutzbunds bei einer „Marschübung", April 1930.*

RECHTS: *Radikale Parolen weckten bei den bürgerlichen Parteien immer wieder Revolutionsängste: Die Forderung nach Auflassung des Religionsunterrichts in den Schulen konnte allerdings nicht durchgesetzt werden.*

größten Besitz an Unternehmen: Konsumvereine und Großeinkaufsgesellschaften, Brot- und Papierfabriken, Druckereien, Zeitungen, die Arbeiterbank. 1923/24 wurde mit dem Republikanischen Schutzbund auch ein militärischer Arm geschaffen. Im Linzer Programm von 1926, das auch den Hinweis auf die Diktatur des Proletariats einschloss, hatte sich der radikale Flügel um Otto Bauer gegenüber dem gemäßigten um Karl Renner durchgesetzt. Waren die Austromarxisten tatsächlich „Schafe im Wolfspelz", als die sie sowohl von Leo Trotzki von extrem links wie von Norbert Leser von Mitte links interpretiert wurden, die zwar radikal sprachen, aber pragmatisch und gemäßigt handelten? Mit radikalen Theorien argumentierend, den Ruf nach der Diktatur des Proletariats („Demokratie ist nicht viel, Sozialismus ist das Ziel!") zumindest nicht ausschließend, erweckten sie bei den bürgerlichen Parteien immer wieder Revolutionsängste. Mit den radikalen Parolen war es den Austromarxisten gelungen, eine Spaltung in Sozialdemokraten und Kommunisten zu verhindern. Die 1918 gegründete Kommunistische Partei Österreichs (KPÖ) blieb daher eine kleine Splitterpartei. Die Tragödie des Bürgerkriegs im Februar 1934 bedeutete das gewaltsame Ende der organisierten Arbeiterbewegung und ihres sozial- und kulturpolitischen Engagements in der Zwischenkriegszeit.

Die Christlichsoziale Partei war bereits 1918 stark bündisch orientiert. Teilweise noch vor dem Krieg, teilweise nach Kriegsende waren in den Ländern christlichsoziale Bauernbünde entstanden, die sich im Reichsbauernbund zusammenschlossen. Die Hoffnung der Bauern auf die Demokratie verknüpfte sich mit der Hoffnung auf ein Ende der Bewirtschaftung, mit antifeudalen Tendenzen, mit der Erwartung einer Bodenreform. Aber eine Revolution wollten die Bauern nicht. Ihr Eigentum, ihre Wirtschaftsfreiheit, ihre tradierten Überzeugungen waren ihnen zu wichtig.

Die christliche Arbeiterbewegung hatte zwar mit Leopold Kunschak einen profilierten Vertreter und teilweise recht radikale antikapitalistische und antisemitische Sprecher. Der Einfluss auf die Arbeiterschaft blieb aber relativ gering. Aus der Unternehmerschaft und dem städtischen Bürgertum hatte die Christlichsoziale Partei relativ wenig Unterstützung zu erwarten. Besser war ihre Verankerung im Beamtentum, seit hier christlich organisierte Akademikerorganisationen wie der CV zum Marsch durch die Institutionen ansetzten. Der Einfluss von Klerus und Kirche auf die Partei war groß. An die Stelle des Bündnisses von Thron und Altar, das die Habsburgermonarchie kennzeichnete, war eines von Altar und Partei getreten.

Das nationale Lager war sehr zersplittert. Aber es war ohnehin mehr von den Vereinen als den Parteien getragen: den Burschenschaften und nationalen Verbindungen, dem Turnerbund, dem Alpenverein, dem Schulverein Südmark ... Im 1911 gewählten Reichsrat der Habsburgermonarchie hatten die Deutschnationalen gemeinsam mit den Liberalen die Mehrheit gestellt. In der Republik fielen sie auf den dritten Platz zurück. Vor allem gelang ihnen keine Einigung. Ihre bürgerlichen Anhänger sammelten sich in der Großdeutschen Volkspartei. Die national und freisinnig gesinnten Bauern bildeten den „Landbund". Und die nationalen Gewerkschaften strömten in die frühe NSDAP.

Verglichen zu den 700.000 Mitgliedern der SDAP war die Großdeutsche Volkspartei sicher keine Volkspartei. 1920 gegründet, zählte sie 1930 etwa 65.000 Mitglieder. Sie galt als Beamten- und Lehrerpartei. Mit Franz Dinghofer, Hans Schürff, Sepp Straffner und nicht zuletzt auch Polizeipräsident Schober, der ihr nahe stand, stellte sie immer wieder wichtige Politiker.

Im „Landbund für Österreich" sammelten sich jene Bauern, die sich bei den Christlichsozialen nicht beheimatet fühlten: häufig größere, kapitalistisch orientierte, evangelische oder kryptoprotestantische Bauern. Mit den Großdeutschen verband sie die nationale und antiklerikale Einstellung, von ihnen trennte sie der traditionelle Stadt-Land-Gegensatz.

Eine recht brüchige Einigung der Deutschnationalen gelang 1930 im Nationalen Wirtschaftsblock (Schoberblock). Doch der Wiener Polizeipräsident Johann Schober, ein Bürokrat wie aus dem 19. Jahrhundert, war nicht geeignet für einen modernen Parteiführer und wohl auch schon zu alt dafür.

Die 1903 in Aussig gegründete DAP hatte sich 1918 in DNSAP (Deutsche Nationalsozialistische Arbeiterpartei) umbenannt, sie hatte 1920 eine enge Beziehung zur deutschen NSDAP aufgenommen, 1923 aber wieder mit ihr gebrochen. Die frühen österreichischen Nationalsozialisten fanden ihre Basis in nationalen Gewerkschaften, etwa beim Deutschen Handelsgehilfenverband. Das Auftreten Hitlers in Deutschland spaltete die österreichische Partei 1926 in mehrere Richtungen, eine Hitlerbewegung und zwei stärker österreichisch orientierte, die eher gemäßigte Gruppe um Walter Riehl und die links-nationalen Schulz-Anhänger. Erst in den 30er-Jahren setzte der Zuwachs ein.

Ein Bürokrat wie aus dem 19. Jahrhundert: Johann Schober (1874–1932), von 1918 bis 1932 Wiener Polizeipräsident und Bundeskanzler 1921/22.

Die ersten Schritte Ignaz Seipels nach dem Attentat. Am 1. Juni 1924 war der Bundeskanzler am Wiener Südbahnhof durch Pistolenschüsse eines Arbeiters schwer verwundet worden.

Die bis 1920 amtierende Koalitionsregierung aus Sozialdemokraten und Christdemokraten unter Führung Karl Renners wurde nach dem Zerbrechen der Großen Koalition von rasch wechselnden Koalitionsregierungen aus Christlichsozialen, Landbündlern, Großdeutschen und Heimwehren abgelöst. In den 15 Jahren zwischen dem 30. Oktober 1918 und dem Jahr 1933 verbrauchte Österreich 22 Regierungen mit elf verschiedenen Regierungschefs.

Prälat Dr. Ignaz Seipel (1876–1932) war der bedeutendste und gleichzeitig auch umstrittenste unter den elf demokratisch legitimierten Bundeskanzlern der Ersten Republik. Für seine Gegner war er der Prälat ohne Milde, für seine Sympathisanten ein Sanierer der Seelen, für wohlwollende politische Beobachter die bedeutendste Persönlichkeit, die die christlichsoziale Partei in der Ersten Republik hervorgebracht hatte, für Kritiker ein gewiefter Taktiker. Seipel, der von 1921 bis 1929 die Obmannstelle der Christlichsozialen Partei innehatte und fünf Regierungen vorstand, war unstreitig der führende politische Kopf der Christlichsozialen. Als Sohn eines Wiener Fiakerkutschers und späteren Hausmeisters, war er, wie Hermann Bahr 1917 schrieb, „kein Mann, der vom Himmel gefallen, sondern aus der Tiefe gekommen ist", aus dem einfachen Volk. Arbeit und Askese waren ihm Zeit seines Lebens vertraut. Einsamkeit prägte sein Leben: keine Familie, kaum gesellschaftlicher Verkehr, nicht einmal ein Stammtisch, wie er selbst schrieb. Aus dem Volke kommend, wenn auch in ganz anderer Weise als sein Vorbild Karl Lueger, nämlich distanziert zu den Massen und ohne das geringste Zugeständnis an jegliche Demagogie, erlangte er dennoch oder gerade dadurch ein ungewöhnlich hohes Maß an Autorität und Popularität, sowohl im Inland als auch im Ausland.

Die längste Zeit seiner Karriere war er Geistlicher und Wissenschaftler, von 1909 bis 1917 als Professor für Moraltheologie in Salzburg, wo er auch als Kritiker des „übertriebenen Nationalismus" des Krieges und des Zusammengehens mit dem Deutschen Reich in Erscheinung trat. Erst sehr spät kam er in die Politik. Im letzten kaiserlichen Kabinett im Oktober 1918 unter Heinrich Lammasch war er Minister für Soziale Fürsorge und formulierte für Kaiser Karl die Abdankungsurkunde. Als Bundeskanzler führte er fünf Regierungen in den Jahren 1922–1924 und von 1926–1929. 1930 war er noch kurzzeitig Außenminister. Am 1. 6. 1924 war er durch das Attentat eines Arbeiters schwer verletzt worden und lag vier Monate im Spital. Seit dem 37. Lebensjahr war er zuckerkrank, eine Kugel aus dem Attentat verblieb in einem Lungenflügel, 1930 meldete sich die Tuberkulose.

Seipel geriet zwischen viele Fronten, die ihn persönlich quälten: Kirche und weltliche Macht, Monarchie und Republik, Großstaat und Kleinstaat, Kapitalismus und Sozialismus, Pragmatik und Ideologie, Konservatismus und Faschismus, nicht zuletzt Glauben und Politik, Priesteramt und politische Funktion, Sanierung der Währung und Sanierung der Seelen, *vita contemplativa* und *vita activa*. Er war der Exponent der Wiener Richtung der Christlichsozialen, die unter dem Druck des roten Wien in wesentlich schärferer Opposition zur Sozialdemokratie standen als die Christlichsozialen in den Bundesländern, wo das Konsensklima wesentlich ausgeprägter war, etwa in der Person des oberösterreichischen Landeshauptmanns Prälat Johann Nepomuk Hauser, der sich wie guter oberösterreichischer Speck definierte — außen schwarz und innen rot — oder des Vorarlberger Bauern Jodok Fink. Seipel selbst wandelte sich vom Architekten der parlamentarischen Demokratie zum desillusionierten Sympathisanten der Diktatur, ohne freilich den Heimwehrfaschismus gutzuheißen oder alle Beziehungen zur Sozialdemokratie zu kappen.

Als Seipel am 7. November 1924, wohl als Folge des Attentats, als Bundeskanzler vorläufig zurücktrat, schien die Stabilisierung von Staat und Wirtschaft geschafft. Am 20. Dezember 1924 wurde der Schilling eingeführt. Er war ein Sinnbild der wirtschaftlichen Konsolidierung. Als Seipel 1926 als Bundeskanzler zurückkehrte, war das gerade die Zeit der Formulierung der Parteiprogramme: des Linzer Programms der Sozialdemokraten mit der Angst einflößenden Formulierung von der „Diktatur des Proletariats" und der „sozialen Demokratie" oder „Volksdemokratie" und des christlichsozialen Programms mit den Schlagworten von der „wahren Demokratie" oder der „Demokratie der Tat", die auf diktatorische Vollmachten hinausliefen.

Die Gegensätze zwischen den einzelnen politischen Lagern schaukelten sich immer mehr auf. Paramilitärische Wehrverbände wurden aufgebaut: der „Republikanische Schutzbund" der Sozialdemokraten, die Heimatschutz- und Heimwehrverbände, die in allen Bundesländern entstanden, und die Marschformationen und Saalschutzstaffeln der Nationalsozialisten. Kundgebungen und Aufmärsche waren an der Tagesordnung. Die schweren Zusammenstöße eines rechtsgerichteten Kameradschaftstreffens in Schattendorf mit dem Republikanischen Schutzbund, der zu einer Gegendemonstration aufgerufen hatte, die zwei Toten, ein Schutzbündler und ein Kind, und der inhaltlich nicht begründete Freispruch der Täter durch ein Geschworenen-

Die neue Währung der Republik: 1-Schilling-Münze aus dem Jahre 1924.

„Wir mit Hitler!": Die österreichischen Nationalsozialisten verfolgten in ihren „Kampfblättern" das Schicksal Hitlers mit großer Aufmerksamkeit.

Das 20. Jahrhundert / Das Jahrzehnt der Enttäuschung

LINKS: *Das Drama des 15. Juli 1927 nimmt seinen Lauf: Der Wiener Bürgermeister Karl Seitz und Otto Bauer versuchen vergeblich, die aufgebrachten Demonstranten zu beruhigen.*

RECHTS: *Der brennende Justizpalast.*

Plakat der Christlichsozialen zur Nationalratswahl 1930: Die Schuld am 15. Juli 1927 wird den Sozialdemokraten zugeschoben. Plakatentwurf: Rudolf Ledl.

Die „Völkerbundanleihe" ist fix: Mit Unterzeichnung der „Genfer Protokolle" am 4. Oktober erhält die Republik 650 Millionen Goldkronen auf 20 Jahre garantiert, muss dafür aber u. a. noch einmal ausdrücklich auf den Anschluss verzichten und 10 % Zinsen zahlen. Der Holländer Alfred Zimmermann wurde als Kommissär (im Bild Bundeskanzler Ignaz Seipel vor dem Völkerbund) eingesetzt, um die Einhaltung aller Auflagen zu kontrollieren.

gericht führten zum Sturm einer erregten Menge auf den Wiener Justizpalast am 15. Juli 1927 und zum Schießbefehl der Polizei. Es gab 89 Tote und zahlreiche Schwerverletzte. Die Gegensätze schaukelten sich daran weiter auf: Über 200 politische Tote und mehr als 600 schwer Verletzte wurden bis zum Ausbruch des Bürgerkriegs gezählt.

Seipels wichtigste Leistung war die Sanierung der österreichischen Währung im Jahr 1922 mit Hilfe einer Anleihe des Völkerbundes. Die Inflation, die Entwertung aller Werte, die ökonomische Destabilisierung des Bürgertums, der Beamten, Rentiers und Hausbesitzer, wurde zum großen Trauma der Nachkriegszeit: Die allgemeine Nivellierung der Einkommen, zwischen Fach- und Hilfsarbeitern, zwischen städtischen und außerstädtischen Industriearbeitern, zwischen Industrie- und Landarbeitern, zwischen Arbeitern und Beamten und zwischen den oberen und den unteren Gehaltsklassen wurde zum sichtbarsten Ausdruck der Auflösung der alten Gesellschaft. Es war eine brutale Umverteilung zu Lasten der Sparer, Geldvermögensbesitzer, Rentenbezieher und „Fixbesoldeten", also des Bürgertums. Es gibt kaum eine bürgerliche Autobiographie aus dieser Zeit, die diesen Schock nicht erwähnt. Von einer kleinen Schar von Glücksrittern wurde eine hypertrophe Luxusindustrie gespeist: Am anderen Ende des Spektrums saßen die Desillusionierten, denen Status und Einkommen geraubt waren und die sich nur an den alten Titeln und Erinnerungen festklammern konnten. Die Hyperinflation in Österreich und Deutschland war es auch, die die Anschlussbegeisterung der Deutschen in der Tschechoslowakei, wo es keine derartige Inflation gegeben hatte, vorübergehend stark dämpfte.

Die Beamten waren es, die für den verlorenen Krieg und den riesenhaft aufgehäuften Berg von Staatsschulden als Erste zu zahlen hatten. Die Hyperinflation führte für sie zu einer dramatischen Einkommens- und Statusminderung. Die abgebauten Beamten — ihre Zahl sank von über 300.000 am Ende der Inflationszeit im Oktober 1922 auf etwa 166.000 im Jahr 1933 — fielen weitgehend der Arbeitslosigkeit anheim. Es stimmte nur zum Teil, wenn Hermann Leopoldi sang: „Am besten hat's ein Fixangestellter. Er hat hinten nix, er hat vorne nix, doch was er hat, das hat er fix". Es war die Zeit der „Hofratsinflation", mit der die verloren gegangene Kaufkraft durch Titel ohne Mittel wettzumachen versucht wurde. Die Distanz zwischen den Beamten und ihrem Staat, der sie kaum mehr zu bezahlen wusste, wuchs, auch wenn Anton Wildgans in seinem „Österreichischen Credo" den Geist des österreichischen Beamten beschwor: „Doch, wo sie standen, hielten sie den Posten, / Selbst wenn der Posten ein verlorner war."

Die Inflation überbrückte zwar die Krise der ersten Nachkriegszeit. Aber sie machte auch unfähig zur Krisenbewältigung. Als am 27. September 1922 der Völkerbund den Sanierungsplan für Österreich genehmigte, hatte man zwar die Hyperinflation gebannt, aber praktisch alle Sparguthaben und Geldkapitalien vernichtet und sich für die nächste Zukunft ein Zinsenniveau eingehandelt, das Investitionen praktisch fast unmöglich machte. Schon im Zusammenhang mit der Genfer Sanierung war der Nationalrat für zwei Jahre zu einem Verzicht auf seine budgetpolitischen Kompetenzen genötigt worden.

Das Bruttoinlandsprodukt Österreichs in den heutigen Grenzen, bezogen auf die Einwohnerzahl, war vor 1914 höher als das des Deutschen Reiches. Allerdings war der Einbruch nach 1918 enorm, hatten einzelne Sektoren, vor allem im staatsnahen Bereich und bei den Dienstleistungen, ihre monarchieweite Funktion naturgemäß fast unwiederbringlich verloren und konnte die ganze Zwischenkriegszeit hindurch das Vorkriegsniveau pro Kopf nie überschritten werden. Österreich war auch in der Zwischenkriegszeit

1929

Lange Beine und flache Brüste waren das Ideal der Damenmode von 1929: Die Kleider reichten nur mehr knapp übers Knie, waren oft plissiert und mit Volants verziert. Unverzichtbare Frisur für die Dame von Welt: der „Bubikopf".

Hugo Breitner (1873–1946), Wiener Stadtrat für Finanzwesen von 1922 bis 1932. 1838 emigrierte Breitner mit seiner Familie in die USA.

Ein Superblock als Spiegel sozialistischer Utopie: der Karl-Marx-Hof in Wien-Heiligenstadt. Foto: Thomas Hofmann.

nicht wirklich ein Agrarstaat, sondern ein Land mit einem hoch entwickelten industriellen und vor allem auch hoch entwickelten tertiären Sektor (Fremdenverkehr, freie Dienstleistungen, Bankwesen etc.). Die Agrarquote im Jahr 1934 lag mit 37,1 Prozent nicht wesentlich höher als in Deutschland 1933 mit 33,9 Prozent oder in Frankreich 1936 mit 35,6 Prozent. In Schweden und in der Schweiz war sie sogar deutlich höher als in Österreich, beides Länder, die nach 1945 unter die reichsten und am höchsten entwickelten Länder der Welt aufrückten.

Wirtschaftliche Impulse versprach man sich vom Ausbau der Wasserkraft und des Fremdenverkehrs. Zwischen 1926 und 1928 wurden zwischen Rax und Pfänder zehn Seilbahnen eröffnet. Der Wintersport begann populär zu werden. Die Jahre 1924 bis 1928 gelten als das „Goldene Zeitalter" des österreichischen Fremdenverkehrs. Die Weltwirtschaftskrise machte einen gewaltigen Strich durch die Rechnung.

Wien verwirklichte die sozialistische Utopie, innerhalb eines Jahrzehnts mehr als 300 Wohnanlagen mit mehr als 60.000 Wohnungen zu errichten, alle mit Wasser und WC, Gas und Elektrizität, in Gemeinschaftsanlagen Waschküchen, Bäder, Kindergärten, Bibliotheken, Spielplätze, Turnhallen und Parteilokale ... Am bekanntesten ist der 1930 eröffnete Karl-Marx-Hof, errichtet nach Plänen des Beamten des Wiener Stadtbauamtes Karl Ehn, der in seinen Parteimitgliedschaften die gesamte Geschichte des Landes spiegelt: zuerst in der SDAP, dann in der Vaterländischen Front, der NSDAP und wieder der SPÖ. Im städtischen Wohnbau dominierten die Superblocks. 1930 bis 1932 entstand die Wiener Werkbundsiedlung, eines der bedeutendsten Ensembles der Moderne in Österreich. Ökonomisch kam sie zu spät, für Arbeiter war sie zu teuer, für den Mittelstand zu progressiv. Ab 1932 wurden kaum noch neue Wohnbauprojekte begonnen.

Zum bestimmenden Gegensatz der Republik wurde der zwischen Stadt und Land, zwischen Wien und der Provinz, nicht nur politisch, sondern auch in Kunst und Kultur. Der Aufstand der Provinz war nur vordergründig topographisch. Nicht nur schienen die Dimensionen zwischen der Größe Wiens und der Bedeutung der Bundesländer verzerrt, der Gegensatz vielmehr beinhaltete die konservativ-christlichen Bundesländer und das „rote Wien", die agrarische Provinz und das verbeamtete, kapitalistische, jüdische Wien. Während die Heimwehren und Heimatschützer den Marsch auf Wien proklamierten und die Nationalsozialisten von der Entprovinzialisierung der Provinz schwärmten, hatte in der Kunst längst eine „Los von Wien"-Bewegung eingesetzt, gar nicht nur als Bewegung der „Heimatdichter" gegen die „Asphaltliteraten", sondern in der Malerei auch mit den progressivsten Beiträgen aus der Provinz. Dazu gehörten die Grazer Sezession, die Linzer Künstlervereinigung MAERZ, der Nötscher Kreis in Kärnten (Franz Wiegele,

LINKS: *In der Verfilmung von G. W. Pabst mit Greta Garbo ein Welterfolg: der 1924 erschienene „Wiener Roman" Die freudlose Gasse von Hugo Bettauer (1872–1925).*

RECHTS: *Neue Sachlichkeit in der Kunst: Die Verfolgung. Gemälde von Herbert Reyl-Hanisch. Öl auf Leinwand, 1932.*

Die letzte Doppelconférence 1938: Fremdenführer Karl Farkas erklärt dem Fremden Fritz Grünbaum die politischen Verhältnisse.

Anton Kolig), die bedeutenden Vertreter der Neuen Sachlichkeit in Westösterreich (Alfons Walde, Rudolf Wacker, Herber Reyl-Hanisch, Ernst Nepo).

Noch mitten im Drama des Ersten Weltkriegs begann Max Reinhardt mit der Realisierung des Konzepts der Salzburger Festspiele, als „eines der ersten Friedenswerke" und Hugo von Hofmannsthal, Richard Strauss, Franz Schalk, Alfred Roller stießen bald dazu. Hofmannsthal sah Salzburg als prädestinierten Festspielort, „der zum Symbol der Versöhnung einer vom Krieg zerrissenen und entzweiten Generation werden sollte". 1920 wurde mit Hofmannsthals *Jedermann*, dem Spiel vom Sterben des reichen Mannes, der Anfang gemacht.

Von 1858 bis 1938 gab es in Wien insgesamt 1101 Erstaufführungen von Operetten, allein 414 in den Jahren 1908 bis 1923. Wie erfolgreich das Sujet war, wird deutlich, wenn man bedenkt, dass von den weit über 200 Operetten und operettenähnlichen Werken, die im Wien der Zwischenkriegszeit erstaufgeführt wurden, sich knapp 20 bis heute auf den Spielplänen der Theater gehalten haben. Auch das Wienerlied erlebte in den 20er-Jahren einen Boom, als Kompensation fehlender österreichischer Identität und als Folge der Vorstellung, Wien sei trotz Zerfall des Reiches Nabel der Welt geblieben. Im Taumel der Inflationsjahre, als Wien ein „fideles Grab" war (Alfred Polgar), fand man in der Revue ein neues Massenunterhaltungsmittel.

Das jüdische Kabarett erlebte seinen Wiener Höhepunkt mit so berühmten Interpreten wie Armin Berg („Was braucht denn der Wiener um glücklich zu sein") und Fritz Grünbaum („Ich hab' das Fräul'n Helen' baden seh'n"). Der junge Karl Farkas wurde als „Blitzdichter" engagiert. Der Schritt zur Doppelconférence, in der ein „Gescheiter" einem „Blöden" etwas möglichst gescheit erklärt, damit der „Blöde" möglichst blöde antwortet, ergab sich mit dem Duo Grünbaum-Farkas.

Das 20. Jahrhundert / Das Jahrzehnt der Enttäuschung

In der wissenschaftlichen Kultur konnte die Republik an die Exzellenz des Wien der Jahrhundertwende anknüpfen, auch wenn die Abwanderung schon vor der gewaltsamen Vertreibung der jüdischen Intelligenz im Jahr 1938 nicht zu übersehen war.

Um Moritz Schlick, 1922 nach Wien berufen und 1936 auf den Stufen der Universität erschossen, versammelte sich im „Wiener Kreis" die positivistische Philosophie: Rudolf Carnap verließ 1931 Österreich, Herbert Feigl schon 1930, Kurt Gödel, der sich 1933 im Alter von 27 Jahren habilitierte, ging kurz danach in die USA und wurde zu einem der einflussreichsten Wissenschaftler des 20. Jahrhunderts, der Mathematiker Karl Menger, Sohn des gleichnamigen Ökonomen, gelangte 1936 dorthin, Otto Neurath, der die Bildstatistik begründete, emigrierte 1934 nach Holland. Ludwig Wittgenstein, der 1920 bis 1926 als Volksschullehrer in Niederösterreich unterrichtete, nahm an den Treffen des Kreises zwar nie teil, übte mit seinem 1921 veröffentlichten *Tractatus logico-philosophicus* aber großen Einfluss aus. 1939 emigrierte er nach Cambridge.

Die Vertreter der zweiten Schule der Wiener Nationalökonomie, Joseph A. Schumpeter, Friedrich v. Hayek, Ludwig v. Mises, Gottfried Haberler, Oskar Morgenstern und Fritz Machlup, waren an österreichischen Universitäten nicht wirklich integriert, verließen das Land teilweise schon lange vor 1938 und wurden erst in England und den USA berühmt.

Der wichtigste Vertreter der Wiener Rechtstheoretischen Schule, Hans Kelsen, der Schöpfer der österreichischen Verfassung, nahm 1930 eine Professur in Köln an. Die Psychologen Karl und Charlotte Bühler sammelten um sich große Schüler: Paul Lazarsfeld und Marie Jahoda, Ernest Dichter, Karl Popper etc. Dazu kamen drei Richtungen der Psychoanalyse, um Sigmund Freud, Alfred Adler und Viktor E. Frankl.

In den Naturwissenschaften, in Physik und Chemie, stellte Österreich mehrere Nobelpreisträger: in der Quantentheorie (Erwin Schrödinger, Wolfgang Pauli) und Strahlenforschung (Viktor Hess), in der Chemie, in der Medizin ... doch viele Nobelpreisträger sind noch kein Garant für Wohlstand ...

Während bis 1914 Wien Künstler, Wissenschaftler und Wirtschaftstreibende wie ein Magnet anzog, führte das Ende der Habsburgermonarchie zu einem dramatischen Bedeutungsverlust. Die Aufträge blieben aus, der Glanz verblasste. „Es ist schön, als Österreicher geboren zu werden, und es ist schön, als Österreicher zu sterben. Aber was macht man dazwischen?", fragte Anton Kuh schon 1925.

Die „goldenen 20er-Jahre" gab es in Österreich nicht. Und als man Hoffnung zu schöpfen begann, beim zehnjährigen Jubiläum der Republik im Jahre 1928, zerbrach diese im Strudel der ausbrechenden Wirtschaftskrise Ende 1929.

Opfer einer Attentats: Der Philosoph Moritz Schlick (1882–1936), Begründer des „Wiener Kreises", wurde 1936 in der Wiener Universität von einem Studenten erschossen.

Gewann großen Einfluss auf die zeitgenössische Philosophie: Ludwig Wittgenstein (1889–1951). 1939 emigrierte der Autor des Tractatus logico-philosophicus *nach Cambridge. Foto: Moritz Nähr.*

*) Das Jahrhundert des Massenkonsums

Brot und Gemüse gab's beim Greißler gleich ums Eck. Foto: Gerlach, um 1933.

Der Massenkonsum ist zum Signet des 20. Jahrhunderts geworden. Immer mehr Menschen konsumieren immer mehr Güter in immer kürzerer Zeit. Nicht mehr Ernährung, Kleidung, Wohnen, Heizen, die alten Grundbedürfnisse, machen das Konsumgeschehen aus, sondern langlebige Güter und Dienstleistungen, Haushaltsgeräte, Heimelektronik, Handy, Freizeit, Reisen, Sport, Wellness, Gesundheit. Die Massenmedien Rundfunk, Kino, Fernsehen, Internet und Handy wurden selbst Gegenstand des Massenkonsums, gleichzeitig aber über die Werbebotschaften, die sie verbreiten, zu dessen wesentlichen Triebkräften.

Die Waren haben sich gewandelt, sie sind standardisiert, werden in Massen gefertigt, sind nach Moden und Marken normiert und uniformiert und kommen unabhängig von saisonalen Rhythmen und losgelöst von Kalenderzyklen oder Uhrzeiten auf den Markt. Ein Faktor ist das gestiegene Einkommen, ein anderer die gestiegene Freizeit. Um 1900 betrug die durchschnittliche Wochenarbeitszeit in Österreich rund 58 Stunden, hundert Jahre später hingegen weniger als 38 Stunden. Die Einkommen wiederum haben sich im Durchschnitt real und pro Kopf verzehnfacht.

Die Warenfülle der Gegenwart ist nicht mehr zu überblicken. Die Geschwindigkeit, mit der die Waren umgeschlagen werden, aus der Mode kommen und durch neue, nicht in jedem Fall bessere Produkte ersetzt werden, wird immer größer. Der Bedarf an Lager- und Ausstellungsfläche wächst explosiv. Die Termine für Schluss- und Abverkäufe werden zunehmend enger. Die Frische und Neuigkeit der Waren ist nicht nur im Lebensmittelbereich zum absoluten Trumpf geworden.

Die rapide Steigerung der Realeinkommen hat nicht nur die Nachfrage erhöht, sondern auch eine massive Verschiebung der Verbrauchsausgaben in Richtung einkommenselastischerer Produkte nach sich gezogen: in den 50er-Jahren zuerst die Esswelle, dann die Bekleidungswelle, in den 60er-Jahren die Einrichtungs- und die Kfz-Welle, in den 70er- und 80er-Jahren die Kommunikations- und Freizeitwelle, in den 90er-Jahren die Mikroelektronik und der Handy- und Internet-Boom.

Das 19. Jahrhundert war die große Zeit der kleinen Kaufleute. Es kam einerseits zu einer weit aufgefächerten Spezialisierung, die sich im frühen 20. Jahrhundert noch fortsetzte: Greißlereien und Gemischtwarenhandlungen, Zuckerlgeschäfte, Kolonialwarenhandlungen, Wein- und Spirituosengeschäfte, Gemüseläden, Milchstellen, Wild- und Fischgeschäfte, Tabaktrafiken, Parfümerien, Drogerien, Kurzwaren- und Textilgeschäfte, Schuhhäuser, Eisen- und Papierhandlungen, Buch- und Kunsthandlungen, Antiquariate und diverse Gebrauchtwarenhändler. Im 20. Jahrhundert kamen Elektrogeschäfte, Nähmaschinen- und Fahrrad-Händler, Autohändler, Möbelhandlungen, Sportgeschäfte, Spielzeuggeschäfte, Plattengeschäfte, Fotogeschäfte und noch vieles andere dazu.

Auf der anderen Seite entstanden bereits im 19. Jahrhundert die großen Warenhäuser. Sie lieferten alles: rasche und effiziente Deckung der Bedürfnisse einerseits, elegante Vergnügungs- und Erholungsmöglichkeiten andererseits, von Schauvorführungen bis zu Esslokalen, von verschiedensten Dienstleistungen bis zur Möglichkeit der Entspannung. Die Warenhäuser waren nicht einfach ins Riesige gewachsene Gemischtwarenhandlungen. Sie boten nicht nur ein breites Warensortiment unter einem Dach und eine durchgehende Preisauszeichnung, verbunden mit dem Prinzip der Barzahlung, sondern auch die Möglichkeit der Warenbesichtigung ohne Kaufverpflichtung und, was am meisten zählte, die Illusion einer eleganten, nahezu unerschöpflichen Warenwelt, von der die meisten

Der kleine Nahversorger musste allmählich den großen Supermärkten weichen: Kolonialwarenhandlung Ende der 50er-Jahre.

OBEN: *Der erste österreichische Selbstbedienungsladen des KONSUM im wiederaufgebauten COOP-Gebäude in Linz. Aufnahme vom 30. Mai 1950.*

UNTEN: *Begehrte Objekte des Massenkonsums: Kofferradio, Plattenspieler, Tonbandgeräte, Film- und Diaprojektoren sowie elektrische Haushaltsgeräte.*

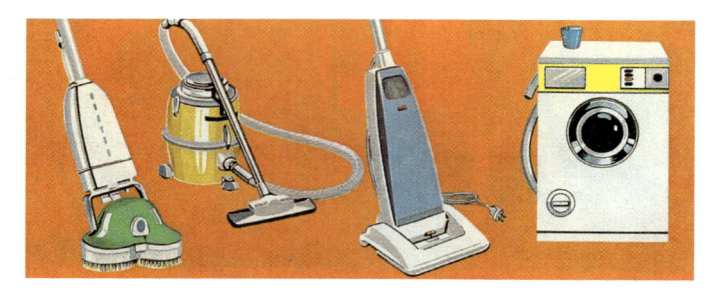

Radioapparat
Tonbandgerät
Plattenspieler
Bildwerfer
Kofferradio
Heimkino

in den eigenen vier Wänden nicht einmal träumen konnten.

Der Versandhandel fand im kleinräumigen Österreich vorerst wesentlich weniger günstige Ausgangsbedingungen als in den Weiten Amerikas. Erst nach 1945 blühte das Versandgeschäft vorübergehend auf. Kataloge traten an die Stelle der Hausierer und Wanderhändler, nicht nur in schlechter erschlossenen Landgebieten, sondern auch in den Städten. Die wirkliche Revolution im Handel aber war die Selbstbedienung. Ihre Vorteile lagen nicht nur in Kosteneinsparungen, sondern auch in der Steigerung des Umsatzes. Der Marshall-Plan stimulierte die Selbstbedienung. Daher war es kein Zufall, dass in der amerikanischen Besatzungszone die ersten auf die neue Art organisierten Geschäfte entstanden. Am 27. Mai 1950 eröffnete die Konsumgenossenschaft Linz den ersten Selbstbedienungsladen Österreichs. Es gab aber in den 50er-Jahren noch relativ wenige, die diese Neuerung aufgreifen wollten. Anfang der 60er-Jahre zählte man in ganz Österreich etwa 2.860 Selbstbedienungs- und Teilselbstbedienungsläden (das wären 12 Prozent der insgesamt etwa 24.000 Lebensmittelläden gewesen). 1970 lag der Selbstbedienungsanteil im österreichischen Lebensmitteleinzelhandel bei 30,0 Prozent, 1980 bei 56 Prozent, 1990 bei 67,8 Prozent und 2000 bei 80,4 Prozent. Die Zahl der Lebensmittelläden war gleichzeitig von etwa 24.000 auf 6.000 zurückgegangen. Die Selbstbedienung, die im Lebensmittel- und Gemischtwarenhandel begann, griff auf immer mehr Branchen über.

Die ersten Handelsketten in Österreich wurden an der Wende vom 19. zum 20. Jahrhundert gegründet. Julius Meinl eröffnete 1862 sein erstes Geschäft, begann 1894 mit der Errichtung von Filialen und hatte 1914 schon 115 Zweigstellen im gesamten Gebiet der Habsburgermonarchie erreicht. Es gab bereits einen einheitlichen Stil in der Gestaltung der Räumlichkeiten und des Erscheinungsbildes. 1937 war Meinl die größte mitteleuropäische Handelskette, von Wilna bis Dubrovnik und von Galatz bis Berlin, 1938 mit 622 Geschäften auch die größte Handelskette im Deutschen Reich.

Eine ähnliche Erfolgsgeschichte begann 1953: Am 7. Dezember 1953 eröffnete Karl Wlaschek in der Margarethenstraße im 5. Wiener Gemeindebezirk eine Diskont-Parfümerie mit 40 m² Verkaufsfläche. Das war die Geburtsstunde des Billa-Konzerns, dessen große Expansion in den 70er-Jahren einsetzte und der in den 90er-Jahren in den deutschen REWE-Konzern hineinfusioniert wurde.

Hand in Hand mit den Massenfilialunternehmen ging ein zunehmender Trend zu Großformen des Handels wie Verbrauchermärkten, Fachdiskontern und Supermärkten. Als neuer Typ von Einkaufsstandorten etablierten sich die Einkaufszentren an den Ortsrändern.

Österreich hat inzwischen mehr als 11 Millionen m² Verkaufsflächen. Ein typischer Nahversorger wie Billa oder Spar braucht heute etwa 800 m² Verkaufsfläche. Moderne Verbrauchermärkte bieten auf 3.000 bis 5.000 m² ein Sortiment von mehr als 30.000 Artikeln an. Die neue Generation von Lutz- und Kika-Möbelmärkten hat Verkaufsflächen von 50.000 m² und mehr. Mehr als 1.000 Greißler der Nachkriegszeit hätten in einem derartigen Möbelhaus Platz gefunden.

Der Wandel im Handel ist noch keineswegs ans Ende gelangt: Die Warenfülle wird immer umfangreicher und unübersichtlicher, der Flächenbedarf immer größer, die Umschlaggeschwindigkeit der Waren immer rascher. Der Platzbedarf, die Verkehrsverhältnisse und der Kostendruck verändern die Standorte. Gleichzeitig wächst die Konkurrenz der virtuellen Einkaufswelten. Neue Shopping-Möglichkeiten entstehen an den Brennpunkten des Verkehrs, in Tankstellen, Bahnhöfen und Autobahn-Raststätten. Immer mehr Kleingemeinden haben keinen Nahversorger mehr. Das Internet und der e-Commerce besetzen ein neues, rasch wachsendes Segment. Die Globalisierung vernetzt den Handel immer stärker. Gleichzeitig gibt es ein wachsendes Bedürfnis, die Verbindung zwischen Produzenten und Konsumenten zu stärken und damit der Anonymität, die der moderne Handel mit sich bringt, entgegenzuwirken.

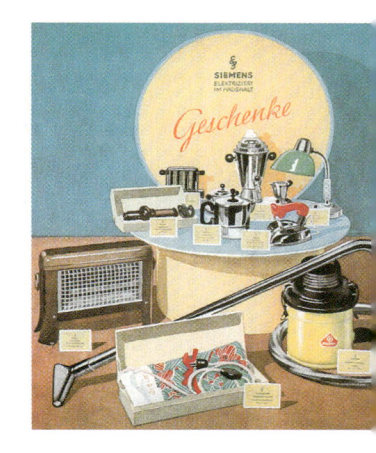

OBEN: *Ein Siemens-Musterschaufenster aus dem Jahre 1937. Für viele österreichische Haushalte waren diese Waren damals noch unerschwinglich.*

UNTEN: *Neue Shopping-Erlebniswelten entstehen an den Brennpunkten des Verkehrs: die Shopping City Süd bei Wien. Foto: Willfried Gredler-Oxenbauer.*

4

Das Jahrzehnt der großen Krise 1930–1938

Am 1. Jänner 1930 verlas Anton Wildgans im Rundfunk seine *Rede über Österreich*, ein leidenschaftliches Bekenntnis zum österreichischen Menschen. Am Ende des Jahrzehnts stand das Verbot der Bezeichnung Österreich im Ostmarkgesetz vom 14. April 1939.

Der prominente französische Historiker Lucien Febvre berichtete 1935 in einem langen Brief an Marc Bloch von seinem Wien-Besuch: „Innerhalb des Rings trifft man auf Banken, Banken und nochmals Banken. Alle sind natürlich geschlossen und bankrott. Bankgrabmäler, ebenso hässlich wie die Banken in Paris ... Die Menschen eilen wie Schatten vorüber, unauffällig, aber dennoch korrekt gekleidet. Sie verbringen ganze Tage in den Cafés, wo sie bei einem Glas Wasser die Zeitungen und Zeitschriften studieren ...

Die Weltwirtschaftskrise traf Österreich härter und hartnäckiger als andere Länder: eine Wiener Arbeiterfamilie beim Transport ihrer Habseligkeiten. Foto: Spiegel.

Das 20. Jahrhundert / Das Jahrzehnt der großen Krise

Heimwehrchef Starhemberg, Vizekanzler in der Regierung Schuschnigg, leistete sich am 13. Mai 1936 einen schweren Fehltritt, der ihn sein Amt kostete: Anlässlich der Eroberung von Addis Abeba schickte er an Mussolini ein Glückwunschtelegramm und schloss: „Es lebe der Sieg des faschistischen Gedankens in der Welt."

Am eindrucksvollsten ist noch die Kapuzinergruft, wo die Habsburger liegen: ein merkwürdiger Eindruck von Pomp, von Rokoko-Bourgeoisie und Verfall. – Die Menschen? Sie sind kompliziert und zurückhaltend ..."

Im Herbst 1929 war die Wirtschaftskrise mit voller Wucht über Österreich hereingebrochen, nachdem man schon vorher durch mit schöner Regelmäßigkeit auftretende Bankenzusammenbrüche an krisenhafte Situationen gewöhnt worden war. Der drohende Zusammenbruch der Bodencreditanstalt am 5. Oktober 1929 konnte nur durch eine Fusion mit der Creditanstalt aufgeschoben werden. Vizekanzler Schober soll dem Hauptaktionär der Creditanstalt, Louis Rothschild, nicht nur eine Pistole, sondern gleich ein Maschinengewehr an die Brust gesetzt haben. 1931 brach die mühsam gekittete Hilfskonstruktion. Die Creditanstalt konnte nur durch staatliche Hilfsmaßnahmen, die fast ein gesamtes Bundesbudget in Anspruch nahmen, über Wasser gehalten werden. Die Weltwirtschaftskrise wurde dadurch in Österreich besonders langwierig und tiefgreifend. Die Zahl der Arbeitslosen stieg auf über 30 Prozent. 1933 hatte die Arbeitslosigkeit in Österreich mit fast 600.000 Betroffenen den Höhepunkt erreicht. Und diese Zahl konnte bis 1938 nur langsam abgebaut werden.

Dass Österreich nach dem New Yorker Börsenkrach vom 24. Oktober 1929 von der Weltwirtschaftskrise schwerer und hartnäckiger getroffen wurde als andere Länder, hatte mehrere Ursachen: erstens die langfristigen Folgen des Zerfalls des gemeinsamen Wirtschafts- und Handelsraumes der Habsburgermonarchie mit seinen generell negativen und für das ehemalige Zentrum Österreich besonders nachteiligen Auswirkungen, der damit verbundenen Hyperinflation mit den nach der Stabilisierung sich ergebenden extrem hohen Zinssätzen und der nicht abreißenden Kette von Bankenzusammenbrüchen, die die Handlungsspielräume extrem eng machten, zweitens die Folgen der politisch-wirtschaftlichen Pressionen, die von Deutschland ausgeübt wurden, drittens wohl auch die Auswirkungen der österreichischen

Beschäftigungs- und Wirtschaftspolitik, die kurzfristig wenig Erfolge zeigte und langfristig ihre Bewährungsprobe nicht antreten konnte.

Der Zusammenbruch der Creditanstalt, deren Schaden mehr als ein österreichisches Bundesbudget ausmachte, und das politisch verursachte Scheitern des Projekts einer Deutsch-Österreichischen Zollunion 1931 verschärften die Wirtschaftskrise in Österreich, die ohnehin schon schwer genug war. Der Versuch zur Bildung einer Konzentrationsregierung, wozu Ignaz Seipel im Juni 1931 vom Bundespräsidenten beauftragt worden war, schlug fehl. Das Misstrauen war zu groß.

Am Morgen des 2. August 1932 erlag Ignaz Seipel seinen Leiden. Sein größter Gegenspieler, Otto Bauer, schrieb in dem berühmten schönen Nachruf von einem „Staatsmann europäischen Formats". Auch Schober war 1932 gestorben. Der Untergang Österreichs hatte schon begonnen.

1932 wurde Engelbert Dollfuß Bundeskanzler und Außenminister. Dollfuß polarisiert bis heute: Märtyrer oder Arbeitermörder, Wegbereiter des Untergangs oder erster Gegner und prominentestes Opfer Österreichs im Kampf gegen Hitler, Diktator oder Utopist, Totengräber der Demokratie oder Erfinder der Sozialpartnerschaft und Überwinder des Klassenkampfes, Held oder kleiner Faschist mit Minderwertigkeitsgefühlen. Er war wohl von allem etwas: autoritär, patriarchalisch, christlich, sozial. Der uneheliche Sohn einer niederösterreichischen Bauernmagd und eines Müllergehilfen, der auf dem Bauernhof seines Stiefvaters aufgewachsene Knabenseminarist, der mehrfach ausgezeichnete Offizier, zuletzt Oberleutnant an der Dolomitenfront, machte seine Karriere im Niederösterreichischen Bauernbund und als Direktor der Niederösterreichischen Landwirtschaftskammer. 1931 wurde er als Agrarpolitiker und Vertreter agrarischer Interessen in die Regierung berufen.

Dollfuß, der wegen seiner Körpergröße häufig als „Millimetternich" verspottet wurde (Es ging der Witz um, dass sich Leute im Kaffeehaus einen „Dollfuß" bestellten, wenn sie einen kleinen Schwarzen trinken wollten), war von bäuerlichen Vorstellungen tief geprägt. Immer wieder stellte er die bäuerliche Tischgemeinschaft als Beispiel hin, „wo der Bauer mit seinen Knechten nach gemeinsamer Arbeit abends am gleichen Tisch, aus der gleichen Schüssel seine Suppe isst". Die Vorstellungen der christlichen Soziallehre von der Entproletarisierung, der Beendigung des Klassenkampfes und der Einführung eines ständischen Autoritätsprinzips sah er im Bauernhof verwirklicht. Ihm, der niemals Parlamentarier war, fehlte das Verständnis für parlamentarische Verhandlungen. In seiner Gedankenwelt mischten sich demokratische und autoritäre Elemente.

Die Forderung nach Reduzierung der parlamentarischen Kompetenzen, um „wirtschaftspolitische Notwendigkeiten" mit autoritären Mitteln durchzusetzen, wurde immer wieder vorgebracht. Schon im Zusammenhang

Wegen seiner Körpergröße als „Millimetternich" verspottet, tief geprägt von bäuerlichen Vorstellungen: Engelbert Dollfuß. Zeitgenössische Postkarte.

Eine zwielichtige Figur mit engen Kontakten zur NSDAP: der Heimwehrführer Waldemar Papst. 1938 ernannte ihn Hitler zum „Wehrwirtschaftsführer", während des Zweiten Weltkriegs war er als NS-Agent in der Schweiz tätig.

mit der Genfer Sanierung war der Nationalrat für zwei Jahre zu einem Verzicht auf seine budgetpolitischen Kompetenzen genötigt worden. Bundeskanzler Otto Ender und noch vehementer sein Nachfolger Karl Buresch verlangten ein Ermächtigungsgesetz, um „die Ordnung im Staatshaushalt" wieder herzustellen. Damit sollten die wirtschaftspolitischen Belange auf eine bestimmte Zeit der Regierung überlassen bleiben und der Nationalrat nur über einen kleinen Parlamentsausschuss an den Maßnahmen mitwirken. Parlamente seien nicht geeignet, einen Staat aus der Krise herauszuführen, meinte Minister Kurt Schuschnigg am 17. Juni 1932 im Ministerrat: Nur mit einer Ausschaltung des Parlaments und mit autoritären Mitteln glaubte man die notwendigen Sanierungsmaßnahmen durchsetzen und dem Nationalsozialismus Paroli bieten zu können.

Überall in Europa tauchten in den 30er-Jahren antidemokratische, autoritäre und faschistische Modelle der Krisenlösung auf. Auf allen Seiten wurde nach diktatorischen Mitteln geschielt: Die Heimwehr, deren politischer Zenit in die Jahre zwischen 1927 und 1934 fällt, erteilte im Korneuburger Eid am 18. Mai 1930 offen der demokratischen Republik eine Absage. Sie definierte sich selbst als „fascistisch" und rekrutierte sich aus zwei Richtungen, aus dem deutschnational-kleinstädtisch-radikalen Milieu und aus einem konservativ-katholisch-agrarischen Milieu. Bauern dachten häufig autoritär-patriarchalisch, im Leben wie in der Politik („Einer muss anschaffen!"), und waren mit antiliberalen und antikommunistischen Parolen leicht zu gewinnen. In ihren wesentlichen Teilen am faschistischen Modell Mussolinis orientiert, von wo sie auch materielle Unterstützung erhielt, sah die Heimwehr die Bekämpfung der Sozialdemokratie als wesentliches Ziel an.

Ein Putschversuch der steirischen Heimwehr unter Walter Pfrimer am 12./13. September 1931 konnte rasch niedergeschlagen werden. Das Verhalten des Führers der Heimwehren Ernst Rüdiger Starhemberg war un-

Der Pfrimer-Putsch 1931: Steirische Heimwehrmänner auf ihrem geplanten Marsch nach Wien in der Nähe von Bruck an der Mur. Da die Putschisten in der Bevölkerung keine Unterstützung fanden, konnten Bundesheer, Polizei und Gendarmerie dem Spuk rasch ein Ende machen. Auch sozialdemokratische und kommunistische Arbeiter leisteten den „Heimatschützern" Widerstand.

Verbündete im Kampf gegen die Sozialdemokratie und den Nationalsozialismus: Bundeskanzler Engelbert Dollfuß und Kardinal Theodor Innitzer (1875–1955) bei den Feierlichkeiten zum Allgemeinen Deutschen Katholikentag im September 1933.

Das Sammelbecken für rechtsradikale Aktivisten: die SA. Aufruf in einem österreichischen „Kampfblatt".

durchsichtig und sprunghaft: Die Rolle, die er im Pfrimer-Putsch spielte, ist widersprüchlich, ebenso seine Rolle im Bürgerkrieg, sein Verhältnis zu anderen Heimwehr-Führern, insbesondere zu Emil Fey, und seine Beziehung zu Hitler, obwohl er zweifellos zum überzeugten Gegner des Nationalsozialismus geworden war. Trotz oftmals erschreckender verbaler Radikalität schreckte Starhemberg in den entscheidenden Momenten aus nicht ganz klar erkennbaren Gründen vor dem Griff nach der Macht zurück.

Auch die Sozialdemokratie gab immer wieder Anlass zu Zweifeln an ihrer demokratischen Gesinnung. Otto Bauers Distanzierung vom Bolschewismus war halbherzig, indem er an seine prinzipielle Kritik am Kommunismus eine im Konjunktiv gehaltene Zustimmung anschloss: Wenn der Sowjetdiktatur „das Werk des sozialistischen Aufbaus" gelänge, dann werde „die Diktatur überflüssig geworden sein und abgebaut werden können". Im November 1932 rief Otto Bauer zur Bildung einer Einheitsfront zwischen Sozialistischer und Kommunistischer Internationale auf, und 1934, nur wenige Tage nach der Niederlage des Schutzbundes im Bürgerkrieg, in einer „Prinzipienerklärung" zu einer revolutionären Diktatur: „Nicht die Wiederherstellung der bürgerlichen Demokratie von gestern, sondern eine revolutionäre Diktatur als Übergangsform zu einer echten, auf das Eigentum des Volkes an seinen Arbeitsmitteln und Arbeitsertrag gegründeten, also sozialistischen Demokratie ist unser Ziel", und das sei nicht eher möglich, bevor nicht den Kapitalisten, den Aristokraten und der Kirche ihre wirtschaftlichen Machtmittel entrissen seien.

Gleichzeitig wuchs die Anhängerschaft der NSDAP in Österreich stark an. Hatte sie bei den letzten Nationalratswahlen der Ersten Republik 1930 nur 3 Prozent der Stimmen gewinnen können, erreichte sie bei den Landtagswahlen in Wien, Niederösterreich und Salzburg 1932 bereits im Durchschnitt 16 Prozent, wobei diese Zugewinne primär zu Lasten der Christlichsozialen sowie der deutschnationalen Parteien (Großdeutsche Volkspartei und Landbund) erzielt wurden, und bei der Gemeinderatswahl, die 1933 in Innsbruck abgehalten wurde, schon 40 Prozent.

Derartige Erfolge gaben Anlass zu ernster Besorgnis: Es ist keineswegs abzuschätzen, wie weitere Wahlen in Österreich unter dem Eindruck der nationalsozialistischen Machtergreifung in Deutschland ausgegangen wären. Ein gewaltiger Stimmenzuwachs oder gar eine Mehrheit für die NSDAP wären auf jeden Fall zu befürchten gewesen. Ins Parlament, um es zu zerstören, war das deklarierte Ziel der Nationalsozialisten.

Dollfuß stützte sich im Parlament auf eine knappest denkbare Mehrheit von einem Mandat aus Christlichsozialen, Landbund und Heimatblock. Ein verhängnisvoller Verfahrenstrick bei einer Abstimmung im Nationalrat am 4. 3. 1933, als jeder der drei Parlamentspräsidenten, die geschäfts-

Das 20. Jahrhundert / Das Jahrzehnt der großen Krise

Nach der „Selbstausschaltung" des Parlaments am 4. März 1933 trat das Parlament am 30. April 1934 erstmals wieder zu einer Sitzung zusammen – eine bloße Farce, denn inzwischen hatte Dollfuß Schritt für Schritt die demokratischen Strukturen der Republik zerschlagen. Die leeren Sitze der sozialdemokratischen Abgeordneten, denen man ihre Mandate aberkannt hatte, zeugen von dieser Entwicklung.

Blutiger Bürgerkrieg im Februar 1934: Bundesheersoldaten bereiten sich zum Angriff auf eine Verteidigungsstellung des Schutzbunds vor (links), Geschützstellung des Bundesheers (rechts).

ordnungsmäßig nicht stimmberechtigt waren, nämlich Renner, Ramek und Straffner, nacheinander ihr Amt niederlegten, um ihrem Lager eine Stimme mehr zu sichern, wurde zum Anlass genommen, das Parlament auszuschalten, weil ja kein Präsident mehr vorhanden sei, der es einberufen könne. Dollfuß nützte die Krise des Parlamentarismus und das merkwürdigerweise in die Verfassung der Demokratie übernommene Kriegswirtschaftliche Ermächtigungsgesetz von 1917, um seiner Diktatur den Schleier von Rechtmäßigkeit zu geben. Auch der vom Völkerbund zur Überwachung der Österreich 1932 gewährten so genannten Lausanner Anleihe eingesetzte Vertreter, der Holländer Meinoud Marinus Rost van Tonningen, unterstützte den Aufbau einer Diktatur. Recht rasch wurden die NSDAP, die Kommunistische Partei, die Freidenkerbewegung und der Republikanische Schutzbund verboten. Mit dem Verbot am 19. Juni 1933 war der NSDAP die Möglichkeit genommen, mit ähnlich halblegalen Mitteln wie vorher in Deutschland über Wahlen und Koalitionsmanipulationen an die Macht zu kommen.

Im Februar 1934 kam es zum Bürgerkrieg zwischen dem Republikanischen Schutzbund einerseits und der Heimwehr und dem Bundesheer

OBEN: *Koloman Wallisch (1889–1934), Nationalratsabgeordneter und Kommandant des Schutzbunds in der Obersteiermark, wartet auf seine Hinrichtung (19. Februar 1934). Wallisch hatte im Raum Bruck an der Mur/Kapfenberg dem Bundesheer einen heftigen Kampf geliefert, war jedoch in einen Hinterhalt geraten. Insgesamt wurden neun Schutzbundführer hingerichtet, 21 Todesurteile ausgesprochen.*

RECHTS: *„Österreich über alles" und „Seid einig!" – das sind die Botschaften, mit denen Engelbert Dollfuß sein Ideal einer ständestaatlichen Gemeinschaft verwirklichen will. Im Bild mit Bauernbunddirektor Leopold Figl (links) bei einer Gedenkveranstaltung für die Opfer des Nazi-Terrors.*

andererseits. Die Auseinandersetzungen, die vom 12. bis zum 15. Februar dauerten – die heftigsten Kämpfe gab es in Linz, Steyr, Bruck an der Mur und in einzelnen Wiener Bezirken –, endeten mit dem Sieg der Heimwehr und der Regierungstruppen. Die Vermögen der Sozialdemokratischen Partei und ihrer Organisationen wurden beschlagnahmt und zahlreiche Führungspersönlichkeiten in Haft genommen. Als besonders unheilvoll erwies sich, dass neun Todesurteile vollstreckt wurden. Alle Parteien und Gewerkschaften wurden aufgelöst und dafür die Einheitsbewegung der am 20. Mai 1933 gegründeten Vaterländischen Front und ein überparteilicher Gewerkschaftsbund geschaffen.

Die Vaterländische Front wurde 1933 unter Berufung auf das 250-Jahr-Jubiläum des Siegs über die Türken gegründet, mit dem alten Motto „Österreich über alles, wenn es nur will". Eine Massenorganisation war sie nicht. Die drei Millionen Mitglieder im November 1937 standen auf dem Papier. Die Realität war eine andere. Die Meinung Schuschniggs zu Anfang 1938, dass ein Viertel der Österreicher hinter ihm, ein weiteres Viertel hinter Hitler stünde und 50 Prozent politisches Treibholz seien, das dem jeweiligen Sieger zufiel, mag recht realistisch gewesen sein.

Die am 1. Mai 1934 verkündete „berufsständische" Verfassung, welche Österreich in einen „christlichen Ständestaat" umgestalten sollte, blieb der christliche Mantel für eine autoritäre Regierung. An die Stelle der „Republik Österreich" wurde der „Bundesstaat Österreich" gesetzt. Die neue Verfassung begann mit der Anrufung Gottes: „Im Namen Gottes, des Allmächtigen, von dem alles Recht ausgeht ..." – gleichsam ein Widerruf der Bundesverfassung von 1920, wo es hieß, das Recht gehe vom Volk aus. Die Landesverfassungen stellten sich in den Schutz der Landesheiligen. Das Kruckenkreuz, als Gegenentwurf zum neuheidnischen, rassisch unterlegten

Der Nazi-Putsch, 25. Juli 1934: Hilflos verblutete Engelbert Dollfuß an den Folgen seiner Verwundung – ein Arzt wurde nicht zu ihm vorgelassen. In Bundesheer- und Polizeiuniformen gekleidete Angehörige der illegalen SS-Standarte 89 waren in das Bundeskanzleramt eingedrungen, Otto Planetta, der Anführer des Trupps, hatte den Kanzler durch einen Schuss niedergestreckt. Erst am Abend griff die Polizei durch und verhaftete die Putschisten. Nachfolger als Bundeskanzler wurde Kurt Schuschnigg (1897–1977).

Machtlos gegenüber der Gewalt: Karl Renner spricht auf einer Trauerfeier für die Opfer der Februarkämpfe 1934 in Bruck an der Mur.

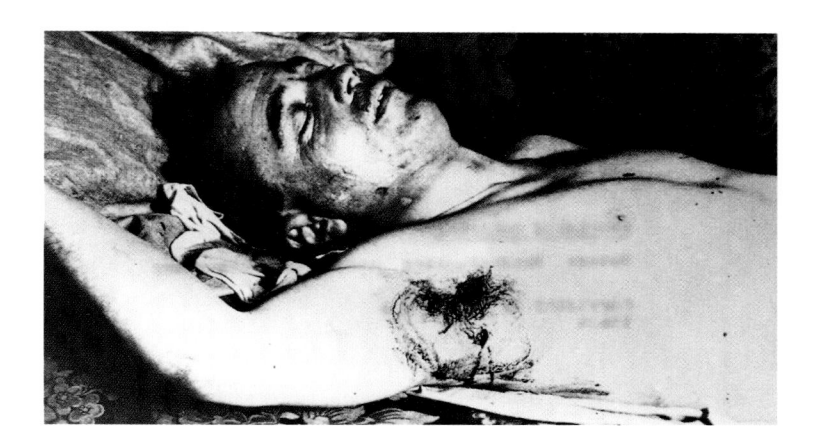

Sonnensymbol des Hakenkreuzes, sollte das Kreuzzugsanliegen unterstreichen. Sicherlich war es auch durchdacht, dass Dollfuß die Trabrennplatzrede am 11. September 1933 mit dem alten Kreuzfahrerruf „Gott will es" abschloss.

Seit dem Machtantritt Hitlers am 30. Jänner 1933 stand die österreichische Regierung mit dem Rücken zur Wand und kämpfte um die Unabhängigkeit des Landes und gegen die nationalsozialistische Unterwanderung und Machtergreifung. Hitlers Kampf gegen Österreich bestand erstens in einem Wirtschaftskrieg. Mit der am 1. Juni 1933 in Kraft getretenen 1.000-Mark-Sperre sollte die österreichische Fremdenverkehrswirtschaft ins Mark getroffen werden, eine Drosselung der Importe von Holz, Obst, Vieh sollte die österreichische Exportwirtschaft nachhaltig schädigen und mit einem Boykott österreichischer Rauchwaren und entsprechend unterstütztem Schmuggel aus Deutschland sollte dem Staat eine wichtige Steuerquelle geraubt werden. Dazu kamen eine beispiellose Propaganda- und Hetzkampagne, ein landesweit organisierter Terrorismus (mit bis zu 140 Bombenattentaten pro Monat zwischen Juni 1933 und Juli 1934, gezielten nationalsozialistischen Mordanschlägen, zweimal auf den Bundeskanzler, der zweite tödlich, auf den Vizekanzler, den Justizminister, den Sicherheitsminister, Landesrat Steidle und andere Persönlichkeiten), die Bildung einer bewaffneten Eingreifgruppe aus geflüchteten österreichischen NS-Aktivisten (die Österreichische Legion, die eine Stärke von 15.000 Mann erreichte) und der Versuch einer internationalen Isolierung Österreichs.

Der nationalsozialistische Putschversuch, der am 25. Juli 1934 über den Rundfunk verkündet wurde, konnte zwar niedergeschlagen werden. Doch Bundeskanzler Dollfuß war das prominenteste Opfer und verblutete im Kanzleramt. Vom 26. bis 30. Juli folgten noch Kämpfe in den Bundesländern, die schwersten in Kärnten und der Steiermark. Es gab 269 Tote und ca.

Eine größere Liebe hat niemand, als wer sein Leben hingibt für seine Freunde.
Jo 15, 13.

Zur Erinnerung im Gebete an
**Bundeskanzler
Dr. Engelbert Dollfuß**
geb. in Texing N. Ö. am 4. Oktober 1892; er fiel als Opfer der Treue für sein Vaterland Österreich, in Wien am 25. Juli 1934.

Ich weiß an wen ich glaube und bin überzeugt, Er ist mächtig genug, mein ihm anvertrautes Gut zu bewahren. 2 Tim 1, 12.

Verleih, o Herr, der Seele Deines Dieners Engelbert immerwährende Barmherzigkeit, damit es ihm zur ewigen Freude gereiche, daß er auf Dich gehofft und an Dich geglaubt hat, durch Jesum Christum unseren Herrn. Amen.

J. Heindl, Wien.

Die Erinnerung an den Ermordeten wird zum Kult: Partezettel für Engelbert Dollfuß.

Dem Führer u. Heldenkanzler
Dr Eng. Dollfuss
gest. am 25. Juli 1934.
in Treue gewidmet.
Die Gemeinde Nodendorf.

„Dem Führer und Heldenkanzler": Dollfuß-Gedenktafel an der Pfarrkirche der Weinviertler-Gemeinde Nodendorf.

600 Verletzte. 13 Putschisten wurden hingerichtet. Im September 1934 waren über 11.000 Nationalsozialisten und 1.800 Kommunisten und Sozialdemokraten inhaftiert. Am 1. Oktober 1934 befanden sich 4.747 Nationalsozialisten und 555 Sozialdemokraten im bekannten Anhaltelager Wöllersdorf, das allerdings mit der Brutalität und dem Terror nationalsozialistischer Konzentrationslager oder sowjetischer Gulags in keiner Weise vergleichbar und ähnlich wie ein Kriegsgefangenenlager geführt war.

Es ist Mode geworden, die vom nationalsozialistischen Deutschen Reich ausgehende Aggressivität des Drucks auf Österreich zu übersehen und die Handlungsspielräume der Beteiligten in Österreich zu überschätzen, wie man vorher die aus dem eigenen Land kommende massive Zustimmung und auch Täterschaft verschwiegen oder heruntergespielt hat.

Im Spektrum der diktatorischen Systeme der Zwischenkriegszeit lassen sich konservative, faschistische, korporatistisch-autoritäre und kommunistische Diktaturen unterscheiden: Der Begriff „Austrofaschismus", von der Heimwehr eingeführt und von der Sozialdemokratie auf den Ständestaat ausgeweitet, verdeckt nach Ernst Hanisch mehr, als er erklärt: Es werden die theoretischen und typologischen Unterschiede zwischen faschistischen und autoritären Herrschaftssystemen verwischt; es fehlt der reale Vergleich des österreichischen Regimes mit autoritären und faschistischen Bewegungen in Europa, es wird drittens die quantitative Erfassung, was die Zahl der Opfer betrifft, ausgeblendet und man erspart sich eine Abwägung der Handlungsspielräume und Alternativen der österreichischen Regierung.

Der Ständestaat war autoritär. Er teilte mit dem Nationalsozialismus zwar den Antikommunismus. Während dieser aber antikonservativ gegen Kirche und Adel agierte, stützte sich der Ständestaat explizit auf konservative Kräfte und alte Eliten. Der Faschismus war tendenziell imperialistisch. Diese Stoßrichtung fehlte dem Ständestaat völlig. Der Ständestaat war explizit christlich, der Faschismus hingegen prononciert antiklerikal. Der Ständestaat unterschied sich vom Faschismus auch in der Intensität der Unterdrückung und der Propaganda und im Fehlen der Massenmobilisierung. Im ständischen Modell schwang die Sehnsucht nach gesellschaftlicher Harmonie. Die Arbeiterschaft wurde ständisch organisiert, während der Nationalsozialismus die Gewerkschaftsbewegung ganz ausschaltete und an seine Stelle den Zusammenschluss der Arbeitgeber- und Arbeitnehmer in der Deutschen Arbeitsfront setzte. Der Ständestaat war zwar antidemokratisch-autoritär, aber streng rechtsstaatlich orientiert.

Nationalsozialismus wie Ständestaat gaben sich beide großstadtfeindlich: Bäuerliche Tracht und ländliche Bräuche wurden gepflegt. Der Nationalsozialismus ging aber mit seiner Formel von Blut und Boden und der rassischen Indoktrinierung sehr viel weiter. Gleichzeitig war die Reali-

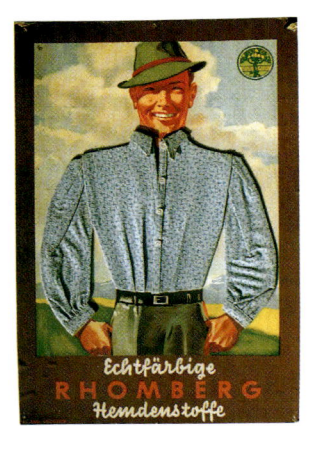

Identität suchte der Ständestaat auch in einer adäquaten „österreichischen" Mode mit starken Bezügen zur bäuerlichen Tracht: mit Stoff bezogene Auslagenaufsteller der Firma Rhomberg, um 1935.

tät der nationalsozialistischen Wirtschafts- und Baupolitik sehr viel stärker industrialisierungsorientiert und auf monströse Großprojekte ausgerichtet und fanden sich die Stützen der nationalsozialistischen Herrschaft viel stärker in den Städten als auf dem Land. Auch die nationalsozialistische Erbhofkonzeption, die primär rassistisch orientiert war, darf nicht mit den österreichischen Erbhofverleihungen, die im wesentlichen Titelverleihungen darstellten, vermengt werden.

Während die aus einer falsch verstandenen christlichen Soziallehre gespeiste antikapitalistische Tendenz des Ständestaates technische Modernisierungen und wachstumsfördernde Investitionen nicht gerade begünstigte, schwelgte der Nationalsozialismus in Großprojekten und industriellem Gigantismus. Die Politiker des Ständestaates versuchten sich zwar ideologisch vom Nationalsozialismus abzusetzen, ließen aber dabei viel an Konsequenz vermissen: Die Tragik der politisch Handelnden in Österreich war es, dass sie zwar erbitterte Gegner des Nationalsozialismus waren, dabei aber gar nicht merkten, wie nahe sie selbst in ihrem Denken an Denkmuster des Nationalsozialismus anstreiften. Das war zum Beispiel bei Bischof Johannes Maria Gföllner der Fall, der in seinem Hirtenbrief mit intellektueller Schärfe den Nationalsozialismus demaskierte, gleichzeitig einem „christlichen" Antisemitismus und einem prononcierten Führerdenken das Wort redete.

Der Ständestaat entwickelte als Erster ein österreichisches Nationalbewusstsein: „die österreichische Sendung", „die österreichische Idee", „der österreichische Mensch". Doch die Österreichpropaganda des Ständestaats war missverständlich, indem sie mit einem zweiten deutschen Staat operierte, statt konsequent auf eine österreichische Identität zu setzen. Schon vor dem kommunistischen Autor Alfred Klahr, der in österreichischen Geschichtsbüchern immer als Pionier eines österreichischen Nationalbewusstseins bezeichnet wird, formulierte Joseph August Lux 1934 in dem mit einem Geleitwort Schuschniggs versehenen *Goldenen Buch der vaterländischen Geschichte für Volk und Jugend Österreichs* ein „österreichisches Staatsvolk", eine „österreichische Kulturnation" und „mit Fug und Recht" eine „österreichische Nation". Ähnlich und im Sinne Max Webers definierte 1936 Alfons Stillfried, einer der späteren Mitbegründer der Widerstandsbewegung O5, die österreichische Nation als gesellschaftlich-kulturelles Bewusstsein und unabhängig von der Sprache als eine gefühlsmäßige Gemeinschaft, deren adäquater Ausdruck ein eigener Staat wäre. Auch Ernst Karl Winter engagierte sich für das Verständnis Österreichs als Nation.

Die Sozialdemokratie hingegen fand trotz NS-Herrschaft in Deutschland nur mühsam zu einem Österreichbewusstsein. 1938 meinte Karl Renner, der 1932 Österreich noch als „verkrüppeltes Zwergwirtschaftsgebiet" bezeichnet hatte, dass sich die christlichsozialen Politiker durch Dollfuß ver-

Das Kruckenkreuz als Gegenentwurf zum neuheidnischen Hakenkreuz: Plakat aus dem Jahre 1934, mit dem die Regierung versuchte, Dollfuß nach den Februarkämpfen zu neuer Popularität zu verhelfen und die „Vaterländische Front" besser in der Öffentlichkeit zu verankern.

führen lassen hätten, „den österreichischen Teil des deutschen Volkes nicht bloß als einen Stamm der Deutschen, sondern als besondere Nation anzusehen und die Unabhängigkeit Österreichs, diese harte Fessel aus St. Germain, geradezu als Panazee zu preisen." (So Karl Renner in seinem Buch *Die Gründung der Republik*.) Und Friedrich Adler wollte sich Zeit seines Lebens, er starb 1960, nicht vom Anschlussgedanken trennen.

Es gelang dem Ständestaat zwar, eine eigentümliche Form eines österreichischen Patriotismus zu entwickeln, durch die Betonung folkloristisch-heimatlicher Traditionen und einen Rückgriff auf barock-katholische Formen und den Ruhm von Österreichs Heldenkampf in der Türkenabwehr. Die Formel von den Österreichern als den besseren Deutschen war die Rechtfertigung einer unabhängigen Existenz eines zweiten deutschen Staates. Die Identifizierung Österreichs als „zweiter" oder „besserer" deutscher Staat musste aber misslingen, wenn man sich damit gegen das riesige und scheinbar so erfolgreiche nationalsozialistische Deutsche Reich zur Wehr setzen wollte. Der von Schober geprägte Spruch „Ein Volk in zwei Staaten", der auch unter Anschlussgegnern kaum Widerspruch fand, musste verwirren. Die Österreicher als die besseren Deutschen, das war eine alte, aber fatale großdeutsche Vorstellung, die dann in den Übereifer vieler Österreicher in der Zeit des Nationalsozialismus mündete.

Der Versuch, sich vom Nationalsozialismus abzugrenzen, indem man ihn in Appellen, Feierstunden und Aufmärschen nachahmte, konnte nicht gut ausgehen: Kruckenkreuz statt Hakenkreuz, Dollfußlied statt Horst-Wessel-Lied, „Ihr Jungen, schließt die Reihe gut!" die erste Zeile des Dollfußliedes, „Die Fahne hoch, die Reihen dicht geschlossen" jene des Horst-Wessel-Lieds, Front-Heil statt Heil Hitler, Ostmärkische Sturmscharen (OSS) in Österreich statt Schutzstaffel (SS) in Deutschland, „Neues Leben" in der „Vaterländischen Front" statt „Kraft durch Freude" in der „Deutschen Arbeitsfront", ein „Sturmkorps" der Vaterländischen Front (gegründet am 17. Juni 1937) in seinem der SS ähnlichen Erscheinungsbild, in Breechhosen, Schaftstiefeln und Sturmkappen, allerdings dunkelblau statt schwarz, die „Vaterländische Front" und deren Definition als „Bewegung", die Definition eines „österreichischen Faschismus" als wahrem Faschismus durch Starhemberg, all das reizte zu Verwechslungen bzw. zu dem Urteil, in beiden Systemen dasselbe zu sehen.

Die lange Tradition des Antisemitismus in Österreich und die österreichische Mitschuld an dieser Entwicklung sind nicht zu leugnen. Doch ergab sich für die Juden in Österreich in den frühen 30er-Jahren, gerade vor der Folie der deutschen Entwicklung, keine Verschlimmerung, sondern eine Verbesserung der Lage. Die Vaterländische Front nahm eine klare Verurteilung des Rassismus und Antisemitismus in ihr Programm auf. Die Zeitschrift

Die erste Regierung Schuschnigg. Links der Bundeskanzler, neben ihm Vizekanzler Ernst Rüdiger Starhemberg. 1936 wurde der Bundesführer der Vaterländischen Front von Schuschnigg entmachtet und ging in die Emigration.

Der Christliche Ständestaat gehörte weltweit zu den wenigen Stimmen, die gegen die Abhaltung der Sommerolympiade 1936 in Deutschland wegen antisemitischer Diskriminierungen protestierten und zu einem Boykott aufriefen. Je mehr der Nationalsozialismus den rassischen Antisemitismus propagierte und umsetzte, umso mehr wurde im Ständestaat der Antisemitismus zurückgenommen und aus Deutschland vertriebenen Juden Zuflucht geboten.

Eingekeilt zwischen dem nationalsozialistischen Deutschland, dem faschistischen Italien und dem autoritären Ungarn, die beide immer näher an Deutschland heranrückten, einer Tschechoslowakei, deren antiösterreichisches Misstrauen zum Teil größer war als ihr antinationalsozialistisches, und einem ähnlich gestimmten Jugoslawien, wurde der Druck auf Österreich immer größer. Mit den Römischen Protokollen vom 17. März 1934 hoffte die österreichische Politik durch ein Quasibündnis Italien-Österreich-Ungarn seine Position absichern zu können.

Doch die Anlehnung an das faschistische Italien, gegen das seit dem Ersten Weltkrieg und wegen des Verlusts Südtirols überaus starke Ressentiments in der Bevölkerung vorhanden waren, wurde in Österreich nie populär und beinhaltete ein hohes Risiko. Zwar schützte Italien Österreich im nationalsozialistischen Juliputsch 1934 vor einem deutschen Eingreifen. In Wirklichkeit hatte Österreich aber niemanden, auf den es sich verlassen wollte und verlassen konnte, weder Italien noch die Staaten der Kleinen Entente. Der „deutsche" Weg war in der Bevölkerung allemal populärer als der „italienische", zumal der Meinungs- und Terrordruck der von Deutschland aus agierenden illegalen österreichischen Nationalsozialisten extrem stark war. Als 1936 Italien im Abessinienkrieg immer näher an Deutschland heranrückte und Österreich damit seinen mächtigsten Protektor verlor, hatte Schuschnigg nicht mehr viele Optionen.

Die Achse Berlin-Rom wurde nach einer berühmten Formulierung bei J. v. Salis zum „Spieß", an dem Österreich „braun" gebraten wurde. Der 11. Juli 1936, der Tag des Abschlusses des deutsch-österreichischen Abkommens, erschien vielen bereits als der Anfang vom Ende. In diesem Abkommen, das nur zum Teil öffentlich gemacht wurde, verpflichtete sich Schuschnigg im Gegenzug für die Anerkennung der österreichischen Souveränität und die Nichteinmischung des Deutschen Reiches in innere Angelegenheiten zu einer Orientierung der österreichischen Außenpolitik an der deutschen. Illegale Nationalsozialisten in Österreich sollten zur Mitwirkung „an der politischen Verantwortung" herangezogen werden, verurteilte Nationalsozialisten waren zu amnestieren und jede öffentliche Polemik und Propaganda gegen das Deutsche Reich war zu unterlassen. Im Gegenzug wurde die „1.000-Mark-Sperre" für Reisende nach Österreich, die vor allem der Tourismuswirtschaft schweren Schaden zufügt hatte, aufgehoben. Allerdings hatte das Deutsche Reich ohnehin kaum noch Devisen.

Das Abkommen vom 11. Juli 1936 entstand aus der Zwangslage, die sich durch die italienische Annäherung an Deutschland, die Appeasement-Politik der westeuropäischen Mächte und die Haltung der ostmitteleuropäischen Staaten gegenüber dem Deutschen Reich ergeben hatte. Österreichs Politik hat Fehler gemacht, Fehler ähnlich denen der westeuropäischen Demokratien und der benachbarten Staaten. Nur war Österreich schwächer und verwundbarer als die westeuropäischen Großmächte oder auch die Tschechoslowakei, Ungarn und Polen.

Das Treffen Schuschnigg-Hitler, das am 12. Februar 1938 am Berghof in Berchtesgaden stattfand, erwies sich für Österreich als verhandlungstaktisches Fiasko. Schuschnigg musste sehr weitgehende Zugeständnisse machen und Parteigänger der Nationalsozialisten in die Regierung nehmen. Als Schuschnigg die Sackgasse erkannte und am 9. März für den 13. März 1938 eine Volksbefragung „für ein freies und deutsches, unabhängiges und soziales, für ein christliches und einiges Österreich, für Friede und Arbeit und Gleichberechtigung aller, die sich zu Volk und Vaterland bekennen" ankündigte, musste er sie am 11. März auf ultimativen Druck des Deutschen Reiches absagen. Trotzdem wurde der Einmarsch, angeblich wegen militärisch-logistischer Probleme, nicht mehr gestoppt. Schuschnigg trat unter dem Druck der Einmarschdrohung zurück. Dr. Arthur Seyß-Inquart bildete ein nationalsozialistisches Kabinett und wurde von Göring telefonisch gedrängt, einen Hilferuf abzuschicken. Deutsche Truppen rückten in der Nacht vom 11. auf den 12. März in Österreich ein. Am 12. März trat Hitler seine Fahrt über Braunau und Linz nach Wien an, die sich auch für ihn überraschend zu einer Triumphfahrt gestaltete. Am 15. März meldete Hitler einer frenetischen Menschenmenge am Wiener Heldenplatz vom Balkon der Hofburg die „Heim-

Zeitschriften wie Der getreue Eckart, *1938 bis 1942 herausgegeben von Bruno Brehm, wurden zum Forum für NS-Gedankengut. Bruno Brehm (1892–1974) konnte auch nach 1945 seine schriftstellerische Tätigkeit fortsetzen und wurde 1962 mit dem Rosegger-Preis ausgezeichnet.*

Das 20. Jahrhundert / Das Jahrzehnt der großen Krise

LINKS: Letzte „Widerstandserklärung" gegen den „Anschluss": die Rede Schuschniggs vor der Bundesversammlung am 24. Februar 1938. Der Bundeskanzler schloss mit den Worten: „Bis in den Tod Rot-Weiß-Rot! Österreich!"

RECHTS: Propagandapostkarte der illegalen NSDAP zum 4. Jahrestag des Verbots der Partei.

Das Gedankengut des Nationalsozialismus hielt auch auf den Universitäten seinen Einzug: verhängnisvolle Publikation des in Wien lehrenden Prähistorikers Oswald Menghin (1888–1973).

kehr seiner Heimat ins Deutsche Reich". Schon am 13. März 1938 wurde in Linz das „Gesetz über die Wiedervereinigung Österreichs mit dem Deutschen Reich" proklamiert, das durch eine nachträgliche Volksabstimmung am 10. April 1938 mit 99,6 Prozent Zustimmung der zur Wahl Zugelassenen sanktioniert wurde. Auch wenn etwa 300.000 Österreicher vom Stimmrecht ausgeschlossen waren, war das Ergebnis eindeutig und nach den durch den Einmarsch längst hergestellten vollendeten Tatsachen, dem ungeheuren propagandistischen Aufwand und dem vorhandenen Druck kaum verwunderlich. Und wer hätte insgesamt die ideologische Basis des Nationalsozialismus hinterfragen wollen, wo sich so viele Meinungsführer von Karl Renner bis Kardinal Innitzer anfangs positiv äußerten?

Der Staat wurde von innen ausgehöhlt. Es gab zu viele Über- und Mitläufer, die sich Vorteile für Karriere, Vermögen oder Arbeitsplatz erwarteten. Zahlreiche Exponenten des Ständestaates mussten zur Kenntnis nehmen, dass vermeintlich loyale Mitarbeiter, Parteifreunde und Cartellbrüder sich als illegale Nationalsozialisten und bereitwillige Überläufer entpuppten. Die Mehrheit der Mandatare des Ständestaats erlitt jedoch Verfolgungen durch die Nationalsozialisten, mehr als die Hälfte waren zeitweise in Haft, ein Fünftel im KZ, 11 wurden ermordet. Unbehelligt blieben 20 Prozent.

Die Mitgliederzahl der NSDAP explodierte: Waren es 1931 etwa 15.000 Mitglieder, 1933 schon 43.000, so vor dem „Anschluss" bereits 150.000. Ihre Mitglieder waren jung, motiviert und gewaltbereit. Studenten, freie Berufe, öffentlicher Dienst waren überrepräsentiert. Nach 1934 wechselten auch viele Arbeiter zur NSDAP. Zeitweilig soll ihr Anteil bis zu 30 Prozent betragen haben. Es gab drei Richtungen, die sich um die Führung stritten, die alte Führungsgruppe um Theo Habicht, Alfred Proksch und Alfred Eduard Frauenfeld, die radikale, SA-nahe Gruppe um Josef Leopold und die SS-nahe Gruppe um Hubert Klausner und Friedrich Rainer, die sich 1938 durchsetzte und auch Katholisch-Nationale um Arthur Seyss-Inquart und Edmund Glaise-Horstenau ins Boot genommen hatte.

An der Zerstörung der österreichischen Demokratie tragen viele eine Mitschuld, die Nationalsozialisten, die Heimwehr, die Christlichsozialen, die Sozialdemokratie, die Wirtschaft ... auch viele Kulturschaffende und Künstler. Der Einfluss der deutschnationalen Literatur in Österreich wird, weil in der Literaturgeschichte nicht mehr vertreten, meist übersehen: Bruno Brehm, Mirko Jelusich, Robert Hohlbaum, Karl Heinrich Waggerl ... oft zwischen national und katholisch changierend, waren sie die meistgelesenen Autoren der Zeit.

Es gab wenige, die ihre Stimme erhoben: Karl Kraus mahnte durch Schweigen. 1934 veröffentlichte er, der vom Oktober 1933 an sieben Monate die Fackel nicht erscheinen hatte lassen („Das Wort entschlief, als jene Zeit erwachte"), die *Dritte Walpurgisnacht* mit dem Satz: „Mir fällt zu Hitler nichts ein." Die Salzburger Festspiele wurden unter Arturo Toscanini ab 1934 zur machtvollen antifaschistischen Artikulation.

Die Filmwirtschaft lehnte sich ähnlich stark wie die Literatur an Deutschland an. Sie war wie der Buchmarkt entscheidend vom Deutschen Markt abhängig. Die Situation der Architekten, Maler und Bildhauer war hier etwas angenehmer, solange sie in Österreich auf Auftraggeber hoffen konnten. Zum Staatskünstler des Ständestaates wurde Clemens Holzmeister, allgegenwärtig, aber in durchaus liberaler Weise: Er förderte Herbert Boeckl, Oskar Kokoschka, Ernst A. Plischke, Mies van der Rohe. Heimatkunst und neue Sachlichkeit konnten nebeneinander bestehen.

Aber Ängstlichkeit, Vorsicht und Anbiederung waren schwer auseinander zu halten. Franz Theodor Csokors *Dritter November 1918*, das Stück vom Ende des alten Österreich, hatte am 10. März 1937 die Uraufführung am Burgtheater. Die Textstelle: „Wenn dieses Österreich einmal aufhört zu sein – dann kommt in die Welt niemals Friede", wurde demonstrativ akklamiert. Nach der Premiere wurde vom Theaterdirektor die Streichung dieser Zeile verfügt.

Bezüglich der Haltung Österreichs zwischen 1933 und 1938 steht für die einen die Rolle als Opfer, für die anderen die Rolle als Mittäter im Vordergrund. Die dritte Betrachtungsweise, die als aktiver Gegner des Nationalsozialismus, wird meist ausgeklammert. Ein halbes Jahrzehnt immerhin vermochte Österreich seine Besetzung und Zerschlagung durch das nationalsozialistische Deutsche Reich zu verhindern, trotz massiver wirtschaftlicher und politischer Repressionen.

Kulturpolitische Tätigkeit für die illegale NSDAP: Robert Hohlbaum (1886–1955), Autor zahlreicher völkisch-nationaler Romane.

Erfolgreich in „Ständestaat", NS-Zeit und Nachkriegsösterreich: Karl Heinrich Waggerl (1897–1973) erhielt 1934 den Österreichischen Staatspreis für Literatur.

LINKS: *Im Pariser Exil schrieb Joseph Roth am „habsburgischen Mythos": Der Roman* Die Kapuzinergruft, *eine schwermütige Hommage an die versunkene Monarchie, erschien 1938.*

RECHTS: *Vom kritischen Journalisten zum rückwärtsgewandten Mythendichter: Joseph Roth in Nizza, 1934.*

Bildplakat, gedruckt als Dekorationsmaterial für Propaganda-Autos, die im März 1938 für ein „freies Österreich" warben.

Angesichts einer recht weitgehenden Durchsetzung von Offizierskorps und höherem Beamtentum mit nationalsozialistischer Affinität erübrigt sich die Frage, ob eine militärische Verteidigung Österreichs eine Chance gehabt und für die Situation in der Nachkriegszeit eine bessere Ausgangsbasis ergeben hätte: Wahrscheinlich wäre der Befehl zum militärischen Widerstand, der 1934 den nationalsozialistischen Putschversuch noch sehr rasch beendete, 1938 unter den vielen Überläufern zusammengebrochen und hätte umso schonungsloser die Akzeptanz des nationalsozialistischen Systems durch viele Österreicher aufgezeigt und die Theorie vom ersten Opfer Hitlers verunmöglicht.

Norbert Leser sieht das wirkliche Verdienst darin, Österreich vier Jahre Aufschub für die Vereinnahmung in das Dritte Reich erkämpft zu haben und zumindest einigen Größen der österreichischen Kulturgeschichte wie Karl Kraus († 1937), Josef Redlich († 1936) und Max Adler († 1937) noch einen Tod in Freiheit und Würde ermöglicht zu haben. Man muss jene 200.000 Juden hinzufügen, die vielen geistig und körperlich Behinderten, die Roma und Sinti, die Religionsgemeinschaften, die nationalen Minderheiten, denen allen ein paar zusätzliche Jahre in Frieden gewährt wurden, und alle Österreicher insgesamt, weil ihr Land 1945 nicht als besiegtes, sondern als ein befreites Land gelten konnte, auch wenn sich so viele Österreicher an den NS-Gräueln als Mitschuldige und Mittäter erwiesen.

Dollfuß und der von ihm geschaffene Ständestaat sind gescheitert. Die Diktatur war ein Irrweg. Daran ändert nichts, dass in den späten 30er-Jahren weltweit fast kaum mehr Demokratien übrig geblieben waren. Aber dieser Irrweg ändert auch nichts daran, dass es eine mutige, wenn auch letztlich erfolglose Auflehnung und Abwehr gegen den Nationalsozialismus war und als solche anzuerkennen ist.

5

Sieben Jahre der Leiden
1938–1945

Österreich war der erste souveräne Staat, welcher der Aggression Hitler-Deutschlands zum Opfer fiel. Dass dies mit tätiger Beihilfe einer großen Zahl von Österreichern erfolgte, macht die Tatsache der Aggression nicht ungeschehen, die am Anfang einer langen Reihe von gewaltsamen Aktionen gegen souveräne Staaten stand, wo es überall auch Mitläufer und mitwirkende Täter gab. Dass es in Österreich mehr Wegbereiter des Nationalsozialismus gab als in anderen Ländern und ein „Anschluss" an Deutschland, auch an das nationalsozialistische Deutschland, von vielen Österreichern befürwortet wurde, von den illegalen Nationalsozialisten über prominente Sozialdemokraten bis hin zu manchen Kirchenführern und selbst einigen Mitgliedern der Regierung Schuschnigg, widerspricht nicht der These von

OBEN: *Der Augenblick der Rückkehr: Stehend, in einem offenen Wagen, zieht Hitler am 12. März 1938 in seiner Geburtsstadt Braunau am Inn ein.*

RECHTS: *Grauenvolle Menschenverachtung: Holocaust-Transport in ein Massenvernichtungslager in Polen. Foto, 1943.*

Das 20. Jahrhundert / Sieben Jahre der Leiden

der Aggression Hitler-Deutschlands, relativiert aber den Opfercharakter, vor allem weil sich viel zu viele Österreicher nicht als Opfer, sondern als Verbündete und Mitkämpfer des Nationalsozialismus oder zumindest als „Pflichterfüller" verstanden, auch in ihrer Verantwortung nach 1945.

Es ist zweifellos für die Generation der „Nachgeborenen" nicht leicht, den politischen, propagandistischen und persönlichen Druck zu erkennen, der vom nationalsozialistischen Deutschland auf Österreich ausgeübt wurde, vom medialen Trommelfeuer über die wirtschaftlichen Sanktionen bis zur Förderung terroristischer Aktionen. Hinter den inszenierten Bildern vom Wiener Heldenplatz oder Linzer Hauptplatz verschwindet die handgreifliche Bedrohung, der der österreichische Staat und viele Österreicher ausgesetzt waren, verschwindet die Verhaftungswelle, die sofort einsetzte, während auf den Straßen der Jubel inszeniert wurde, verschwinden die Amtsenthebungen, Berufsverbote, Beraubungen, Morde und die Transporte nach Dachau, und dies, obwohl sich die Nationalsozialisten gar nicht viel Mühe machten, den militärischen Charakter des Einmarsches und den gewaltsamen Charakter ihrer Herrschaftspraxis zu verdecken.

Unter den Opfern der ersten Wochen waren Sektionschef Robert Hecht, der die Ständestaatsverfassung maßgeblich mitformuliert hatte, Staatsanwalt Karl Tuppy, der Vertreter der Anklage gegen die Dollfuß-Mörder, der führende Legitimist Bundeskulturrat Hans Karl Zessner-Spitzenberg, Vizekanzler Emil Fey und seine Familie und der Staatssekretär für Verteidigung, General Wilhelm Zehner. Etwa 70.000 Österreicher wurden in den ersten Tagen nach dem Einmarsch verhaftet, nur etwa 20 Prozent der Spitzenbeamten blieben in ihren beruflichen Positionen.

Die Euphorie, die viele Österreicher nach dem „Anschluss" erfasste, hat überrascht. Aber sie hätte eigentlich nicht überraschen dürfen. Der Ausgang des Ersten Weltkrieges und die Friedensverträge hatten Österreich wirtschaftlich und politisch viel härter getroffen als Deutschland. Ab

Hinter den inszenierten Bildern verschwand die handgreifliche Bedrohung: Hitler am Balkon der Neuen Hofburg in Wien, umgeben von seinen Granden, 15. März 1938.

LINKS: *Der Tross Hitlers unterwegs nach Osten: die „historische Fahrt des Führers durch die jubelnden Dörfer und Städte Österreichs".*

RECHTS: *Hitler wurde zum „Erlöser" stilisiert. Titelseite einer Sonderausgabe der* Berliner Illustrierten Zeitung *zum „Anschluss".*

1933 war Österreich den wirtschaftlichen Sanktionen des Deutschen Reiches ausgesetzt. Die Beschäftigungspolitik der Nationalsozialisten war auf kurzfristige Wirkung bedacht, langfristig aber höchst unsicher und teuer. Dazu kam die dramatische Macht der Propaganda. Hitler schien erfolgreich, nicht nur für die Österreicher.

Österreich konnte sich mit Recht vor 1938 in seinem Kampf gegen die Hitlersche Aggression allein gelassen fühlen, nicht nur vom faschistischen Italien, welches wohl der ungeeignetste Verbündete gegen das nationalsozialistische Deutschland war, sondern auch von Frankreich, England und der Tschechoslowakei.

1938 gab es einen wahren Ansturm auf NSDAP-Mitgliedschaften: Bis Mitte Dezember 1938 wurden allein in Wien 274.000 Anträge auf Partei-

LINKS: *Das Schlagwort für die Volksabstimmung vom 10. April 1938: „Ein Volk, ein Reich, ein Führer". Propagandapostkarte.*

RECHTS: *„Nach vielen Jahren konnnte der Führer wieder am Grab seiner Eltern verweilen." Fotopostkarte (Heinrich Hoffmann). Sammlung La Speranza.*

Das 20. Jahrhundert / Sieben Jahre der Leiden

aufnahme eingebracht, von denen bis zu diesem Zeitpunkt 144.000 positiv behandelt waren. Für die österreichischen „Illegalen" waren die Mitgliedsnummern von 6,1 bis 6,9 Millionen reserviert. Es setzte ein Rennen ein, solche Nummern und zudem eine möglichst niedrige zu ergattern. Zeitweise wurden Aufnahmesperren verhängt. Die Höchstzahl von Parteimitgliedern und Anwärtern wurde für Österreich mit 20 Prozent der Bevölkerung festgelegt. Im so genannten Altreich galten 10 Prozent. Im Juni 1937 gab es 75.572 Parteimitglieder, im Dezember 105.035 NSDAP-Mitglieder, 221.017 im März 1939.

LINKS: „Friedlicher Einmarsch": Einheiten der Deutschen Wehrmacht in der Innsbrucker Maria-Theresien-Straße. Foto: Lothar Rübelt.

RECHTS: Kärnten „bekennt" sich zum Hakenkreuz: „Der Treueschwur". Fresko (übertüncht) von Suitbert Lobisser im Klagenfurter Landtagssitzungssaal.

UNTEN: Die „Erfolgsgeschichte" Hitlers wird in der NS-Propaganda mit großer Suggestivkraft eingesetzt. Plakat zur Volksabstimmung am 10. April 1938 (Vor- und Rückseite).

Der „Führerkult" bemächtigte sich auch der „ostmärkischen" Wurzeln: das Geburtshaus der Mutter Hitlers in Spital; im Haus rechts wuchs Hitlers Vater auf.

UNTEN: *Österreicher in NS-Spitzenpositionen (von links):*
Friedrich Rainer (1903–1947), 1938–1941 Gauleiter von Salzburg, 1941–1945 Gauleiter in Kärnten.
Reichsstatthalter Arthur Seyß-Inquart (1892–1946). Er meldete Hitler: „Österreich ist ein Land des Deutschen Reiches!". Foto: Heinrich Schuhmann.
Hubert Klausner, 1938/39 Gauleiter in Kärnten.

Die Zahl der Parteimitglieder insgesamt wird am Höhepunkt im März 1943 mit 693.007 angegeben. 1945 wurden etwa 540.000 NSDAP-Anhänger registriert.

Die österreichischen Mitglieder der SS kamen im Jahr 1938 auf die Zahl 11.560, ab dem Jahr 1941 nahezu gleich bleibend auf etwa 20.000.

Eine Reihe von Österreichern gelangten in nationalsozialistische Spitzenpositionen: Odilo Globocnik, Hans Höfle, Friedrich Rainer, Arthur Seyß-Inquart als Reichskommissar in den Niederlanden, Anton und Alois Brunner, Franz Stangl, der Kommandant von Treblinka, Alfred Frauenfeld und Otto Wächter, die Generalkommissare auf der Krim und in Galizien, Hermann Neubacher, August Meyszner, Hanns Rauter, Karl Hermann Frank, Erwin Rösener, Amos Göth und Adolf Eichmann, der Exekutor der Judenvernichtung, der, 1906 in Solingen geboren, mit seinem Vater aus dem Rheinland nach Linz zugewandert war, allerdings nie die österreichische Staatsbürgerschaft besessen und nur etwa zehn Jahre seines immerhin 55 Jahre dauernden Lebens in Österreich verbracht hat.

War der Anteil österreichischer SS-Offiziere in Konzentrationslagern überproportional hoch, wie häufig behauptet wird, sodass „die Ostmark 8 Prozent der Bevölkerung des Großdeutschen Reiches stellte, aber 14 Prozent der SS und 40 Prozent der Täter – von den Euthanasieaktionen bis Auschwitz"? Die bislang bekannten Mitgliederstatistiken der SS unterstützen derartige Aussagen nicht und neuere kollektivbiographische Auswertungen belegen das Gegenteil.

Nach den Biographien, die French L. MacLean für die 967 höheren SS-Offiziere erstellte, die in Konzentrationslagern Dienst taten, sind es 63, deren Geburtsort eindeutig Österreich zuzuordnen ist. Auch wenn McLean für 66 Offiziere keinen Geburtsort eruieren konnte und einige Orte nicht eindeutig bestimmbar sind, weil es Orte gleichen Namens in Deutschland und Österreich gibt, geht doch klar hervor, dass der Anteil Österreichs zwi-

RECHTS: Menschenwürde wird mit Füßen getreten: öffentliche Anprangerung eines Bürgers aus Bad Gastein durch einen SA-Trupp, März 1938.

MITTE: Der ranghöchste Österreicher in der Hierarchie des Dritten Reiches: 1943 wurde Ernst Kaltenbrunner (1903–1946) Nachfolger Heydrichs als Chef des Reichssicherheitshauptamts.

UNTEN: Baldur von Schirach (1907–1974), ab Juni 1940 Reichsstatthalter und Gauleiter in Wien.

schen 8 und 10 Prozent, also im Rahmen seines Bevölkerungsanteils lag. Unter den SS-Offizieren bei mobilen Einsatzgruppen, d. h. Erschießungskommandos und mobilen Tötungseinheiten, kamen wiederum nach French L. MacLean von 380 Offizieren 12 aus Österreich, 24 aus Russland, einer aus Belgien, zwei aus der Schweiz. Der Anteil Österreichs war also deutlich unter dem Bevölkerungsanteil.

Ernst Kaltenbrunner war der ranghöchste Österreicher in der politischen Hierarchie des Dritten Reiches. Der Oberösterreicher Kaltenbrunner war nach seinem Jusstudium in Graz und einer Rechtsanwaltstätigkeit in Oberösterreich zuerst in die Heimwehr, sehr bald aber 1930 in die NSDAP und 1931 in die SS eingetreten. 1937 rückte er zum Chef der österreichischen Untergrund-SS auf und wurde am 12. März 1938 als Staatssekretär für das Sicherheitswesen in die Regierung Seyß-Inquart berufen, um noch im selben Jahr als so genannter Höherer SS- und Polizeiführer in Wien die Leitung des SS-Abschnitts Österreich bzw. ab 1940 des Wehrkreises XVII (Wien, Niederdonau und Oberdonau) übertragen zu erhalten. War dies eher ein Abstellgleis, so war seine Ernennung zum Nachfolger Reinhard Heydrichs als Chef des Reichssicherheitshauptamtes (RSHA) im Jänner 1943 umso überraschender. Kaltenbrunner zählte damit von 1943 bis 1945 neben Bormann, Goebbels, Himmler und Speer zu den fünf mächtigsten Männern in der Umgebung Hitlers. Mit der Geheimen Staatspolizei (Gestapo), der Kriminalpolizei (Kripo) und dem Sicherheitsdienst (SD) leitete er nicht nur den gesamten Sicherheitsapparat des Dritten Reiches, sondern war auch für die Deportation der Juden und Zigeuner in die Vernichtungslager, die Ermordung und Misshandlung von Kriegsgefangenen und die Unterdrückung des Juliputsches 1944 unmittelbar verantwortlich.

Der „Reichskommissar für die Wiedervereinigung Österreichs mit dem Deutschen Reich" und Gauleiter von Wien: Joseph Bürckel (1895–1944).

Sofort nach dem „Anschluss" begannen die große Abrechnung und das große Rennen um die Verteilung der Beute, um Posten, Einflusszonen und Vermögenswerte. Nahezu unübersehbar sind die in den Archiven lagernden Interventionsbriefe und Eingaben. Die alten Kämpfer und illegalen Parteimitglieder wollten ihren „Lohn", die Opportunisten drängten zu den Futterkrippen, die Wirtschaft und die Parteihierarchie aus dem Altreich wollten den Siegespreis einstreifen. Es waren nicht die „alten Kämpfer", die Spitzenpositionen errangen. Fünf der sieben Gauleiter in Österreich waren 1938 jünger als 35 Jahre. Auf der Strecke blieben nicht nur der Landesleiter der illegalen österreichischen NSDAP Josef Leopold und die übrigen Größen der Frühzeit der österreichischen Nationalsozialisten (Walter Riehl, Theo Habicht, Alfred Proksch, Eduard Frauenfeld, Richard Suchenwirth etc.). An die Schalthebel der Macht kamen Josef Bürckel, ein Rheinpfälzer, und sein „Postenjäger-Regiment". Eine „Verpreußungswelle", in der zahlreiche „Reichsdeutsche" in wichtige Posten einrückten, machte erstes böses Blut, zumal viele „Reichsdeutsche" mit dem missionarischen Hochmut des Besserwissers und Siegers auftraten und den schnoddrigen Ton des NS-Umgangs nach Österreich brachten.

Gab es Vorteile, die Österreich aus dem „Anschluss" ziehen konnte? Schlag- und Lockworte sind haften geblieben: Volkswagen und Volkstraktor, Volksempfänger und Volkskühlschrank, Betriebsgemeinschaft und Gefolgschaftsraum, Ehestandsdarlehen und Mutterschutz, Kinderbeihilfe und Altersversicherung, auch wenn diese fast nur von propagandistischem Wert blieben.

Die mit dem „Anschluss" verbundene, betont positive Einschätzung der Lebenschancen nach langen Jahren des Pessimismus und das hohe

LINKS: *Die Rolle, in der sich der „Führer" am liebsten sah: als „Feldherr" in den Tagen der „größten Siege". Gemälde von Conrad Hommel, 1940.*

RECHTS: *Der Mythos vom „Führer des deutschen Volkes" wurde in den Schulbüchern festgeschrieben.*

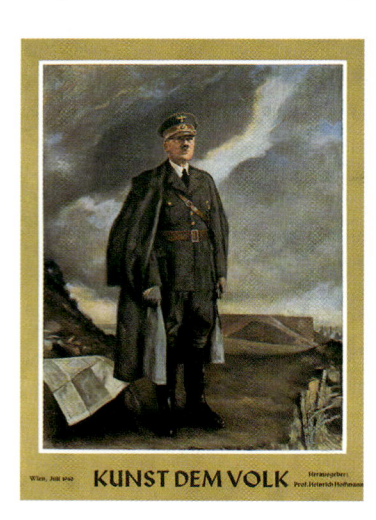

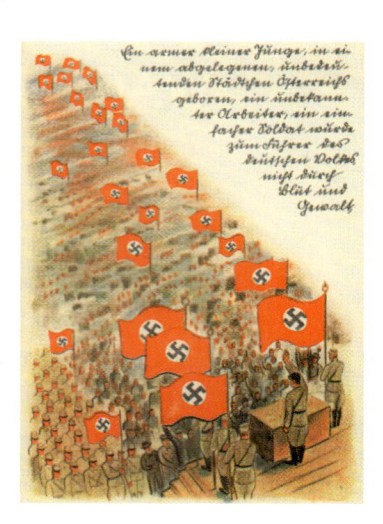

Sklavenarbeit im KZ: Häftlinge in einem Mauthausener Steinbruch. Mit dem hier gebrochenen Granit sollten die geplanten Großbauten in Linz errichtet werden. Archiv der Gedenkstätte Mauthausen.

Vertrauen in die „Wirtschaftskompetenz" der Nationalsozialisten oder der Deutschen generell beeinflussten das Wirtschaftsklima der Jahre 1938/39: Sie beflügelten Heiratsraten, Geburtenziffern, Bierkonsum und Wachstumsraten. Spatenstiche, Baupläne, forsches Auftreten, das schienen vertrauenswürdige Versprechen zu sein.

Im Gesetz über die „Wiedervereinigung Österreichs mit dem Deutschen Reich" vom 13. März 1938 hatte es noch geheißen, Österreich sei „ein Land des Deutschen Reiches". Mit dem Ostmarkgesetz vom 14. April 1939 wurde der Name Österreich systematisch getilgt und durch Ostmark ersetzt. Österreich oder eine daran erinnernde verwaltungsmäßige Einheit sollte es nicht mehr geben. Niederösterreich wurde zu Niederdonau, Oberösterreich zu Oberdonau. Ab 1942 durfte auch der Begriff Ostmark nicht mehr verwendet werden und wurde durch „Alpen- und Donaugaue" ersetzt. Den Namen „Österreich" durch die NS-Zeit hindurchzuretten war nur ganz wenigen Firmen und Vereinen gelungen, unter einem Regime, das bestrebt war, alles, was irgendwie an Österreich erinnerte, völlig auszumerzen. Die Österreichische Tabakregie durfte ihren alten Namen zumindest im Untertitel („Austria Tabakwerke AG, vorm. Österreichische Tabakregie") bewahren. Auch die „Erste österreichische Spar-Casse" behielt ihren Traditionsnamen. Bei der Österreichischen Versicherungs-Aktiengesellschaft (ÖVAG), die aus dem Phönix-Desaster hervorgegangen war und in den Besitz der Deutschen Arbeitsfront überging, blieb das Wort „österreichisch" bis Kriegsende erhalten, ebenso bei der „Österreichischen Galerie" im Belvedere. Auch der Wiener Fußballclub „Austria", der unmittelbar nach dem Anschluss in SC Ostmark umbenannt worden war, durfte schließlich seinen Österreichnamen wieder führen. Antideutsche Ressentiments wurden auf den Fußballfeldern bereits im Oktober 1938 artikuliert.

"Reichsführer der SS" Heinrich Himmler und Franz Ziereis (links), der Kommandant des KZ Mauthausen. Archiv der Gedenkstätte Mauthausen.

Die österreichische Industrie erwartete sich von Hitler neue Impulse: „Tag des Großdeutschen Reiches", Wien, 9. April 1938.

Kaum gerührt wurde an den Ländern. Die ehemaligen Ländergrenzen wurden mit wenigen Abweichungen zu den neuen Gaugrenzen. Nur das Burgenland wurde aufgeteilt, Vorarlberg zu Tirol geschlagen, Osttirol zu Kärnten und das steirische Salzkammergut zu Oberösterreich. 1918 war Wien zur Hauptstadt eines Kleinstaates abgesunken, 1938 wurde es zwar zu „Groß-Wien", hatte aber die Funktion als Hauptstadt überhaupt verloren: Dem „Anschluss" folgte die Provinzialisierung. Wien wurde Reichsgau wie jeder andere Reichsgau, die Hauptstadt wurde zu einer „deutschen Provinzstadt" degradiert. Die „Entprovinzialisierung" der Provinz, die tendenzielle Angleichung des wirtschaftlichen und kulturellen Niveaus und des politischen Einflusses der westlichen Bundesländer an die ehemalige Metropole Wien wurde durch die neue Verwaltungsgliederung zweifellos gefördert, allerdings eher in einer Nivellierung nach unten. Die Gauleiter wollten keine Wiener Zwischeninstanz zwischen ihnen und Berlin.

Dass der Nationalsozialismus zwar ein verbrecherisches Regime gewesen sei, Hitler aber die Arbeitslosigkeit überwunden und die Industrialisierung und „Modernisierung" Österreichs eingeleitet habe, hat sich in die Erinnerung vieler Österreicher tief eingegraben. Die Erfolge, die durch eine extreme Defizitpolitik erzielt wurden, schienen tatsächlich für den Augenblick beeindruckend. Die Logik der nationalsozialistischen Beschäftigungspolitik war simpel: Nicht mehr äußerste Sparsamkeit in den öffentlichen Haushalten, sondern die ungezügelte Ausweitung der Budgets und der großzügige Ausbau öffentlicher Einrichtungen bestimmten die Denkweise der Provinz- und Dorfbourgeoisie und übten eine starke Faszination aus. „Geld spielt keine Rolle", war auch das geflügelte Wort Hans Kehrls, des Beauftragten für die Eingliederung der österreichischen Wirtschaft in das Dritte Reich und für einige Zeit auch Aufsichtsratspräsidenten der Reichswerke. Aber über die Frage der Finanzierbarkeit und der Aufbringung der Mittel machte man sich kaum Gedanken. Eine derart alle Produktivitäts- und Rentabilitätsgesichtspunkte vernachlässigende und auf Budgetdefizite aufbauende Beschäftigungspolitik hat allerdings immer Grenzen, die umso unüberwindbarer werden, je überzogener die dahinter stehende Politik ist. Dass diese Grenzen im Dritten Reich nicht sichtbar wurden, lag nicht nur an der kurzen Dauer des Regimes, sondern auch an seinem diktatorischen und kriegswirtschaftlichen Charakter.

Während kurzfristig jegliche Art von Ausgaben Beschäftigung erzeugt, ist langfristig die Effizienz und Wettbewerbsfähigkeit der damit getätigten Investitionen entscheidend. Über kurz oder lang hätte die wegen Überschuldung mittelfristig unausweichliche Reduzierung der Staatsausgaben unweigerlich in eine neue, gefährlichere Arbeitslosigkeit geführt. Letztendlich hoffte man, diese Kosten auf die besiegten und unterworfenen Völker

Die Machtträger des NS-Regimes: Parteifunktionäre, Polizei und Militär: Reichsmarschall Hermann Göring und Ernst Kaltenbrunner (links) am Wiener Heldenplatz, 1940.

abwälzen zu können und diese gar nicht friedliche Beschäftigungspolitik mit Gewalt abzustützen.

Einigen neueren Forschungsarbeiten ist es zu danken, dass mit jenem Märchen eines durch den „Anschluss" Österreichs an Deutschland im Jahre 1938 und durch die nationalsozialistische Wirtschaftspolitik initiierten österreichischen Wirtschaftswunders aufgeräumt wird. Es konnte gezeigt werden, dass 1938 nicht jener tiefe Einschnitt war, der Österreich zu einem modernen Industrieland gemacht habe. Dass das Jahr 1938 als „Beginn der Industrialisierung Österreichs" bezeichnet wurde (und vielfach noch wird), ist nur mit der kritiklosen Übernahme von NS-Propagandaphrasen nach der Okkupation 1938 erklärlich. Aus nahe liegenden Gründen wurde versucht den Eindruck zu erwecken, mit Österreich würde ein Land besetzt, in welchem „nicht ordentlich gewirtschaftet" worden sei, dessen Maschinenpark völlig veraltet und unterentwickelt gewesen sei und dessen Bewohnern erst eine „deutsche" Wirtschaftsmentalität anerzogen werden hätte müssen.

Bereits zwei Monate nach dem „Anschluss", am 13. Mai 1938, erfolgte der Spatenstich der „Reichswerke AG für Erzbergbau und Eisenhütten ‚Hermann Göring', Linz". Geld wird keine Rolle spielen, verkündete Göring für dieses staatseigene Unternehmen. Ständige Umplanungen und schwere Korruptionsfälle erhöhten die Errichtungskosten von den 1938 veranschlagten 100 Millionen RM auf zuletzt 1944 etwa 600 Millionen.

Zahlreiche der nationalsozialistischen Gründungen waren durch umfangreiche Fehlinvestitionen kaum konkurrenzfähig oder wären wegen der hohen Überschuldung unter Weltmarktbedingungen nicht konkurrenz-

Das 20. Jahrhundert / Sieben Jahre der Leiden

- Gauhauptstadt

Grenzen des »Großdeutschen Reiches« nach der Eingliederung Böhmens und Mährens (16.3.1939)

»ALTREICH«

PROTEKTORAT BÖHMEN UND MÄHREN

Böhmerwaldgau an Oberdonau
Deutsch-Südmähren an Niederdonau

OBER-DONAU — Linz
NIEDER-DONAU
SLOWAKEI
WIEN — Theben an Niederdonau

Kleines Walsertal an den Gau Schwaben
Gemeinde Jungholz an den Gau Oberbayern
Ausseer Land an Oberdonau
Salzburg — »Berghof«
Planungsvariante: Ganz Burgenland und Südost-Niederösterreich an die Steiermark
Nord- und Mittelburgenland an Niederdonau

Vorarlberg an Tirol
»Stadt der Bergsteiger« — Innsbruck
SALZBURG
STEIERMARK
Südburgenland an Steiermark

LIECHTENSTEIN
TIROL
Osttirol an Kärnten
KÄRNTEN
Klagenfurt
Graz »Stadt der Volkserhebung«

SCHWEIZ
UNGARN

Südkärnten an Kärnten 14.4.1941
Untersteiermark an Steiermark 14.4.1941

Dem „Anschluss" folgte die Provinzialisierung: die sieben „Gaue" der „Ostmark". „Groß-Wien" verlor seine Funktion als Hauptstadt.

fähig gewesen, wenn sie nicht nach 1945 durch die Hyperinflation entschuldet worden wären. Viele Investitionen waren reine Repräsentativ- oder Militärbauten (Kasernen), ebenso wurden viele Projekte nur begonnen, aber nicht fertig gestellt. Alle Vorhaben konnten rasch begonnen werden, weil ein Zwangsregime ohne demokratische Rücksichtnahmen Boden und Gebäude enteignen, Arbeitskräfte zwingen und die gesamte Bevölkerung zum Zwangssparen verpflichten konnte.

Die unmittelbaren ökonomischen Effekte der Neugründungen des Dritten Reiches waren wegen der damit verbundenen Auslaugung und Auskämmung anderer, mittlerer und kleinerer Betriebe durchaus zweifelhaft. Die Gründungen waren ungeheuer teuer und hätten sich ohne den Krieg und die darauf folgende Hyperinflation wohl auch gar nicht gerechnet. Sie mussten mit den Entbehrungen der heimischen Bevölkerung, vor allem aber mit den Plagen der vielen Fremd- und Zwangsarbeiter und Häftlinge der Konzentrationslager bezahlt werden.

Produktivität und Rationalität kippten im Nationalsozialismus in einem Klima kollektiver Irrationalität, totalitärer Herrschaft und massiver

Propaganda immer wieder und immer öfter in Wahn und Realitätsverlust um, in der gigantischen Übersteigerung der Projekte wie in der Hoffnung auf Wunder aller Art, auf Wirtschaftswunder und Wunderwaffen.

Was waren die Interessen des Deutschen Reichs an Österreich? Es interessierten vor allem die Bodenschätze (Eisenerz, Magnesit), der Holzreichtum, die Energie – neben den unter der Oberfläche des Marchfelds schlummernden Erdölreserven vor allem die ausbaufähigen Wasserkräfte in den Alpengebieten –, die brachliegenden Kapazitäten bei Arbeitskräften und Anlagen, die Devisen- und Goldreserven der Nationalbank und die Position auf dem Weg nach Südosteuropa, auch wenn es übertrieben wäre, im „Anschluss" Österreichs vorwiegend ein wirtschaftliches Kalkül zu sehen.

Für die Deutsche Notenbank bot der „Anschluss" die Möglichkeit, die total erschöpften Devisenreserven aufzufüllen. Der Gold- und Devisenbesitz der Oesterreichischen Nationalbank, die Forderungen Österreichs aus den Clearingverträgen und die Goldbestände und Auslandsguthaben der Privaten machten wahrscheinlich mehr als 1,2 Milliarden Reichsmark aus. Zum Vergleich: Die Deutsche Reichsbank verfügte am Jahresende 1937 nur mehr über internationale Zahlungsmittel in der Höhe von ca. 77 Millionen Reichsmark.

Für das deutsche Kapital war der „Anschluss" die willkommene Gelegenheit zu einem gewaltigen Beutezug und es kam zur größten Welle von Eigentumsübertragungen und Vermögensverschiebungen, die Österreich je erlebt hat.

Beraubt wurden erstens die aus verschiedenen Gründen diskriminierten Gruppen, die Juden, die Kirchen, die Roma, die Minderheiten und die politischen Gegner des Nationalsozialismus: Schätzungsweise gab es im März 1938 insgesamt zwischen 201.000 und 214.000 Personen, die als Juden verfolgt wurden. Davon dürfte etwa zwei Drittel die „Auswanderung" oder besser wohl Flucht geglückt sein. Diese Möglichkeit bestand vor allem für jüngere und vermögendere Juden, weniger für mittellose. Sie flüchteten in aller Herren Länder. Die meisten, 30.850, hatte Großbritannien aufgenommen. Dahinter folgten die USA mit 28.615, China, hauptsächlich Shanghai, mit 18.124 und Palästina mit 9.195. Die Schweiz nahm 2.265 österreichische Juden auf. Insgesamt wurden 65.459 österreichische Juden erfasst, die während der NS-Herrschaft umgebracht wurden.

Das jüdische Vermögen (Immobilien, Unternehmen, Wertpapiere, Lebensversicherungen, Mobilien, Kunstwerke, Bargeld) in Österreich im März 1938 kann insgesamt auf etwa 1,8 bis 2,9 Milliarden Reichsmark geschätzt werden. Die Enteignung begann mit Schikanen und Boykottaktionen, vor allem gegen die nach außen sichtbare jüdische Geschäftswelt. Man ist bis heute nicht in der Lage, eine einigermaßen konkrete Gesamtzahl der 1938 in

Unterstützt wurde die schreckliche Hetze gegen die Juden durch die Ausstellung „Der ewige Jude". Schulkinder mussten diese „politische Schau" im Rahmen des Unterrichts besuchen.

Die Enteignung begann mit Schikanen und Boykottaktionen: Unter dem Beifall einer johlenden Menge werden jüdische Geschäfte beschmiert und ihre Besitzer misshandelt.

Österreich angesiedelten jüdischen Betriebe zu nennen. Die Zahlen variieren zwischen 25.000 und 36.000. Nach NS-Angaben wurden insgesamt – exklusive Banken – von 25.440 Betrieben bis 1940 etwa 18.800 oder rund 75 Prozent liquidiert. Ähnlich ungewiss ist die Zahl der Privatbanken. Es ist davon auszugehen, dass es ca. 140 Privatbanken gab, von denen ca. 100 als jüdisch galten. Acht davon wurden „arisiert". Alle anderen jüdischen Bankhäuser wurden von kommissarischen Verwaltern unterschiedlich rasch geschlossen, liquidiert und – manche allerdings erst nach 1945 – im Handelsregister gelöscht. Eine eigentliche Arisierung fand in etwa 5.000 jüdischen Unternehmen statt. Mehr als 59.000 Mietwohnungen in Wien wurden bis April 1945 „arisiert". Berufsverbote und Verhinderung einer entsprechenden Ausbildung waren weitere schwere Schädigungen.

Als Motive sind neben traditionellen Feindbildern, Antisemitismus und Rassismus auch unmittelbare Bereicherung, sozialpolitische Vorspiegelungen (z.B. Wohnraumbeschaffung) und wirtschaftliche Interessen (Firmenübernahmen, Kapitalverflechtung, Ausschaltung von Konkurrenz, Kriegsfinanzierung) anzuführen.

Die Opfergruppe der „Zigeuner" umfasste nach verschiedenen Schätzungen ca. 11.000 Personen, von denen nur ungefähr 1.500 bis 2.000 überlebten. Dabei konnte das NS-Regime auf bereits vor 1938 bestehende Diskriminierungen und Stigmatisierungen aufbauen. Die Zahl der Kärntner Slowenen und Sloweninnen wird für das Jahr 1938 mit 20.000 bis 30.000 Personen geschätzt. Im April 1942 wurden 1.075 Kärntner Slowenen und Sloweninnen innerhalb weniger Stunden von ihren Besitzungen vertrieben. Ab der zweiten Jahreshälfte 1944 fand eine neuerliche „Aussiedlungswelle" statt. Bis in die Jahre 1944/45 kam es zu weiteren Enteignungen, Verhaftungen, Einweisungen in Konzentrationslager und Todesurteilen. Geringer waren die Verfolgungen gegen tschechische, kroatische und ungarische Minderheiten. Die Gesamtanzahl der in der NS-Zeit auf dem Gebiet der Republik Österreich politisch verfolgten Personen ist bis heute nicht bekannt. Insgesamt wurden von den Wiener Gerichten fast 700, von den Gerichten österreichweit über 3.000 Personen wegen Homosexualität verfolgt.

Die Gier und Gegnerschaft der Nationalsozialisten musste auch die katholische Kirche Österreichs rasch erfahren, die zuerst mit Unterstützungserklärungen für den „Anschluss" erhofft hatte, das Verhältnis beruhigen zu können. Die Vereinigung der mit der NSDAP sympathisierenden katholischen Priester, genannt „Arbeitsgemeinschaft für den religiösen Frieden", die im Oktober 1938 vom österreichische Episkopat verboten wurde, umfasste zu diesem Zeitpunkt 525 geistliche Mitglieder und 1844 sympathisierende Priester. Aber der Staat war zum kämpferischen Gegner geworden, der es nicht nur auf die wirtschaftlichen Positionen der Kirche abgesehen hatte, auf die Ver-

Das 20. Jahrhundert / Sieben Jahre der Leiden

Noch haben die Luftangriffe der Alliierten nicht begonnen: auf der Terrasse des Wiener Hochhauses Herrengasse 4–6, um 1942.

mögen der Klöster, Orden, Stiftungen und Vereine, sondern sich selbst als Ersatzreligion positionierte. Immer mehr wurde daher die Kirche zu einer der Säulen der Opposition und des Widerstands gegen den Nationalsozialismus. Das Christkönigsfest wurde zum mächtigsten Symbol der Gegnerschaft gegen die weltliche Diktatur. Der wahre Herrscher sei nicht Hitler, sondern Christus. Das österreichische Konkordat von 1934 wurde für erloschen erklärt und das deutsche als für Österreich nicht bindend, sodass die Kirche in Österreich in einem vertragsfreien Zustand schwebte und umso leichter ausgeplündert werden konnte. Insgesamt 26 große Stifte, darunter Klosterneuburg, Kremsmünster, St. Peter in Salzburg, Admont, St. Paul in Kärnten, Mehrerau und Wilten und 188 kleinere Klöster und Ordenshäuser wurden unter verschiedenen Begründungen beschlagnahmt, zahlreiche Stiftungen und vor allem das Vermögen des 1782 geschaffenen Religionsfonds wurden eingezogen und eine Reihe kircheneigener Wirtschaftsbetriebe privatisiert oder geschlossen.

Auch zahlreiche adelige Besitzungen wurden enteignet, unter anderem die Güter der Habsburg, Starhemberg, Esterházy, Lamberg, Schwarzenberg. Die habsburgischen Güter wurden nie zurückgestellt, die Starhembergischen erst nach langen Auseinandersetzungen Anfang der 60er-Jahre. Andere wurden nicht als politische Enteignungen, sondern als wirtschaftlich motivierte Verkäufe gewertet, etwa die der Lambergs, denen gute Kontakte zu den Nationalsozialisten nachgesagt wurden. Das Esterházy-Vermögen war bis 1955 als „deutsches Eigentum" Bestandteil des sowjetischen USIA-Konzerns.

Vereine sind totalitären Regimen ein Dorn im Auge. Insgesamt wurden in Österreich rund 70.000 Vereine, Stiftungen und Fonds durch den Stillhaltekommissar überprüft. Rund 60 Prozent davon wurden aufgelöst. Insgesamt wurden 40 thematische Vereinsgruppen vielfältigster Aufgaben- und Tätigkeitsfelder unterschieden: landwirtschaftliche Vereine, meist im Obstbau- und Imkerbereich (14,5 Prozent), Vereine, deren Eingliederung in die Kulturkammer geplant war (12,7 Prozent), Frontsoldaten-, Krieger- und Schützenvereine (7,3 Prozent), Versicherungsvereine (6,5 Prozent), Wirtschaftsvereine (5,5 Prozent), Katholische Vereine und Kulturvereine (je 4,8 Prozent) und die Gruppe der Stiftungen und Fonds (4,3 Prozent). Diese acht Vereinsgruppen stellten insgesamt 60,5 Prozent aller Vereine und Organisationen. Unter den restlichen 32 Gruppen befanden sich jüdische Vereine, studentische Vereine, insbesondere der CV, Freimaurervereine, Rotarier, Sportvereine, Tierschutzvereine etc. Das gesamte vom Stillhaltekommissar entzogene Vermögen der österreichischen Vereine lag nach Hochrechnungen zwischen rund 236 und 253 Millionen RM. Das entsprach über zwei Drittel des Gesamtvermögens der österreichischen Vereine und Organisationen. Rund 600 jüdische Vereine und 325 jüdische Stiftungen wurden aufgelöst.

Neben der Beraubung verfolgter und diskriminierter Gruppen erfolgte die Germanisierung der Creditanstalt-Bankverein und ihres riesigen Industriekonzerns und sonstiger staatlicher oder unter Staatseinfluss stehender Banken und Unternehmen, der Industriekredit-AG, des ÖCI und der Oesterreichischen Nationalbank, wobei das damit verbundene Übernahme- und Fusionsgeschäft von erheblichen politischen Interventionen und Machtkämpfen begleitet war. Dazu kam drittens die „unfreundliche" Übernahme" von österreichischen oder internationalen Unternehmen durch deutsche Unternehmen. Es dominierte eine besondere Art „feindlicher" Übernahmen: nicht zuerst die Aktienmehrheit zu übernehmen, dann das Management auszutauschen und dann Reserven aufzulösen, mit denen sich die Übernahme selbst finanziert, sondern zuerst unter politischem Druck die Manager durch willfährige Parteigänger zu ersetzen, die dann die Unternehmen neuen Eigentümern günstig in die Hand liefern, und danach den Deal aus den Eigenmitteln des Unternehmens zu finanzieren. Beispiele wären die Vorgänge bei der Gebr. Böhler AG und in anderen österreichischen Industriekonzernen und Versicherungsunternehmen.

Hinzu kamen nicht ganz freiwillige Verkäufe auf Grund geänderter Rahmenbedingungen, die ausländischen Investoren einen Ausstieg ratsam erscheinen ließen, etwa bei der französisch dominierten Zentraleuropäischen Länderbank oder der Wiener Filiale der tschechischen *Živnostenska Banka*.

Mit Kriegsende war das österreichische Kapital zum größeren Teil in reichsdeutscher Hand. Das Ausmaß der deutschen Kapitalbeteiligungen,

Krieg und Kriegswirtschaft begannen auch die Plakatwände zu dominieren: Neben den „Feind hört mit!"-Parolen und Spar-Appellen stand ein kulturelles Angebot, das vor allem auf „Unterhaltung" zielte.

Verfolgung und Ermordung politischer Gegner: Die Sozialdemokratin Käthe Leichter (1895–1942), bis 1934 Leiterin des Frauenreferats der Wiener Arbeiterkammer, starb im KZ Ravensbrück.

das 1928–1937 bei den Aktiengesellschaften 10 bis 12 Prozent betragen hatte, war vom Februar 1938 bis zum Jahr 1945 auf etwa 57 Prozent angewachsen.

Zwang und Zwangsarbeit waren von Anfang an zentrale Bestandteile der politischen und wirtschaftspolitischen Vorstellungen des Nationalsozialismus. Zwang prägte das gesamte politisch-totalitäre Herrschaftskonzept. Arbeitsdienst und Arbeitszwang nahmen in der nationalsozialistischen Beschäftigungspolitik einen zentralen Platz ein, verwirklicht wurde dies durch Ausbeutung von eroberten Territorien und durch den Transfer fremder Arbeitskräfte nach Deutschland, deren Produktivität hier höher lag als in den Heimatländern.

Mehr als eine Million ausländischer Arbeitskräfte in verschiedenen rassisch diskriminierenden Abstufungen arbeiteten während des Krieges auf dem Gebiet des heutigen Österreich: ausländische Zivilpersonen, Kriegsgefangene, KZ-Häftlinge und Juden in eigenen „Judenlagern". Insgesamt wird man rund 760.000 ausländische Zivilarbeiter annehmen müssen (im September 1944 waren es etwa 580.000), etwa 250.000 Kriegsgefangene und mehr als 90.000 zur Zwangsarbeit herangezogene Konzentrationslagerhäftlinge und ungarische Juden, insgesamt also rund 1,1 Millionen Menschen, die zwangsweise zur Arbeit eingesetzt waren. Etwa 35 bis 40 Prozent aller ausländischen Zivilarbeiter in Österreich waren in der Landwirtschaft eingesetzt, allerdings mit starken nationalen Unterschieden. Ein ähnlich hoher Prozentsatz arbeitete in Industrie und Gewerbe, das restliche Viertel in der Bauwirtschaft und bei der Reichsbahn. Auf einer sehr allgemeinen Ebene gilt, dass die Situation für Arbeiter in der Landwirtschaft im Durchschnitt, vor allem was die Ernährung betraf, besser war als in der Industrie, die Qualität der Behandlung und das Ausmaß der Willkür und Vereinsamung, welchen man in der Landwirtschaft ausgesetzt sein konnte, viel unterschiedlicher waren, während in der Industrie eine gewisse Normierung, wenn auch auf niedrigem Niveau bestand.

Berüchtigt waren die Arbeitserziehungslager, in die wegen Arbeitsverstößen verurteilte Arbeitskräfte auf kurze Zeit eingewiesen wurden, in Oberlanzendorf, Linz-Schörgenhub, Admont-Frauenkirchen und Innsbruck-Reichenau. Zu den dunkelsten Kapiteln gehören die Zwangsabtreibungen, die bei Polinnen und Ostarbeiterinnen in großem Stil durchgeführt wurden.

Neben Zivilarbeitern und Kriegsgefangenen kamen ab 1944 in den Reichsgauen Wien, Niederdonau und Steiermark etwa 15.000 bis 20.000 ungarische Juden meist tage- oder wochenweise beim Bau des Ostwalls und auch in Betrieben zum Einsatz, bis sie in schrecklichen Todesmärschen über die Obersteiermark und entlang der Donau nach Oberösterreich gebracht wurden.

Die Häftlinge der Konzentrationslager waren eine der letzten verfügbaren Arbeitskraftreserven. Das Konzentrationslager Mauthausen, das zusammen mit den 49 Nebenlagern bis 1945 insgesamt etwa 195.000 Häftlinge aufnahm, von denen über 105.000 den Tod fanden, hatte die höchste Todesrate unter allen deutschen Konzentrationslagern außerhalb der Vernichtungslager. Es diente bis Ende 1942 vorwiegend der Bekämpfung und Vernichtung der politisch-ideologischen Gegner, was in der von der Sicherheitspolizei 1940 und 1941 vorgenommenen Einreihung in die Stufe III für „kaum noch erziehbare Schutzhäftlinge" zum Ausdruck gelangte. Ab 1942/43 änderte sich die Funktion des Lagers. Es kam zur Einrichtung von insgesamt 49 Nebenlagern, wo die Häftlinge für die Rüstungsproduktion bzw. den Aufbau von Stollenanlagen eingesetzt wurden, in die kriegswichtige Teile der Industrie verlagert und vor Luftangriffen geschützt werden sollten. Anfang 1943 befanden sich in Mauthausen und seinen Außenlagern ca. 14.000 Personen, Anfang 1944 bereits doppelt so viele. Bis Oktober 1944 stieg die Zahl auf ca. 73.000 und erreichte im März 1945 über 84.000. Ende 1944 befanden sich in Mauthausen ca. 10.000 Häftlinge, in den Außenlagern über 60.000, was ca. einem Viertel der zur selben Zeit in der Industrie beschäftigten zivilen ausländischen Arbeitskräfte entsprach.

Die als „Euthanasie" bezeichneten Massenmorde des NS-Regimes an geistig und körperlich behinderten Menschen in den Jahren 1939 bis 1945 hatten sowohl rassenideologische Wurzeln als auch ökonomische Aspekte (Einsparung an Pflegekosten). Die Aktion „T4" in den Jahren 1940 und 1941 betraf die Ermordung vor allem der Patienten und Patientinnen der Heil- und Pflegeanstalten des Deutschen Reiches in sechs „Euthanasietötungsanstalten". Im Rahmen dieser Mordaktion wurden im Zeitraum vom Mai 1940 bis August 1941 in Schloss Hartheim (Oberösterreich) 18.269 Personen, die zum Großteil aus österreichischen Anstalten deportiert worden waren, in Gaskammern ermordet, bis 1945 aber insgesamt etwa 30.000. Mit dem offiziellen „T4"-Stopp durch Adolf Hitler im August 1941 kam die NS-„Euthanasie" nämlich keineswegs zum Erliegen. Die „Kindereuthanasie" wurde bis 1945 weitergeführt, in den „Euthanasietötungsanstalten" wurden nun arbeitsunfähige oder politisch/„rassisch" missliebige Häftlinge aus den Konzentrationslagern vergast und in den Heil- und Pflegeanstalten wurde dezentral weitergemordet („wilde Euthanasie"). Wenn man in dieser Rechnung auch noch die anderen „Euthanasieaktionen", insbesondere die dezentralen Anstaltsmorde, berücksichtigt, muss man die Summe der in Österreich Ermordeten auf etwa 40.000 ansetzen.

Im Zweiten Weltkrieg wurde von der Zivilbevölkerung weniger gehungert als im Ersten. Die landläufige Vorstellung eines bis Ende 1945 funktionierenden Ernährungssystems für jene Teile der deutschen Bevölkerung, die in das staatliche Rationierungssystem eingebunden und damit als Verbraucher anerkannt waren, bedarf aber entscheidender Korrekturen. Die Masse der Normalverbraucher litt spätestens seit Kriegsbeginn unter einem

Düstere Erinnerungsstätte: die „Todesstiege" in Mauthausen. Foto: Gerhard Trumler.

Anblick des Grauens: Amerikanische Soldaten treffen auf Überlebende aus dem KZ Mauthausen.

1944 in Auschwitz ermordet: Desider Friedmann (1880–1944), Präsident der Israelitischen Kultusgemeinde unter dem NS-Regime.

Warteschlange vor der Passstelle für jüdische Auswanderer in Wien-Margareten.

spürbaren Mangel an regelmäßig verfügbaren, frei wählbaren und quantitativ wie qualitativ ausreichenden Nahrungsgütern des täglichen Bedarfs, ganz abgesehen vom Nahrungsentzug, der gegen Minderheiten, Verfolgte und Gegner systematisch als Waffe und politisches Kalkül eingesetzt wurde.

Wegen Umquartierungen aus dem Altreich und aus den Großstädten waren die Wohnungen auf das Äußerste überfüllt. Ausgebombte, Flüchtlinge, Umgesiedelte, sie alle brauchten Unterkunft. Es war eine Welt der Baracken und Lager. Aus der Barockstadt Linz wurde die Barackenstadt Linz.

Die Mehrheit der österreichischen Soldaten war 1940 eingezogen worden, nämlich 320.000 Mann, insgesamt waren es während des Krieges 1.305.000 österreichische Männer, das waren 40,5 Prozent der männlichen Bevölkerung. Am stärksten betroffen waren die Jahrgänge 1921 bis 1925. Waren es bis 1943 ferne Schlachtfelder in Frankreich, Norwegen, Afrika oder Russland, so erreichte ab dem 13. August 1943, dem ersten schweren Luftangriff auf Wiener Neustadt, der Krieg auch Österreich, den „Reichsluftschutzbunker", der bis dahin von Luftangriffen weitgehend verschont war. Von 1943 bis 1945 fielen rund 70.000 Tonnen Spreng- und Brandbomben auf österreichisches Gebiet. Etwa 26.000 Tote und 40.000 Verletzte waren zu beklagen. Am schwersten war Wiener Neustadt betroffen. Hauptziele waren Graz (56 Angriffe), Wien (53), Klagenfurt (48), Villach (37) und Wiener Neustadt (29). 70.000 Wohnungen wurden völlig und 100.000 teilweise zerstört.

Die nationalsozialistische Schreckensherrschaft und der Krieg hatten eine grausige Bilanz hinterlassen. Die nüchternen Zahlen, die wohl eher Untergrenzen darstellen, können nur das Ausmaß andeuten: etwa 247.000 österreichische Militärtote, mindestens 120.000 Österreicher, die in Haft, Konzentrationslagern und Euthanasieprogrammen umgekommen und ermordet worden waren, und die etwa 25.000 bis 30.000 Ziviltoten, die Luftangriffen und Kriegshandlungen auf österreichischem Boden zum Opfer gefallen waren. Von den etwa 1,3 Millionen zur Deutschen Wehrmacht eingezogenen Soldaten aus Österreich trugen 170.000 eine dauernde Invalidität davon. Fast 500.000 waren in Kriegsgefangenschaft geraten, davon 220.000 bis 230.000 in russische, aus der sie erst nach Jahren zurückkehrten. An die 370.000 Witwen und Waisen waren zu versorgen.

2.700 Österreicher waren als aktive Widerstandskämpfer hingerichtet worden, mehr als 100.000 hatten zwischen drei Monaten und sieben Jahren in Konzentrationslagern verbracht. Von den wahrscheinlich mehr als 200.000 österreichischen Juden war etwa 125.000 bis 130.000 die Flucht geglückt. Insgesamt wurden etwa 70.000 bis 80.000 österreichische Juden umgebracht. Bis zu 90 Prozent der etwa 11.000 österreichischen Roma und Sinti wurden ermordet und etwa 40.000 im Rahmen der Euthanasieprogramme. Ungefähr 5.000 Österreicher waren zwangssterilisiert worden.

Vertriebene Vernunft (von links):
Die Physikerin Lise Meitner (1878–1968), zusammen mit Otto Hahn Entdeckerin des Elements Thorium, emigrierte 1938 nach Schweden.
Robert Musil (1880–1942) ging 1938 in die Schweiz.
Stefan Zweig (1881–1942) flüchtete nach Brasilien und beging gemeinsam mit seiner Frau in Petropolis Selbstmord.
Exil in den USA: Franz Werfel mit seiner Gattin Alma Mahler-Werfel.

Die Schriftstellerin und Drehbuchautorin Gina Kaus (1894–1985) verließ 1939 Österreich.

Der Nationalsozialismus brachte nicht nur die physische Zerstörung von Leben und Kapital, sondern er brachte auch die Einbuße an intellektueller Potenz. Die österreichische Schule der Nationalökonomie (Joseph Schumpeter, Fritz Machlup, Friedrich August von Hayek, Oskar Morgenstern, Gottfried Haberler, Ludwig von Mises, Alexander Gerschenkron ...) war ohnehin schon vorher weggegangen und erreichte ihren Weltruf in den USA und in England. Zahlreiche der führenden Naturwissenschaftler, berühmten Architekten, Schriftsteller, Journalisten und Künstler, Filmregisseure und Schauspieler konnten nur im Ausland die entsprechenden Karrierechancen vorfinden. Doch erst die ideologischen und rassistischen Verfolgungen im Jahr 1938 führten zu jenem dramatischen Aderlass, der das österreichische Kultur- und Geistesleben für Jahrzehnte mit einer schweren Hypothek belastete.

Vertrieben wurde der Wiener Kreis der Philosophie: Kurt Gödel, Felix Kaufmann, Karl Menger, Otto Neurath, Richard von Mises, Karl Popper und Ludwig Wittgenstein. Fast alle 50 ordentlichen Mitglieder der Wiener Psychoanalytischen Vereinigung, darunter Sigmund und Anna Freud sowie 17 jüngere außerordentliche Mitglieder, verloren die Heimat, die sie ohnehin immer verkannt hatte. Groß war der Aderlass auch für die Individualpsychologie um Alfred Adler, für die Psychologie (Karl und Charlotte Bühler, aber auch Ernest Dichter, der Vater der Werbepsychologie), für die Soziologie und Sozialforschung (Paul Lazarsfeld, Marie Jahoda, Hans Zeisel), für Sozialwissenschaftler unterschiedlicher ideologischer Ausrichtung (von Karl Polanyi, Eduard März, Walter Hollitscher, Bert Hoselitz, Arnold Hauser bis zu Ernst Karl Winter, Johannes Messner und Josef Dobretsberger, aber auch von den Exponenten des österreichischen Sozialismus: Otto Bauer, Julius Braunthal, Emil Lederer, Walter Schiff, Rudolf Goldscheid). Beträchtlich waren auch die Verluste der Rechts- und Staatswissenschaften, und selbst die Liste der vertriebenen Historiker ist lang, obwohl im Bereich der Geschichtswissenschaften das nationale Denken besonders stark vertreten war. Die Liste reicht vom längst emeritierten Alfred F. Pribram bis zur hoffnungsvollen jungen

Der Komponist und Musikwissenschaftler Egon Wellesz (1885–1974) ging 1938 ins Exil nach England. Foto, um 1930.

Regielegende Max Reinhardt (1873–1943) emigrierte über London nach New York. Foto, um 1923.

Historikerin Lucie Varga, die nach Paris emigriert war und dort den Nationalsozialisten in die Hände fiel. Prominente Kunsthistoriker wie Ernst Gombrich und innovative Außenseiter wie Arnold Hauser trafen sich in London.

Lang ist die Liste der vertriebenen und ausgewanderten Mathematiker und Naturwissenschaftler: Darauf scheinen nicht nur die Nobelpreisträger Wolfgang Pauli, Erwin Schrödinger, Max Perutz, Victor F. Hess, Georg von Hevesy, Otto Loewi, Karl Landsteiner und Richard Kuhn auf, sondern insgesamt etwa 1.700 Wissenschaftlerinnen und Wissenschaftler. Besonders auffällig ist die weitgehende Dezimierung des Instituts für Radiumforschung der Österreichischen Akademie der Wissenschaften. Groß sind die Verluste bei den Ärzten und Technikern. Unter den vertriebenen Architekten finden sich die Namen von Josef Frank, Grete Schütte-Lihotzky, Ernst A. Plischke und Clemens Holzmeister.

Literaten hatten es besonders schwer, im Exil wieder Tritt zu fassen: Hermann Broch, Robert Musil, Elias Canetti, Joseph Roth, Stefan Zweig, Theodor Kramer, Erich Fried, Hilde Spiel, Jean Améry (Hanns Mayer), Manès Sperber, Hans Heinrich Mautner, Berthold Viertel, Guido Zernatto ebenso wie Journalisten und Feuilletonisten wie Alice Schalek, Egon Erwin Kisch oder Alfred Polgar. Die Kabarettisten Fritz Grünbaum, Fritz Löhner-Beda, Jura Soyfer und Peter Hammerschlag kamen in Konzentrationslagern um.

Auch das Musikschaffen war von der Vertreibung schwer betroffen: Alexander Zemlinsky, Erich Wolfgang Korngold, Ernst Krenek, Arnold Schönberg, Egon Wellesz, Hanns Eisler, der Operettenkomponist Paul Abraham oder der Tenor Richard Tauber. Große Erfolge in Übersee gab es für die Regisseure Billy Wilder, Fred Zinnemann, Otto Preminger, Max Reinhardt, auch für Schauspielerinnen wie Hedy Lamarr und Lotte Lenya. Vertrieben wurde der Maler Oskar Kokoschka, dessen Kunst als entartet erklärt wurde, ermordet der Graphiker Julius Klinger, der nach Minsk deportiert worden war. Aus den Bereichen Musik, Film und bildende Kunst sind etwa 1.400 Exilanten dokumentiert, für das literarisch-journalistische Exil etwa 1.500. Im Bereich des Musiktheaters wurden etwa 1.200 Personen ausgegrenzt.

Im Exil waren auch zahlreiche Politiker, sowohl der Sozialdemokratie und der Kommunisten als auch des Ständestaates, der Christlichsozialen und der Legitimisten. Die Konflikte der Innenpolitik und das Bürgerkriegsklima wurden aber im Ausland fortgeführt, so dass man sich in keiner Phase auf eine österreichische Exilregierung einigen konnte.

Es konnte sich keine geschlossene, im Volk verankerte und machtvolle Widerstandsbewegung etablieren. Der Widerstand gegen das NS-System kam von verschiedenen Seiten, von Kommunisten und Sozialisten, vom CV, von Monarchisten, der Kirche, den Christlichsozialen, den Zeugen Jehovas. Etwa 44 Prozent der Widerstandskämpfer waren dem kommunistischen

Major Karl Biedermann (1890–1945), Mitglied der Widerstandsorganisation „O5", wurde im April 1945 mit seinen Kameraden Hauptmann Alfred Huth und Oberleutnant Rudolf Raschke öffentlich gehenkt.

Der „totale Krieg" fordert immer mehr Opfer unter der Zivilbevölkerung: Bombergeschwader der 15. US-Luftflotte im Angriff auf Wien.

Lager zuzurechnen, etwa 5 Prozent dem sozialistischen und etwa 44 Prozent dem konservativ-christlichsozialen Spektrum. Der konservative Widerstand war bedeutend, aber zersplittert: Vom CVer Walter Caldonazzi bis zum Wehrdienstverweigerer Franz Jägerstätter, der Gruppe um Roman Scholz und zahlreichen Exponenten des ständestaatlichen Systems. 1944 schlossen sich größere Gruppen des Widerstands in einer losen Koordination zusammen, bezeichnet als O5, womit gemeint ist OE, nach dem 5. Buchstaben im Alphabet und für Österreich. Über 800 katholische Geistliche wurden in Gefängnisse und Konzentrationslager eingewiesen, 27 kamen dort um, 15 weitere wurden hingerichtet. Über 300 Priester waren gau- oder landesverwiesen, 1.500 hatten Predigtverbot. Die Ordensfrau Helene Kafka *(Schwester Restituta)* wurde hingerichtet. Bewaffnete Widerstandsgruppen bildeten sich in Südkärnten und aus einzelnen, mit Fallschirmen abgesetzten Kampfgruppen auf der Koralm und im Salzkammergut.

Die Kriegsdienstverweigerung war primär ein Delikt aus der Frühphase des Krieges, der Großteil aus Gewissensgründen, vor allem bei den Zeugen Jehovas. Etwa 120 Fälle sind bekannt, davon etwa die Hälfte mit Todesurteilen. Mit dem Kriegsverlauf nahmen die Desertionen zu: Von den hochgerechnet zirka 4.000 Verfahren gegen Deserteure endete beinahe die Hälfte mit einem Todesurteil. 1.200 bis 1.400 österreichische Deserteure wurden hingerichtet. Auch unerlaubte Entfernungen von der Truppe und Selbstverstümmelungen wurden mit dem Kriegsverlauf immer häufiger.

Das prominenteste Beispiel der Wehrdienstverweigerung ist Franz Jägerstätter. Er war zu der Überzeugung gelangt, dass er als gläubiger Katholik keinen Wehrdienst leisten dürfe; er könne nicht gleichzeitig Nationalsozialist und Katholik sein. Franz Jägerstätter wurde am 9. August 1943 in Berlin/Brandenburg hingerichtet. Für die Einordnung von Jägerstätters Verhalten ist der Vergleich mit mehreren Gruppen von Wehrdienstverweigerern im engeren Sinne interessant und maßgebend.

Hierher gehört erstens die Verweigerung des Eides auf Hitler bei österreichischen Soldaten, das heißt die Verweigerung aus politischen Motiven: Unter ihnen gab es bald schon die ersten Todesurteile wegen „Verweigerung des Fahneneides". Zweitens die Wehrdienstverweigerung bei Zeugen Jehovas und sonstige religiös motivierte Wehrdienstverweigerungen. Drittens die Verweigerung des Wehrdienstes bei katholischen und evangelischen Christen: Wie viele Wehrdienstverweigerer aus den Reihen der christlichen Kirchen von Nazigerichten zum Tode verurteilt oder in Konzentrationslager eingewiesen wurden, ist nicht genau erfasst. Vor allem ist nicht bekannt, wie viele ihre Wehrdienstverweigerung religiös begründeten.

Österreichs Rolle als erstes Opfer der nationalsozialistischen Aggression wurde durch die Ambivalenz des deutschen Wortes „Opfer" verschleiert, im Spannungsfeld zwischen dem aktiven, selbstbestimmten Einsatz und dem passiven und wehrlosen Objekt der Gewalt. Der Konflikt zwischen dem ehrenvollen Opfergedächtnis der Kriegerdenkmäler und dem traumatischen Opfergedächtnis der Konzentrationslager macht dies manifest, etwa im äußeren Burgtor des Wiener Heldenplatzes, wo ähnlich wie in der Neuen Wache in Berlin Kriegsopfer und Konzentrationslageropfer undifferenziert nebeneinander gesetzt werden.

Österreich war eines der letzten Gebiete, die von den Alliierten erobert wurden, auch wenn die Alpenfestung eine reine Chimäre war. Bis zum Kriegsende verfolgte Ernst Kaltenbrunner dieses Hirngespinst, schwankte zwischen Verhandlungen über eine politische Lösung des Krieges und einer absurden Hoffnung auf ein Zerbrechen der gegnerischen Allianz vor Kriegsende und träumte von der Errichtung einer österreichischen Regierung aus Mitgliedern der NSDAP und Sympathisanten aus dem nationalkonservativen Lager um Hermann Neubacher, Edmund Glaise-Horstenau, Wilhelm Höttl und Generaloberst Alexander Löhr.

Ernst Kaltenbrunner wurde auf dem Nürnberger Kriegsverbrecherprozess zum Tode verurteilt und am 16. Oktober 1946 hingerichtet. Am Vorabend der Urteilsvollstreckung schrieb er an seine Gattin Elisabeth, bat sie noch einmal um Verzeihung und schloss mit den Worten: „Ich sterbe in dem Glauben, das Gute gewollt und meine Pflicht getan zu haben", mit jener Formel, die noch so oft in Österreich als Entschuldigung herhalten sollte und musste.

Der „Kampf um Wien": Am 10. April 1945 dringen Einheiten der Roten Armee bis zur Ringstraße vor; im Bild Kampfszenen im Bereich Burgring/Maria-Theresien-Platz.

Sieben Jahre Leiden sind vorbei: US-Panzertruppen befreien am 7. Mai 1945 das KZ Mauthausen. Archiv der Gedenkstätte Mauthausen.

6

Fünf Jahre der Hoffnung
1945–1950

Der Schock war 1945 ähnlich wie 1918. Aber die Hoffnung war größer. Die ersten sowjetischen Truppen hatten am 29. März 1945 bei Klostermarienberg im Burgenland österreichischen Boden erreicht. Wien wurde am 13. April befreit und erobert. Als Parteien konstituierten sich die KPÖ, die SPÖ und die ÖVP. Stalin ließ nach Karl Renner suchen, der ihm nicht nur als letzter Präsident des österreichischen Parlaments und Schüler Karl Kautskys, sondern vielleicht auch noch von seinem Wien-Aufenthalt im Jahre 1912 in Erinnerung war, als er in der Parlamentsbibliothek an seiner Studie über *Marxismus und nationale Frage* gearbeitet hatte und Renner dort Bibliotheksdirektor war. Stalin mochte hoffen, im alten Renner einen willfährigen Handlanger einer Volksfrontpolitik zu finden. Renner begab sich bereits am 3. April 1945,

Die „Vier im Jeep", das Symbol für die Besatzungszeit in der Bundeshauptstadt Wien. Ab 1946 diente der Interalliierten Militärpatrouille allerdings ein „Dodge" als Einsatzfahrzeug.

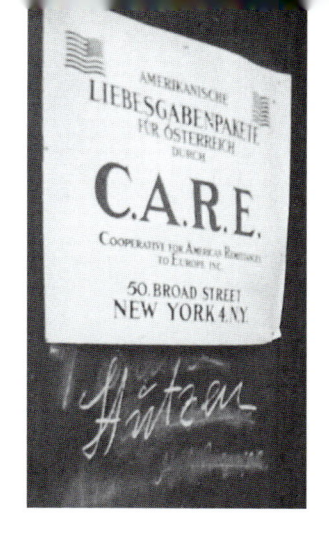

Wahlwerbung der KPÖ zur Nationalratswahl des Jahres 1949. Die Ereignisse in Osteuropa führten dazu, dass viele Wähler kritisch blieben und die KPÖ den Status einer Kleinpartei nicht überwinden konnte.

ausgerüstet mit seinen Vorstellungen über die künftige österreichische Staatsform in englischer, französischer und lateinischer Übersetzung, in die russische Kommandantur und schrieb am 15. April ganz im Sinne allfälliger Volksfronterwartungen einen anbiedernden Brief an den Herrn Genossen Stalin, es sei „unfraglich und bedürfe keiner Betonung", dass die „Zukunft des Landes dem Sozialismus gehöre". Was dabei Taktik und was Überzeugung war, lässt sich im Nachhinein nicht mehr trennen. Am 9. Mai 1945 setzte er mit einem Brief nach, den er mit dem handgeschriebenen Nachsatz enden ließ: „Und bieten Ihnen, Herr Marschall, persönlich sowie dem russischen Volke aufrichtige Glückwünsche zur siegreichen Beendigung des Krieges. Die Glorie Ihres Namens ist unsterblich!"

Am 23. April hatte Renner sein Kabinett beisammen. Die provisorische Regierung, die Ende April 1945 unter seiner Führung von der russischen Besatzungsmacht eingesetzt worden war, hatte ein deutlich linkes Übergewicht: elf Sozialisten, sieben Kommunisten, neun Vertreter der ÖVP. Das Staatsamt für Inneres und das Staatsamt für Volksaufklärung und Unterricht waren in kommunistischer Hand, ebenso die Leitung der Staatspolizei. Das Misstrauen der Westmächte gegen diese von der Sowjetunion unterstützte Regierung war dementsprechend groß.

Die Unabhängigkeitserklärung der Österreichischen Staatsregierung vom 27. April 1945, mit der die Wiederherstellung und nicht Gründung der Republik Österreich dokumentiert wurde, knüpfte an verschiedene alliierte Aussagen während des Krieges und an die Moskauer Deklaration an: Österreich, das erste freie Land, das Hitlers Angriffspolitik zum Opfer gefallen sei, solle von deutscher Herrschaft befreit werden, hieß es in der von den Außenministern Großbritanniens, der Sowjetunion und der Vereinigten Staaten am 30. Oktober 1943 verabschiedeten Erklärung. Gleichzeitig wurde darauf hingewiesen, dass „Österreich für die Teilnahme am Kriege an der Seite Hitler-Deutschlands eine Verantwortung" trage, der es nicht entrinnen könne.

LINKS: *Endlich ist der Krieg auch im Westen zu Ende: Übergabe des Schlüssels der Stadt Bregenz an die Franzosen, Mai 1945.*

RECHTS: *Schauplatz einer Tragödie in den letzten Kriegstagen: die Ruinen des Philipp-Hofs in der Wiener Innenstadt, 1948. Foto: Erich Lessing.*

Dass man mitten im Krieg stand, erklärt die anschließende, etwas drohende Formel, dass man für die zukünftige Bewertung „die Haltung der österreichischen Bevölkerung während des Krieges in Rechnung stellen" werde.

Wie Gerald Stourzh aus den Notizen des maßgeblich beteiligten stellvertretenden sowjetischen Außenministers Andrej Wyschinskij nachweisen konnte, wurde in der Vorbereitung der Moskauer Deklaration sehr heftig um die Formulierung gerungen, ob es die Österreicher seien, die eine Verantwortung tragen, wie es von den Engländern und Amerikanern vorgeschlagen worden war, oder ob man nicht besser „Österreich" zu schreiben habe, wie die Sowjetunion meinte. Wyschinskij notierte: „Ich richtete die Aufmerksamkeit darauf, dass ‚sie' (Österreich ist im Russischen weiblich) Verantwortung für die Beteiligung am Krieg an der Seite Deutschlands trägt." So kam es dann in die Moskauer Deklaration. Außenminister Molotow setzte noch die Ersetzung der Formeln „Nazi-Aggression" durch „hitlersche Aggression" und „Nazi-Deutschland" durch „Hitler-Deutschland" durch. Hier liegt der Ausgangspunkt für viel Verwirrung. Die russische Formulierung, dass nicht „die Österreicher" sondern „Österreich" für die Beteiligung am Krieg Verantwortung trüge, beschuldigt einen Staat, der gar nicht existierte, und zielte ganz offensichtlich auf die Sicherstellung staatlicher Reparationen.

Österreich als erstes Opfer der nationalsozialistischen Aggression war ein zentraler, von den Alliierten zwar nicht ganz ernst genommener Stehsatz der österreichischen Nachkriegsdiplomatie. Die österreichische Regierung in dieser Zeit extremer Not und Bedrängnis wäre allerdings schlecht beraten gewesen, anders zu argumentieren: Opfer zu sein, ersparte nicht nur vieles, sondern einte auch. Österreich ging es nach 1945 vor allem um

Das 20. Jahrhundert / Fünf Jahre der Hoffnung

LINKS: *Das sowjetische Plakat aus dem April 1945 signalisierte es: Mit den Soldaten der Roten Armee war die Unabhängigkeit Österreichs zurückgekehrt. Sowjetisches Plakat zur Einnahme Wiens.*

RECHTS: *Organisierten den Alltag im Nachkrieg und leisteten entscheidende Arbeit für den Wiederaufbau: die „Trümmerfrauen".*

die Abgrenzung zu Deutschland und die Entwicklung einer spezifisch österreichischen Identität und Staatsideologie. Eine starke Betonung der Täter-Rolle oder gar einer Rechtsnachfolge nach dem Dritten Reich wäre hier, wenn schon nicht einem selbstzerstörerischen Akt, so doch einer politischen Gratwanderung gleichgekommen (Michael Gehler).

Die ersten Erklärungen der Staatsregierung 1945 zeugen allerdings von viel Unsicherheit: Der Krieg wird als ein „längst verlorener" bezeichnet, die Regierung spricht von „österreichischen Soldaten", die dem Wortlaut nach fast wie Bündnispartner des Deutschen Reiches erscheinen, oder wenn Renner am 30. April vor den Beamten der Staatskanzlei erklärt, der Anschluss-Gedanke „sei nicht durch unsere Schuld gescheitert und begraben", sondern durch Hitler „auf alle Zeit verspielt".

Die Opferthese, wenn auch mit „pflichtgemäßer Erwähnung" der Verantwortlichkeitsklausel, entsprach durchaus den persönlichen Erfahrungen der nach 1945 in Österreich Regierenden. Unter den 17 Mitgliedern der Regierung Figl I befanden sich vierzehn, die in der nationalsozialistischen Zeit Verfolgungen erlitten hatten. Insgesamt fünf Jahre und acht Monate hatte Leopold Figl in NS-Haft zugebracht, davon fünf Jahre und drei Monate in den Konzentrationslagern Dachau, Flossenbürg und Mauthausen. Wie mochte sich Figl, der seinerzeit als KZ-Häftling auf dem Appellplatz von Dachau die Radioübertragung der Unterzeichnung des Hitler-Stalin-Pakts durch Ribbentrop und Molotow mithören musste, gegenüber dem Außenminister Molotow gefühlt haben, wenn dieser die Mitschuld Österreichs reklamierte?

Die „Opferthese" hatte politisch zweifellos ihre Funktion erfüllt. Österreich war damit nicht nur von den Identitätsproblemen der Zwischen-

Das 20. Jahrhundert / Fünf Jahre der Hoffnung

kriegszeit und des Anschlusses entlastet, sondern auch aus der Kriegsschulddiskussion herausgenommen. Allerdings hat sie viele ungelöste Probleme hinterlassen, nicht nur dazu verleitet, in den Rückstellungs- und Entschädigungsleistungen an Opfer des Nationalsozialismus sich zu sehr auf Deutschland zu verlassen und die eigenen Anstrengungen zurückzunehmen, sondern auch die Aufarbeitung der eigenen Vergangenheit zu vernachlässigen.

Dass Max Weiler 1947 auf den Fresken der Theresienkirche in der Innsbrucker Hungerburg die Mörder Christi am Kreuze in österreichische Trachten gekleidet hatte, wurde zum Kunstskandal. Der Sekretär des Tiroler Bauernbundes, Anton Brugger, verteidigte Weiler: „Auch in unseren Reihen werden die Rollen der Christusmörder gespielt." Die kurz vorangegangene Zeit des Nationalsozialismus könne als Beispiel dienen.

Als am 27. April 1945 die Proklamation der Unabhängigkeit Österreichs erfolgte, war der Krieg noch nicht zu Ende. In Westösterreich wurde noch bis in die ersten Maitage hinein gekämpft. Erst am 8. Mai erfolgte die bedingungslose Kapitulation des Deutschen Reiches. Die Alliierten einigten sich erst im Lauf des Frühjahrs 1945 über die genaue Aufteilung der vier Besatzungszonen in Österreich: Die Russen zogen sich im Juli aus der bereits besetzten Steiermark zurück und erhielten dafür neben Niederösterreich und dem Burgenland auch das vorerst amerikanisch besetzte Mühlviertel und damit die Kontrolle über den gesamten Grenzverlauf zur Tschechoslowakei und zu Ungarn. Oberösterreich südlich der Donau und Salzburg wurden amerikanische, die Steiermark, Kärnten und Osttirol britische und Tirol und Vorarlberg französische Zone. Die Bundeshauptstadt wurde wie Berlin in vier Zonen geteilt und der erste Bezirk gemeinsam verwaltet.

OBEN: *Karl Renner (links) und Theodor Körner, die Gründerväter der Zweiten Republik, auf dem Weg vom Wiener Rathaus zum Parlament, vor dem die „Wiederherstellung der Republik Österreich" proklamiert wird, 27. April 1945. An diesem Tag wird auch die „provisorische österreichische Staatsregierung" von der Sowjetunion anerkannt. Am 28. April 1945 veröffentlichen zudem die politischen Parteien ihre Erklärung über die Selbstständigkeit Österreichs.*

RECHTS: *Eine hermetische Grenze mitten durch das besetzte Land: der Kontrollpunkt der Sowjets auf der Ennsbrücke.*

Das 20. Jahrhundert / Fünf Jahre der Hoffnung

Löste einen Kunstskandal aus: das Fresko „Lanzenstich" von Max Weiler an der Ostwand der Theresienkirche in der Innsbrucker Hungerburg, 1947. © VBK, Wien, 2003.

Zuerst waren die vier Besatzungszonen nahezu hermetisch voneinander abgeschlossen. Die „Vier im Jeep" sind eine sehr selektive Wahrnehmung der österreichischen Besatzungswirklichkeit, die nur für das Wiener Zentrum zutrifft. Das Kabinett Renner, dessen Einfluss zuerst faktisch auf die russische Besatzungszone begrenzt war, regierte mit Dekreten. Erst in den drei Länderkonferenzen, die im September und Oktober 1945 im Niederösterreichischen Landhaus in Wien tagten, wurde der Weg zu einer gesamtösterreichischen Verwaltung und zu gesamtösterreichischen Wahlen geebnet. Am 20. Oktober wurde die provisorische Regierung von allen vier Besatzungsmächten akzeptiert.

Noch vor Ende der Kampfhandlungen hatten sich die politischen Parteien wieder zu formieren begonnen. Mit den sowjetischen Truppen kamen die aus dem Moskauer Exil zurückkehrenden kommunistischen Kader, die allerdings durch die stalinistischen Säuberungen dezimiert und auf „Linie" gebracht waren, und formierten die KPÖ.

Die Sozialistische Partei wurde am 14. April 1945 im Roten Salon des Wiener Rathauses neu gegründet. Mit der Vorkriegspartei hatte sie im Programm wenig gemein. Der Parteiname war, schon wegen des fatalen Anklangs, von SDAP (Sozialdemokratische Arbeiterpartei) auf SPÖ geändert worden. In Klammer wurden die Worte „Sozialdemokraten und Revolutionäre Sozialisten" hinzugefügt, um den linken Flügel nicht der KPÖ zu überlassen. Der Zusatz wurde bald vergessen. Durchgesetzt hatte sich in der Partei der gemäßigte Flügel um Karl Renner, Adolf Schärf und Oskar Helmer, im Gewerkschaftsbund jener um Johann Böhm und Franz Olah.

Wenige Tage nach den Sozialisten, am 17. April, konstituierte sich auch die ÖVP. Sie wurde als bündische Partei begründet, wie sie schon zwischen den beiden Kriegen de facto bestanden hatte, und konnte eng an ständestaatliche Strukturen anknüpfen. Es herrschte die Tendenz, die Parteigründung bzw. die ihrer Bünde möglichst weit nach vorne zu verlegen. Leopold Figl datierte die Gründung des Bauernbundes auf den 4. Mai 1944, bei Josef Reither im Weinkeller in Judenau. Derartige Vorgespräche mag es gegeben haben. Maßgebliche Akte aber wird man kaum vor den offiziellen Zusammenkünften im April 1945 ansetzen dürfen.

Eine Partei rechts der ÖVP gab es 1945 nicht. Die NSDAP-Mitglieder waren vom Wahlrecht ausgeschlossen. Die Großdeutschen waren schon vor 1933 praktisch ganz in der NSDAP aufgegangen. Der Landbund hatte sich 1933/34 gespalten. Ein größerer Teil war zu den Nationalsozialisten gewandert, ein Teil hatte mit dem autoritären Ständestaat kooperiert. Der Kärntner Vinzenz Schumy, Obmann des Landbundes von 1924 bis 1931, hatte als Präsident der Landwirtschaftskammer von Kärnten mit dem Ständestaat zusammengearbeitet. 1945 wurde er, neben Präsident Josef Reither, als Vizepräsident des Bauernbundes gewonnen. Über seine Person gelang es, große Teile des ehemaligen Landbundes zur ÖVP herüberzuziehen. Die seit Jahrzehnten ersehnte Bauerneinheit wurde damit zur Realität. Der gefürchteten marxistischen „Einheitsfront" der Kommunisten und Sozialisten – 1945 eine durchaus reale Möglichkeit – sollte ein geschlossener Bürger- und Bauernblock entgegengestellt werden. (Hanisch).

Einer Volksfront oder Zusammenarbeit mit der KP erteilten Renner, Schärf und Helmer nach heftigen innerparteilichen Auseinandersetzungen mit dem linken Parteiflügel um Erwin Scharf aber eine eindeutige Absage. Die Wahlen am 25. November 1945, die von den Frauen entschieden wurden

Für viele Österreicher war es tatsächlich eine Stunde null: zerstörte Wohnhäuser in Gumpoldskirchen, Mai 1945.

Wiederaufbau in Wien: der ausgebrannte Stephansdom (links). Im September 1946 konnte bereits das Notdach fertig gestellt werden (rechts).

(wahlberechtigt waren 2,2 Millionen Frauen und nur 1,2 Millionen Männer — es fehlten nicht nur die Gefallenen und die Gefangenen, sondern auch die vom Wahlrecht ausgeschlossenen, zu zwei Drittel männlichen ehemaligen NSDAP-Mitglieder), endeten mit einer Sensation: Die kommunistische Partei blieb mit 5 Prozent der Stimmen praktisch bedeutungslos. Die unerwartete Niederlage wirkte auf die Sowjetunion äußerst ernüchternd. Dass in der Tschechoslowakei die Kommunisten 38 Prozent, in Frankreich 26 Prozent, in Italien 19 Prozent und in Norwegen 11 Prozent erreicht hatten, in Österreich hingegen nur magere 5 Prozent, war die wahre Bedeutung der historischen Wahl vom 25. November 1945 (Ernst Hanisch).

Die ÖVP errang mit 85 von 165 Mandaten die absolute Mehrheit, bildete aber eine Dreiparteienregierung. Leopold Figl wurde am 20. Dezember zum Bundeskanzler ernannt. Karl Renner wurde von der Bundesversammlung zum Bundespräsidenten gewählt. Im neuen Parlament waren mehr als 60 Prozent der Mandatare durch das Schicksal von Konzentrationslagererfahrungen geprägt. Das Wort von der „einigenden Kraft der Lagerstraße", die die ehemaligen Bürgerkriegsgegner in Koalitionspartner verwandelt hatte, fand hier seinen Ursprung.

Der Wiederaufbau der Staatsoper konnte 1955 abgeschlossen werden. Als Ausweichbühne diente das Theater an der Wien. Die festliche Wiedereröffnung des Hauses fand am 5. November 1955 mit Beethovens „Fidelio", geleitet von Karl Böhm, statt.

Figls Regierungserklärung am 21. Dezember 1945 endete mit den Worten: „... und nun wollen wir an die Arbeit gehen!" Der Wirtschaftsinfarkt fiel 1945 ähnlich dramatisch aus wie nach dem Ersten Weltkrieg, der politische war noch größer. Es gab aber einen signifikanten Unterschied. Auch wenn die Zahl derjenigen, die der verlorenen Macht nachweinten, sicher nicht klein war, gelang es erfolgreicher als nach dem Ersten Weltkrieg, einen Optimismus des Wiederaufbaus und einen Glauben an das neue Österreich zu etablieren.

Von Leopold Figl sind zwei große Sätze in Erinnerung geblieben: „Glaubt an dieses Österreich!" zu Weihnachten 1945 und „Österreich ist frei!" am 15. Mai 1955. Ende 1945 erschien die Lage aussichtslos. In seiner berühmten, allerdings erst sehr viel später nachgestellten Rede zur ersten Nachkriegsweihnacht sagte Figl als erster frei gewählter Bundeskanzler der neuen Republik: „Ich kann euch zu Weihnachten nichts geben. Ich kann euch für den Christbaum, wenn ihr überhaupt einen habt, keine Kerzen geben. Ich kann euch keine Gaben für Weihnachten geben, kein Stück Brot, keine Kohle zum Heizen, kein Glas zum Einschneiden. Wir haben nichts. Ich kann euch nur bitten: Glaubt an dieses Österreich!"

Leopold Figl (1902–1965) war 1945 zweifellos der Mann der Stunde. Der Agraringenieur aus Rust im Tullnerfeld, der vor der nationalsozialistischen Herrschaft als Direktor des Niederösterreichischen Bauernbundes und des Reichsbauernbundes tätig gewesen war und die Jahre 1938 bis 1943 in den Konzentrationslagern Dachau und Flossenburg, dann kurz mehr oder weniger in Freiheit und 1944/45 im KZ Mauthausen und als zum Tode Verurteilter im Wiener Landesgericht verbracht hatte, vereinigte wie wenige Nachkriegspolitiker Glaubwürdigkeit und Volkstümlichkeit. Nacheinander füllte er vier der bedeutendsten Ämter aus, die die Zweite Republik zu vergeben hatte: Von 1945 bis 1953 war er Bundeskanzler, von 1953 bis 1959 Außenminister, dann 1959 bis 1962 erster Präsident des Nationalrats und 1962 bis zu seinem Tod 1965 Landeshauptmann von Niederösterreich.

Er war ein Brückenbauer über alle Lager, der für die staatliche Einheit, die Unabhängigkeit, den Wiederaufbau und den Nachkriegskonsens unerhört viel geleistet hat. Er beeindruckte durch seine Geradlinigkeit, und er setzte gekonnt seine Bauernschläue ein. Ebenso trinkfest wie prinzipienfest, war er der richtige Mann, um mit den Besatzungsmächten und Militärbefehlshabern zurechtzukommen, Vertrauen für das neue Österreich zu erwecken und Freundschaften zu gewinnen.

Zu tun gab es wahrlich viel: Die nationalsozialistische Herrschaft, der Krieg und das Kriegsende hatten die größte Wanderungs- und Fluchtwelle ausgelöst, die Österreich je erlebt hatte: 1,2 Millionen deutsche Soldaten hatten in Österreich kapituliert, mehr als 1 Million alliierte Soldaten rückten ins Land ein. Dazu kamen rund eine halbe Million Angehörige von mit dem Deutschen Reich verbündeten Fremdarmeen aus Ungarn, Kroatien und der Ukraine (Kosaken), die von den Alliierten an ihre Heimatländer ausgeliefert wurden, und etwa 400.000 volksdeutsche Flüchtlinge und Vertriebene, für die eine vorläufige Bleibe gefunden werden musste. 200.000 Reichsdeutsche, die als Beamte, Parteifunktionäre, Arbeiter oder Evakuierte nach Österreich gekommen waren, und etwa 590.000 ausländische Zivil- und Zwangsarbeiter, befreite KZ-Häftlinge, Juden und ehemalige Kriegsgefangene, die unter dem Begriff DPs *(displaced persons)* zusammengefasst wurden, mussten heimgebracht werden. Die Repatriierung der Verschleppten und Evakuierten zog sich über das ganze Jahr 1945 hin. Von den über 488.000 in Kriegsgefangenschaft geratenen österreichischen Wehrmachtsangehörigen befanden sich Ende 1945 immer noch 200.000 außer Landes, vornehmlich in der Sowjetunion. Noch länger dauerte die Bewältigung der Flüchtlingsprobleme. Insgesamt dürften in der Vertreibung aus Ost- und Ostmitteleuropa über 550.000 Volks- und Sudetendeutsche nach Österreich gelangt sein, von denen sich etwa 320.000 auch hier ansiedelten. Mehr als 200.000 jüdische Flüchtlinge aus Osteuropa wurden durch Österreich geschleust und warteten teils jahrelang auf die Auswanderung nach Israel.

Die Zerstörungen waren gewaltig. Von den baulichen Kriegsschäden entfiel mehr als die Hälfte auf Wien. Etwa ein Zehntel aller Wohnungen Österreichs war ganz oder teilweise zerstört. Ein Drittel aller Eisenbahnstrecken war unbenützbar, das Transportwesen war weitgehend zusammengebrochen. Weder Post noch Telefon funktionierten. Vor allem fehlte es an Kohle, an Nahrungsmitteln und wichtigen Rohstoffen. Aber auch die Demontagen wirkten sich verheerend aus. Das geringe Niveau der Nachkriegsproduktion erklärt sich aus dem Mangel an Energie, Rohstoffen, geeigneten Arbeitskräften, Transportmöglichkeiten und Nahrungsmitteln. Dazu kamen die hohen Besatzungskosten, die am Anfang ein Drittel der gesamten Staatsausgaben ausmachten.

Überfälle, Einbrüche, Diebstähle, Vergewaltigungen, Denunziationen, Selbstjustiz und Racheakte waren an der Tagesordnung: Gewalt war zum Alltag geworden. Gestohlen wurde alles, die Kartoffeln auf den Feldern, das Holz in den Wäldern, die Kupferdrähte von den Telefonleitungen und selbst die gusseisernen Grabkreuze auf den Friedhöfen. Plündern, Organisieren, Sammeln und Tauschen bedeuteten einen Rückfall in archaische Wirtschaftsformen. Hamsterfahrten, Schmuggeltouren und Schleichhandelsgeschäfte konnten über Engpässe hinweghelfen, aber auch reich machen. Der Schwarzmarkt boomte. Man kannte die „Bauernvaluta", den Speck, und die „Edelvaluta", die Zigaretten. Die Geldwirtschaft war vorübergehend funktionsunfähig geworden.

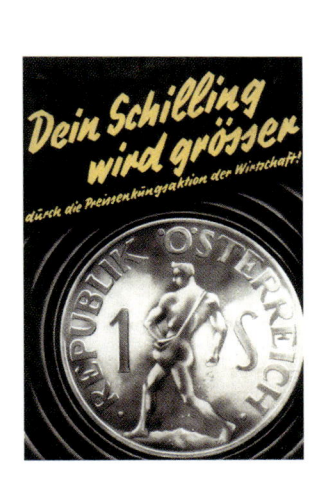

Dein Schilling wird größer. Die aus Aluminium geprägten 1-Schilling-Münzen, die von 1947 bis 1961 in Umlauf waren, zeigten nach einem Entwurf Michael Powolnys einen Sämann, der sich wie der Teufel aus Albin Egger-Lienz bekanntem Gemälde „Sämann und Teufel" (1908/09) ausnahm: Ein subtiler Hinweis auf die Schwierigkeiten des Anfangs und die Widersprüchlichkeiten des österreichischen Umgangs mit dem Erbe der NS-Zeit? Plakat von Franz Adametz, 1951. Wiener Stadt- und Landesbibliothek.

Zu Beginn der Zweiten Republik wurden auch noch 2-Schilling-Münzen ausgegeben.

LINKS: *Von den Besatzungsmächten ausgegebene „alliierte Militärschillinge" trugen maßgeblich zum „Währungschaos" der unmittelbaren Nachkriegszeit bei.*

UNTEN: *Zahlungsmittel nach dem Scheidemünzengesetz vom 25. Juli 1946: 1-, 2-, 5-, 10- und 50-Groschen-Münzen.*

20-Groschen-Münze, geprägt im Jahre 1950.

Das Zurechtkommen mit dem Mangel verlangte und verführte zu einem Gutteil Korruption. Man wäre ja sonst verhungert. Dass die Verfolgung der Schattenökonomie wegen der Massenhaftigkeit der Tatbestände ihren Schrecken verlor und die eigentlichen Machthaber, die Besatzungsmächte, tief in sie verwickelt waren, trug wesentlich zur Blüte der Illegalität bei. Die Versorgung mit Zigaretten, vornehmlich ausländischen, wie Lucky Strike, Marlboro, Camel, der Goldwährung des schwarzen Marktes, war ganz vom Nachschub der Besatzer abhängig. Alkohol, Schokolade, Coca Cola, Penicillin oder Nylonstrümpfe öffneten viele Zugänge.

Die westlichen Besatzer zahlten mit selbst gedruckten Militärschillingen. Daneben kursierte immer noch die Reichsmark. Der österreichische Schilling wurde ab 30. November 1945 wieder zum Zahlungsmittel. Umgetauscht wurde zwar 1 : 1, aber in zwei Währungsreformen 1945 und 1947 wurde der Geldüberhang abgeschöpft. Im Unterschied zur Währungspolitik nach dem Ersten Weltkrieg wollte man die öffentliche Zahlungsunfähigkeit nicht durch eine völlige Geldentwertung, sondern durch eine Sperre und Streichung aller Guthaben von mehr als 250 Reichsmark/Schilling pro Person bekämpfen. Sparbücher, Anleihen und sonstige Guthaben waren wieder weitgehend verloren. Dennoch war eine galoppierende Inflation nicht zu verhindern. Manche nahmen es humorvoll: „Iss und trink, solang's Dir schmeckt, / schon zweimal ist uns's Geld verreckt!"

1-Schillingmünze aus dem Jahre 1946: der säende Bauer als Symbol für Wiederaufbau und Wachstum.

Im April 1945 brach die Versorgung völlig zusammen. Eine Schnitte Brot war ein nobles Geschenk. Man musste nehmen, was zu bekommen war, die russischen Erbsen, voller Maden und Ungeziefer, und die amerikanischen Silverhake-Fischkonserven, die dem österreichischen Geschmack so völlig widersprachen. Aber wer konnte sich leisten, wählerisch zu sein? Glücksfälle waren die in einzelnen Fabriken noch vorhandenen Vorräte, die nicht mehr weitertransportierten Militärrationen, die vielen notgeschlachteten Pferde der Flüchtlinge und Soldaten. Mangel bestand an Brotgetreide, Obst und Gemüse. Weggeworfen wurde in dieser Zeit rein gar nichts, keine Kleidung, kein Papier und schon gar keine Lebensmittel. Die Abfallkübel waren leer, und wäre etwas hineingeworfen worden, wäre es schon nach kurzer Zeit von anderen herausgeholt worden. Alles wurde verwertet, verschimmeltes Brot und Apfelschalen (luftgetrocknet als Tee), Abfälle von Wurzelgemüse und Krautstrünke.

Österreich hungerte und viele wären ohne fremde Hilfe verhungert. Private und öffentliche Hilfsaktionen aus den USA, Kanada, England, Schweden, Dänemark, Irland, Portugal und der Schweiz trugen zur Überwindung der Not bei. Im August 1945 hatte der Rat der UNRRA (*United Nations Relief and Rehabilitation Administration*) einstimmig beschlossen, die Hilfsmaßnahmen auf Österreich auszudehnen, doch liefen diese ebenso wie die CARE-Paketaktion (*Cooperative for American Remittances for Europe*) erst im März 1946 an. 1946 stammten die über Lebensmittelmarken an die nichtagrarische Bevölkerung verteilten Nahrungsmittel zu 39 Prozent aus der österreichischen Landwirtschaft, zu 60 Prozent aus UNRRA-Lieferungen und zu 1 Prozent aus kommerziellen Importen.

Bitter notwendige Hilfe ist eingetroffen: Waggons mit C.A.R.E.-Paketen aus den USA werden entladen.

Knapp eine Milliarde Dollar flossen im Rahmen des Marshall-Plans nach Österreich: Werbeplakat aus dem Jahre 1948.

Der Beitritt zum Marshallplan sicherte die Westausrichtung der österreichischen Wirtschaft und Politik. Werbeplakat, 1948.

Österreich hat in den ersten zehn Nachkriegsjahren Auslandshilfe in der Höhe von 1.585 Millionen Dollar (= 41 Milliarden Schilling auf Wertbasis 1955) erhalten. 87 Prozent davon leisteten die USA. Im Vergleich zur Genfer Anleihe 1922/23 war dies die sechsfache Summe, noch dazu nicht als Kredit, sondern zum überwiegenden Teil als Geschenk. Während die vor 1948 gewährte Auslandshilfe hauptsächlich als karitative Unterstützung konzipiert war, war das am 5. Juni 1947 vom amerikanischen Außenminister George Marshall bei einer Rede an der Harvard-Universität angekündigte Hilfsprogramm für Europa zur Rekonstruktion der Wirtschaft gedacht.

Österreich konnte, trotz teilweiser sowjetischer Besatzung, am 1. Juli 1948 dem Marshallplan (*European Recovery Program* – ERP) beitreten. Es flossen ihm im Rahmen dieses Programms knapp eine Milliarde Dollar zu. Pro Kopf und bezogen auf das Bruttoinlandsprodukt lag das im Spitzenfeld aller Marshallplanländer. Zudem erhielt Österreich im Unterschied zu anderen Ländern diese Mittel nicht als Kredit sondern als Geschenk. Es war das Verdienst der Regierung Figl, trotz heftiger Polemik der KPÖ und anhaltenden Widerstands der sowjetischen Besatzungsmacht im Sommer 1947 die Teilnahme an der Pariser Konferenz und am Marshallplan und damit den Beitritt zur OEEC und die Westausrichtung der österreichischen Wirtschaft und Politik durchgesetzt und gesichert zu haben.

Die Hilfsgüter wurden von der Regierung an die betreffenden Unternehmen weitergeleitet, die den Gegenwert der Waren in Schilling auf so genannte Gegenwert-Konten einzahlten. Diese Counterpart- oder ERP-Mittel konnten zu einem sehr niedrigen Zinssatz zur Finanzierung weiterer Investitionen abgerufen werden. Die Aufteilung der Mittel auf die einzelnen Besatzungszonen entsprach dem strategischen Ziel, die Westzonen wirtschaftlich aufzuwerten und die Abhängigkeit von der Ostzone zu verringern. Nur etwa 5 Prozent der Mittel gingen in die russische Zone.

Eine zentrale Herausforderung der Regierung war die Entnazifizierung und Rückgabe der während des Nationalsozialismus geraubten Vermögen. Bis zum Herbst 1946 waren etwa 50.000 schwer belastete ehemalige Nationalsozialisten verhaftet worden. Von den etwa 537.000 nach dem NSDAP-Verbotsgesetz registrierten Personen galten 1947 etwa 42.000 als schwer, der Rest als minder belastet. Insgesamt wurden im Zuge der Entnazifizierung bis 1947 etwa 7,5 Prozent der Berufstätigen entlassen oder mit Berufsverbot belegt, neben den etwa 100.000 aus dem öffentlichen Dienst ausgeschiedenen Personen etwa 70.000 aus der Privatwirtschaft, davon 27.000 Unternehmer, 2.000 in freien Berufen beschäftigte Personen und 5.000 leitende Angestellte. Dass nach 1949 relativ rasch eine Amnestie herbeigeführt wurde, gab Sinn, wurde doch damit eine neuerliche Spaltung und Lagerbildung in Österreich vermieden.

Eine gemeinsame nationale Anstrengung, dokumentiert auf Postwertzeichen: Briefmarken aus dem ersten „Wiederaufbausatz", 1948.

In der Diskussion um die Aufarbeitung der NS-Vergangenheit in Österreich wird meist mit Begriffen wie „Verdrängen" oder „Vergessen" argumentiert. Übersehen wird vielfach, dass zu Beginn der Zweiten Republik österreichische Gerichte eine im internationalen Vergleich beachtliche Leistung zur Ausforschung und Aburteilung von NS-Tätern vollbracht haben. Erinnert werden meist nur die Freisprüche in den 60er-Jahren und das völlige Ende der Verfolgung von NS-Verbrechen in den 70er-Jahren. Zwischen 1945 und 1955 waren eigene Schöffengerichte (die so genannten „Volksgerichte"), bestehend aus aus drei LaienrichterInnen (SchöffInnen) und zwei Berufsrichtern, zur Ahndung von NS-Verbrechen eingerichtet.

Es wurden zwischen 1945 und 1955 in 136.829 Fällen gerichtliche Voruntersuchungen wegen des Verdachts nationalsozialistischer Verbrechen oder „Illegalität" (Mitgliedschaft bei der NSDAP zur Zeit ihres Verbots 1933–1938) eingeleitet. 23.477 Urteile wurden gefällt, davon 13.607 Schuldsprüche, das waren etwa 95 Prozent aller in Österreich gerichtsanhängig gemachten Ermittlungen wegen NS-Verbrechen und 99,8 Prozent aller Urteile. Diese Zahlen beziehen sich auf vermutlich rund 90.000 Verfahren gegen mehr als 100.000 Personen. Die Anzahl der wegen nationalsozialistischer Gewaltverbrechen verurteilten Personen liegt vermutlich bei rund 2.000 Personen, von denen 341 zu Strafen im oberen Bereich verurteilt wurden: 43 Angeklagte wurden zum Tode, 29 Angeklagte zu lebenslänglichem Kerker und 269 Angeklagte zu Kerkerstrafen zwischen zehn und zwanzig Jahren verurteilt, 30 Todesurteile wurden vollstreckt, 2 Verurteilte begingen vor der Vollstreckung Selbstmord.

Dazu kamen die von den Alliierten direkt durchgeführten Verfahren, der Nürnberger Prozess, der Mauthausen-Prozess und viele weitere Verfahren, die mit zahlreichen Todesurteilen und Haftstrafen endeten.

Man weiß über die nach der Abschaffung der so genannten Volksgerichte ergangenen Gerichtsentscheidungen (nämlich 38 Urteile der Geschworenengerichte 1956–1975 und sieben in den 70er-Jahren erfolgte Verfahrenseinstellungen) sehr viel besser Bescheid, nicht nur weil die Erinnerung

Nationalratswahl 1949: Die ÖVP wirbt mit „Gleichberechtigung" für ehemalige NSDAP-Angehörige.

noch näher ist, sondern weil neben summarischen Statistiken auch kurze Beschreibungen publiziert sind. Für die Volksgerichtsbarkeit der Jahre 1945–1955 beschränkt sich die Publikation bislang auf die Beschreibung jener 64 Prozesse, in denen mindestens ein Angeklagter zum Tode oder zu lebenslänglichem Kerker verurteilt wurde. Eine Einschätzung von Gegenstand und Ausgang der Volksgerichtsverfahren ist auf dieser Basis nicht möglich, da damit nicht einmal 0,1 Prozent aller Verfahren vor den vier österreichischen Volksgerichten erfasst wurden.

Ähnlich wie hinsichtlich der Entnazifizierung ist auch hinsichtlich der Rückstellung geraubter Vermögen die Beurteilung sehr ambivalent. Österreich hat einerseits beträchtliche Anstrengungen unternommen, die teilweise in Vergessenheit geraten sind, andererseits sind nicht unbeträchtliche Lücken und Defizite bestehen geblieben. Der Schlussbericht der Österreichischen Historikerkommission fasst die wesentlichen Punkte zusammen. Grundsätzlich entschied sich Österreich im Frühjahr 1946 für das Prinzip der Naturalrestitution. Die Rückstellung entzogenen Eigentums konnte nur jene Opfer nationalsozialistischer Verfolgung bzw. deren Erben erreichen, die überlebt hatten, ein Umstand, der angesichts der nationalsozialistischen Genozidpolitik gegenüber Juden, Sinti und Roma immer wieder betont werden muss. Sie konnte ganz allgemein nur bei jenen NS-Opfern greifen, die 1938 über Vermögen verfügt hatten, das auch nach 1945 noch vorhanden, auffindbar und rückforderbar war. Österreich weigerte sich zunächst, Entschädigungs- oder Schadenersatzzahlungen für nicht mehr vorhandene Vermögen zu leisten. Erst auf Grund des Staatsvertrags musste dieses Prinzip später durchbrochen werden. In sieben Rückstellungsgesetzen, dem Opferfürsorgegesetz und zahlreichen weiteren gesetzlichen Regelungen wurde versucht, zumindest einen Teil der Vermögensverluste und des Unrechts gutzumachen. Kein Rückstellungsgesetz wurde für entzogene Bestandrechte, also etwa gemietete Wohnungen oder Geschäftslokale, erlassen. Erst durch die Nationalfondsgesetznovelle 2001 wurden die Bestandrechte pauschal abgegolten. Ebenso kein Rückstellungsgesetz — wiewohl im 3. Rückstellungsgesetz angekündigt — gab es für Urheber- und Verwertungsrechte sowie für Konzessionen. Für jene Vermögenswerte, die nicht zurückgefordert werden konnten bzw. wurden oder die erbenlos geblieben waren, wurden 1957 — aber erst in Erfüllung der Verpflichtung aus Art. 26 Abs. 2 des Staatsvertrages — die Sammelstellen eingerichtet. Ihre Aufgabe bestand darin, die Rückstellungsansprüche bezüglich derartiger Vermögen geltend zu machen, die rückgeforderten Vermögen zu verwerten und den Erlös schließlich an Opfer des Nationalsozialismus in Österreich zu verteilen.

Für Klein- und Kleinstgewerbetreibende oder vermögenslose unselbstständig Beschäftigte blieben die Beraubungen und Verluste durch das NS-Regime im Großen und Ganzen auch nach 1945 bestehen. Insbesondere der Mehrzahl der Jüdinnen und Juden, die nicht mehr nach Österreich zurückkehrte, wurden österreichische sozialrechtliche Leistungen, die diese Verluste hätten mildern können, lange Zeit (Sozialversicherungsrecht) bzw. bis zum Ende des Jahrhunderts (Opferfürsorgegesetz) vorenthalten.

Der Verlust des Berufes und des Eigentums führte nicht nur zu materiellen, sondern auch zu weit reichenden ideellen Schäden wie dem Verlust der sozialen Identität und Position sowie der gesellschaftlichen Verankerung in einem vertrauten Umfeld. Diese traumatischen Einschnitte in der Biographie konnten durch die Restitution der materiellen Verluste nicht aufgehoben werden. Daher muss jede Rückstellung und Entschädigung in letzter Konsequenz zu kurz greifen und Kleinlichkeit die Überlebenden doppelt hart treffen.

Die Entwicklung des Staatsbürgerschaftsrechts — ein Bereich, in dem wirtschaftliche Erwägungen nicht die Hauptrolle spielen sollten — zeigt exemplarisch auf, wie zögerlich sich die Republik Österreich der ehemaligen Österreicher und Österreicherinnen annahm. Zwar wurde 1945 wieder Staatsbürger, wer es am 13. März 1938 gewesen war und keine fremde Staatsangehörigkeit angenommen hatte. Diese — auf den ersten Blick angemessen erscheinende — Regelung verschloss sich aber in anstößiger Weise den realen Opferschicksalen: All jenen Ausgebürgerten, die zwischen 1938 und 1945 eine fremde Staatsbürgerschaft angenommen hatten, verwehrte sie nämlich den Wiedererwerb der österreichischen Staatsbürgerschaft. Erst 1993 erreichte man eine befriedigende Lösung; zum Abschluss kam die Rechtsentwicklung erst 1998.

1946

1946/47

Noch betont „österreichisch": Damen- und Herrenmode aus den Jahren 1946/47.

Weder lässt sich beziffern, wie viel Vermögen insgesamt entzogen wurde, noch ist es möglich, der Summe von Rückstellungen und Entschädigungen einen auch nur halbwegs präzisen Geldwert zuzuordnen, ganz abgesehen davon, dass eine monetäre Bewertung des Leides und der Verfolgung ohnehin nicht möglich ist. Eine vergleichende Rückstellungsforschung, die auch Vergleiche mit anderen Ländern als mit der BRD einbeziehen würde, wurde bislang nicht gemacht.

Die Frage des von den Alliierten auf der Potsdamer Konferenz 1945 beschlagnahmten deutschen Eigentums und der künftigen Eigentumsordnung in der österreichischen Wirtschaft war vorerst offen. Das Erste Verstaatlichungsgesetz vom 26. Juli 1946 erfasste etwa ein Fünftel der österreichischen Industrie, das Zweite vom 26. März 1947 alle Elektrizitätsversorgungsunternehmen, die eine bestimmte Größe überstiegen. Ende der 50er-Jahre, am Höhepunkt ihres Einflusses, beschäftigte die Verstaatlichte Industrie (einschließlich Bergbau) etwa 130.000 Personen und lieferte rund 30 Prozent der österreichischen Exporte.

Die Sowjetunion beschlagnahmte im Juni 1946 alle deutschen Vermögenswerte in ihrer Besatzungszone, insgesamt mehr als 300 Industrie- und Bergbaubetriebe, rund 140 land- und forstwirtschaftliche Besitzungen mit über 160.000 Hektar Kulturfläche, die Mineralölverwaltung und die DDSG und schloss sie zu zwei sowjetisch verwalteten, außerhalb der österreichischen Steuergesetzgebung stehenden Konzernen zusammen: der USIA (*Uprawlenje Sowjetskim Imuschestwom w Awstrii* = Verwaltung des sowjetischen Vermögens in Österreich) und der SMV (Sowjetische Mineralölverwaltung), die in ihren besten Zeiten zusammen rund 55.000 Beschäftigte zählten und rund 5 Prozent des österreichischen Bruttoinlandsprodukts produzierten.

Das politische System der Zweiten Republik unterschied sich in einigen Punkten markant vom politischen System der Ersten Republik. Genannt seien: das Konsensverhalten der politischen Eliten in der großen Koalition, der Aufbau der Sozialpartnerschaft (informell beginnend mit den fünf Lohn- und Preisabkommen zwischen 1947 und 1951), ein dichtes Proporznetz, die Verstaatlichung, die Produktivitätskampagnen: Zuerst muss investiert und produziert werden, bevor verteilt werden kann.

Die Politik Figls, von Josef Klaus später verständnisvoll distanziert als „Politik durch und mit dem Weinglas" skizziert, ist oft als zu sehr die Probleme zudeckend und unter die Decke kehrend kritisiert worden. Das „in die Länge Ziehen" (Oskar Helmer) als Lösung, die in der Koalitionsregierung zum Stil wurde, ist im Zusammenhang mit Rückgaben und Entschädigungen an die jüdische Bevölkerung zu Recht kritisiert worden.

Die 1947 immer deutlicher werdende kommunistische Machtergreifung und Gleichschaltung in den ostmitteleuropäischen Satellitenstaaten

1949

In der Damenmode dominierte wieder französischer Schick: Kreationen aus dem Jahre 1949.

Das 20. Jahrhundert / Fünf Jahre der Hoffnung

Die „Wahlpartei der Unabhängigen" kandidierte erstmals 1949. Mit den Schlagworten „Recht, Sauberkeit und Leistung" versuchte man vor allem im bürgerlich-rechten Lager zu punkten.

Der Spitzenkandidat der ÖVP im Wahlkampf für die Nationalratswahl 1949: Leopold Figl. Die ÖVP erreichte 77 Mandate (SPÖ 67, WdU 16, Linksblock 5), und Figl wurde wieder Bundeskanzler. Plakat, 1949. Wiener Stadt- und Landesbibliothek.

der Sowjetunion bewirkte eine Änderung des innenpolitischen Klimas. Ein Treffen, das zwischen Bundeskanzler Figl und dem Spitzenfunktionär der KPÖ, Ernst Fischer, am 5. Juni 1947, am gleichen Tag wie die Marshallplan-Rede, stattfand und als „Figl-Fischerei" in die Geschichte einging und das von Seiten der KPÖ wenn schon nicht eine ÖVP-KPÖ-Koalition, so doch eine Aufweichung der antikommunistischen Linie der Regierung und die Auswechslung besonders antikommunistischer Minister wie Gruber zum Ziele hatte, diente wegen des innen- und außenpolitischen Getöses, das darüber gemacht wurde, einer Verstärkung der Westorientierung Österreichs: Es folgte die Erlassung der Besatzungskosten durch die USA, ein Hilfsabkommen durch den US-Kongress und schließlich am 8. Juli 1947 die Entscheidung für die Teilnahme am Marshallplan.

Bei den Wahlen im November 1945 waren alle ehemaligen Mitglieder von NSDAP, SS und SA vom Wahlrecht ausgeschlossen. Bei den nächsten Wahlen im Jahr 1949 konnte und wollte man diese Beschränkung nicht mehr aufrecht erhalten. Ab 1948 bemühte man sich um eine verstärkte Reintegration der ehemaligen Nationalsozialisten. Die Bestrebungen von Leopold Stocker und Karl Hartleb, unter dem Namen „Heimatbund" oder „Verfassungstreue Vereinigung" (VV) den Landbund neu zu begründen, scheiterten. Es konnte so zwar der Landbund, nicht aber eine vierte Partei verhindert werden. Die Wahlgemeinschaft/Verband der Unabhängigen (WdU/VdU) wurde am 26. März 1949 gegründet. Unterstützt wurde die Gründung einerseits von der SPÖ, die Interesse hatte, das bürgerliche Lager zu spalten, was angesichts von VdU-Erfolgen in Kernschichten der SPÖ, etwa in der VÖEST 1949 oder der FPÖ unter Jörg Haider in den 90er-Jahren, sehr zweischneidig ausgehen konnte, andererseits von einem diffusen Protestpotential und drittens von ehemaligen Nationalsozialisten, die nicht bei den beiden Großparteien unterkommen konnten oder wollten.

Für die Nationalratswahlen 1949 setzte ein Wettlauf um die Stimmen der ehemaligen Nationalsozialisten ein, die nun wieder wählen durften. Die Interessen der SPÖ, das bürgerlich-bäuerliche Lager zu spalten, setzten sich bei den Alliierten durch. Möglichen Verboten der neuen Partei hatte Innenminister Helmer mit der Hilfskonstruktion WdU (Wahlgemeinschaft der Unabhängigen) statt VdU einen Riegel vorgeschoben. Gleich nach der Parteigründung kam es zu Gesprächen mit der SPÖ, die Vizekanzler Schärf persönlich führte. Die Strategie der ÖVP, die Gründung zu verhindern, misslang. In geheimen Gesprächen, die im Mai 1949 von Julius Raab und anderen ÖVP-Vertretern in Alfred Maletas Schloss Oberweis, vom amerikanischen Geheimdienst aufmerksam registriert, mit Vertretern der ehemaligen Nationalsozialisten organisiert wurden, um Platz für einen nationalen Flügel in der Partei zu schaffen und die Gründung einer zweiten bürgerlichen Partei noch nach-

Der Höhepunkt der vor allem von kommunistischen Gewerkschaftern getragenen Streikbewegung gegen das 4. Lohn- und Preisabkommen: Stoßtrupps aus den USIA-Betrieben liefern der Polizei am 26. September 1950 mit Holzlatten und Steinen heftige Straßenschlachten. 23 Polizisten werden verletzt. Leopold Figl richtete am folgenden Tag einen Appell an die Bevölkerung: „Ich bitte alle, die Treue zu Österreich zu bewahren und stark zu bleiben, dann werden die radikalen Elemente keine Unsicherheit schaffen ..." Franz Olah, der Chef der Bauarbeitergewerkschaft, bewährte sich mit seinen Leuten, indem sie kommunistische Rollkommandos immer wieder zum Rückzug zwingen konnten. Erst am 5. Oktober brach der Streik zusammen.

träglich zu verhindern, konnte keine Einigung erzielt werden, nicht zuletzt wegen der überzogenen Forderungen des nationalen Lagers.

Die Rahmenbedingungen des innenpolitischen Handelns waren durch die Wahl 1949, die Wiederzulassung der ehemaligen nationalsozialistisch Belasteten zu Wahlen und das erstmalige Antreten des VdU sowie die Rekonstruktion des ehemaligen Dritten Lagers nicht wesentlich verändert. Die ÖVP verlor 8 Mandate, die SPÖ 9, der VdU erreichte 12 Prozent der Stimmen und 16 Mandate. Die große Koalition wurde zur bestimmenden Konstellation der nächsten eineinhalb Jahrzehnte.

Ein kommunistischer Putschversuch in Österreich erschien sowohl für die westlichen Alliierten als auch für die Österreicher in den späten 40er- und frühen 50er-Jahren als echte Gefahr. Die Möglichkeit einer Teilung des Landes ähnlich wie in Deutschland war nicht ganz von der Hand zu weisen, ebenso die einer Blockade Wiens. Der reale Hintergrund waren die Ereignisse in Osteuropa bis zur kommunistischen Machtübernahme in Prag im Februar 1948. Am 24. Juni 1948 begann die russische Blockade der Berliner Westsektoren. Das erschien für Wien als reale Bedrohung, war doch eine Luftbrücke ähnlich wie in Berlin für Wien viel schwerer zu realisieren, da es im Stadtgebiet keinen geeigneten Flugplatz dafür gab. Die westalliierten Flugplätze Tulln-Langenlebarn und Schwechat lagen weit außerhalb Wiens in der russischen Zone, so dass man intensiv nach Landemöglichkeiten auf Straßen und provisorischen Flugplätzen im Stadtgebiet Ausschau hielt.

Dass österreichische Gebietsansprüche an Deutschland, Ungarn oder Italien unrealistisch waren, stellte sich bald heraus. Umgekehrt gab es wegen der sowjetischen Unterstützung vorerst sehr ernst zu nehmende Ansprüche Jugoslawiens auf österreichisches Territorium. Außenpolitisch kam der Regierung zu Hilfe, dass durch den Bruch Titos mit Stalin dieser die sowjetische Unterstützung für jugoslawische Gebietsansprüche gegenüber Österreich verlor. Andererseits machten der Kalte Krieg und der damit unter den Alliierten ausbrechende Wettlauf um die Einbindung Italiens in das westliche Verteidigungssystem alle Bemühungen Österreichs um eine Rückgewinnung Südtirols zunichte. Es kam im 1946 unterzeichneten Gruber-De-Gasperi-Abkommen nur zu einer vorerst sehr halbherzig erfüllten Autonomiezusicherung für die deutschsprachigen Gebiete.

Die Verhandlungen um einen Staatsvertrag – ein Friedensschluss kam nicht in Frage, weil Österreich als Staat während der NS-Zeit gar nicht existent war – zogen sich immer mehr in die Länge. Im September/Oktober 1950 wurde das Land von einer Streikwelle erfasst. Auslöser war gewerkschaftliche Unzufriedenheit mit dem vierten Lohn-Preis-Abkommen. Die mit dem vor allem von kommunistischen Gewerkschaftern aus den USIA-Betrieben getragenen Generalstreik verbundene Gefahr eines kommunistischen Putschversuchs konnte durch entschlossene Gegenmaßnahmen vereitelt werden. Zur Volksfront bereite Gruppierungen um die Demokratische Union des christlichsozialen Links-Abweichlers Professor Josef Dobretsberger, um die Linkssozialisten des SPÖ-Dissidenten Erwin Scharf und um eine Nationale Liga ehemaliger Deutschnationaler hätte es schon gegeben.

Am 10. März 1950 feierte man im Wiener Apollo-Kino die Uraufführung des berühmtesten Nachkriegsfilmes in Österreich: *Der dritte Mann*. Als ein „Epos des Nachkriegs-Wien" wurde es in der Presse gerühmt. Graham Greene hatte das Drehbuch verfasst: Schwarzmärkte, Spionage, der wie die Stadt selbst in vier Zonen aufgeteilte Zentralfriedhof ... nur das riesige Kanalnetz unter der Stadt kannte keine Zonen und ermöglichte Bewegungsfreiheit. In der Rolle des Penicillinschleichhändlers Harry Lime brillierte Orson Welles, die Zithermusik des Anton Karas wurde weltberühmt.

Am 31. Dezember 1950 starb Bundespräsident Renner, der Mann der ersten Stunde. Schon am 31. August 1950 waren die Lebensmittelrationierungen abgeschafft worden. Die Versorgungslage war stabilisiert, die Bewirtschaftungsmaßnahmen konnten Zug um Zug abgeschafft werden, der Weg ins Wirtschaftswunder stand offen. Auf den Zeitpunkt allerdings, zu dem Österreich wieder frei, das heißt ohne Besatzung sein werde, wagte man kaum mehr zu hoffen. 1952 hatte die Bundesregierung einen Film lanciert, der Österreichs Anrecht und Erwartung auf ein Ende der Besatzung ausdrücken sollte. Der Titel war: *Erster April 2000*.

Das Plakat zu Carol Reeds Welterfolg, gedreht nach einer Vorlage von Graham Greene: „Der dritte Mann". Die Außenaufnahmen für den Filmklassiker fanden im Frühjahr 1948 in Wien statt, die Uraufführung erfolgte am 10. März 1950 im Wiener Apollo-Kino.

*) Das Jahrhundert der Massenmedien

Der Radiosender der amerikanischen Zone war die Sendergruppe Rot-Weiß-Rot. Werbeeinschaltung aus dem Jahre 1953.

Es sind die Massenmedien, die das 20. Jahrhundert prägten. Zeitungen und Druckwerke, Tonträger und Film, Radio, Fernsehen und Internet. Edisons Sprechmaschine aus 1877, bei der ein mit einer Membran verbundener Stift die Rillen einer Walze oder Platte abtastete, behauptete sich lange. Die frühen Grammophone hatten allerdings noch nichts Elektrisches an sich. Erst ab 1925 wurde mit elektrischen Aufnahme- und Wiedergabeverfahren die Tonqualität entscheidend verbessert. Der Besitz eines Grammophons wurde zum stolzen Symbol der „Goldenen 20er-Jahre". Die ganze Welt sang den Foxtrott mit dem Text von Beda, eigtl. Fritz Löhner: „Ich hab' zu Haus' ein Grammophon ... Die größte Sensation, das ist mein Grammophon ..." In den 50er-Jahren wurden der Plattenspieler und die Musik-Box zu häuslichen und öffentlichen Kultobjekten. Musikkassetten kamen ab 1965 zum Verkauf. Ein neuer Zukunftsmarkt mit großen Zuwachsraten und entsprechenden Zukunftshoffnungen entstand in den Compact-Discs (CD), die in Österreich erstmals 1983 angeboten wurden.

Am 15. Juni 1904 konnte der 28-jährige Techniker Otto Nussbaumer am physikalischen Institut der Technischen Hochschule Graz die erste drahtlose Musikübertragung vorführen. „Hoch vom Dachstein her", die steirische Landeshymne, hatte er ins Mikrophon gesungen. Einige Räume weiter waren die lauschenden Zuhörer zwar angeblich weniger von den Sangeskünsten Nussbaumers angetan, umso mehr aber vom Erfolg der Übertragung.

Am 1. April 1923 meldete sich der erste österreichische Radiosender „Radio Hekaphon", betrieben von der Telephon- und Telegraphenfirma Czeija, Nissl & Co. Am 1. Oktober 1924 erfolgte der offizielle Start des öffentlichen Rundfunks. Die staatsnahe RAVAG begann ihre Tätigkeit. 1930 gab es bereits in 400.000 österreichischen Haushalten Radioapparate. Sehr rasch wurde der Rundfunk zu einem Medium, dem hohe politische Bedeutung zukam, vom abgewehrten nationalsozialistischen Anschlag auf die RAVAG im Juli 1934 bis hin zur Rundfunkrede Kurt Schuschniggs am 11. März 1938, die er mit „Gott schütze Österreich" schloss.

Die Studios der RAVAG wurden zu den wichtigsten Zielen von Putschversuchen, 1934 wie 1938. Theo Ehrenberg, der 1934 mit der Durchsage vom Rücktritt des Kabinetts Dollfuß und der angeblichen Übertragung der Regierungsgeschäfte an Rintelen schon einmal „Geschichte" gemacht hatte, trat auch kurz nach Mitternacht des 12. März 1938 wieder ans Mikrophon, um von der Straße „ein Stimmungshörbild" vom „Umbruch" in Österreich zu geben. Das Radio war das wichtigste Propagandainstrument des Dritten Reichs, der Volksempfänger das einzige unter den neu versprochenen Konsumgütern „Volkskühlschrank", „Volkswagen" und „Volksfernseher", welches die Konsumenten auch tatsächlich erhielten. Aber bald war es die größte Sorge des Regimes, das Abhören von Feindsendern zu verhindern.

Das Radio stand auch am Anfang des österreichischen Wiederaufbaus. Ab Mitte 1945 wurden in Österreich entsprechend der Einteilung der Besatzungszonen vier Sendergruppen eingerichtet, „Radio Wien" in der russischen Zone, die Sendergruppe „Rot-Weiß-Rot" in der amerikanischen Zone, die Sendergruppe „Alpenland" in der britischen Zone und die Sendergruppe „West" in der französischen Zone. Dazu kamen die Soldatensender, insbesondere das amerikanische „Blue Danube Network" mit seinem Musikprogramm. Noch vor Inkrafttreten des Staatsvertrags gelangten alle Sender wieder in österreichischen Besitz. Die Anlagen der US-Sendergruppe Rot-

Werbeschild der Firma Eltz. Nikolaus Eltz (1900–1984) war einer der bedeutendsten österreichischen Radiopioniere. Seine Empfangsgeräte wurden während des Zweiten Weltkrieges in deutsche U-Boote eingebaut.

Werbeschild für Sator Radio, um 1925. Die Sator-Radioröhre war eine Entwicklung des Industriellen und Elektrotechnik-Pioniers Johann Kremenezky (1848–1934).

Pionier der österreichischen Filmindustrie: Graf Alexander „Sascha" Kolowrat (1886–1927) mit seiner Frau.

Weiß-Rot in Salzburg und Linz wurden im März 1954, in Wien am 26. Juli 1955 an den österreichischen Staat übergeben.

Seit 1896 gab es in Wien ein weiteres neues Vergnügen: das Kino. Auch wenn die gezeigten Filme nur wenige Minuten dauerten, zittrig und unscharf über die Leinwand flimmerten, die Stoffe mehr als trivial, aber manchmal recht pornographisch waren: Ein neues Medium war geboren, das rasch einen großartigen Aufschwung nahm: der Film. 1903 gab es in Wien drei Kinolokale, 1912 bereits 113. Der Erste Weltkrieg brachte den ersten Kinoboom. Man hatte sonst nicht viel Vergnügen.

Die Jahre 1918 bis 1927 waren die große Zeit des Stummfilms. Doch die Kinos waren nicht stumm. Orchester und Orgeln untermalten mit Musik, Erklärer kommentierten mit viel „Wiener Schmäh". In der Inflationszeit wurden unter der Regie von Michael Kertész, der später in Hollywood als Michael Curtiz weitere Filmgeschichte machte und vor allem als Regisseur des Kultfilms *Casablanca* Berühmtheit erlangte, die großen österreichischen Monumentalfilme *Sodom und Gomorrha*, *Der junge Medardus* und *Die Sklavenkönigin* gedreht. Produzent war Sascha Kolowrat. Tausende Statisten wurden eingesetzt, die größten Bühnenbauwerke der Filmgeschichte wurden errichtet.

1927 existierten in ganz Österreich bereits 762 Kinos, in Wien war zwischen 1909 und 1934 die Kapazität von ungefähr 10.000 auf über 70.000 Sitzplätze angestiegen. Während in der Hauptstadt die meisten Kinos täglich spielten, war der tägliche Betrieb in den Bundesländern noch in der Minderzahl.

1928 entstand der erste österreichische Tonfilm, ein Jahr nach Beginn der neuen Filmära in den USA. Der Tonfilm bot den Produktionen in Landessprache eine neue Chance. Der österreichische Tonfilm konnte große Erfolge feiern. Aber gleichzeitig wurde der österreichische Film damit fast vollständig vom deutschen Markt abhängig. Es war faktisch unmöglich, in Österreich einen Film zu produzieren, ohne sich am deutschen Geschmack und bald auch an der deutschen politischen Gesinnung und an den dortigen Rassengesetzen zu orientieren.

Die Filmindustrie des Dritten Reiches, in der Österreich eine erhebliche Rolle spielte, hatte bis zum bitteren Ende produziert. Ob Durchhalteparolen oder Alltagsflucht, stets war der Zusammenklang zwischen propagandistischer Absicht und filmischer Handlung gewahrt. Die Traumfabrik Kino war zum billigsten Vergnügen und wichtigsten Aufmunterungsinstrument geworden. 27,5 Millionen Kinokarten waren in Wien im Jahr 1938 verkauft worden, fast 60 Millionen im Jahr 1944. Die 50er-Jahre waren die größte Zeit des Kinos. Der österreichische Film, vorwiegend in der Heimatvariante, feierte Triumphe. Von 1950 bis 1960 stieg die Zahl der Kinobetriebe noch um 10 Prozent, während die Besucherzahl bereits um ein Viertel zurückgegangen war. Dann wurde der Niedergang dramatisch. Zwischen 1960 und 1977 wurden in Österreich mehr als 700 Kinos zugesperrt, fast so viel, wie im Jahr 1937 überhaupt bestanden hatten.

Das Fernsehen war der große Traum des 20. Jahrhunderts. Als der amerikanische Schriftsteller Mark Twain 1896 bis 1898 fast zwei Jahre in Österreich verbrachte, berichtete er nicht nur Kurioses aus dem Parlament, sondern auch über den österreichischen Polen Jan Szczepanik, der mit seiner Erfindung ein neues Wort, nämlich „Fernsehen" oder „Television" geprägt habe. 1934 konnten die Österreicher im Wiener Messepalast einen 18 x 24 cm großen Bildschirm in einer abgedunkelten Empfangskoje besichtigen. Es war der erste öffentliche Fernsehversuch in Österreich.

Den ersten Fernsehabend Österreichs am 1. August 1955 mit einer Programmdauer von etwas über einer halben Stunde konnten einige tausend Österreicher mitverfolgen. Bei der Post waren 516 Fernsehgeräte registriert. An drei Tagen in der Woche wurde je eine Stunde Programm ausgestrahlt. Zum Fernsehen ging man noch in Gaststätten und Kaffeehäuser. Ab 1. Jänner 1957 gab es regelmäßige Sendungen an sechs Tagen der Woche. 1959 setzte die Fernsehwerbung ein, im Oktober desselben Jahres wurde der fernsehfreie Tag gestrichen. Im September 1961 wurde ein zweites TV-Programm installiert und Ende 1965 mit den ersten Versuchssendungen in Farbe begonnen. Zwischen 1964 und 1966 wird die Zeit angesetzt, in der Fernsehen vom Luxus- zum Gebrauchsgut wurde. Jeder dritte bis vierte österreichische Haushalt besaß nun ein Empfangsgerät. Mit dem Neujahrskonzert 1968/69 begann die Ära des Farbfernsehens. Inzwischen gibt es kaum mehr fernsehlose Haushalte, gibt es Fernsehen rund um die Uhr, von ein paar Dutzend Sendern, öffentlichen und privaten, und schickt sich mit der Verknüpfung von Fernsehen, Internet und digital gelieferten Satellitenprogrammen eine globale und multifunktionale Mediengesellschaft an, die Welt zu erobern und nach ihren Vorstellungen zu formen.

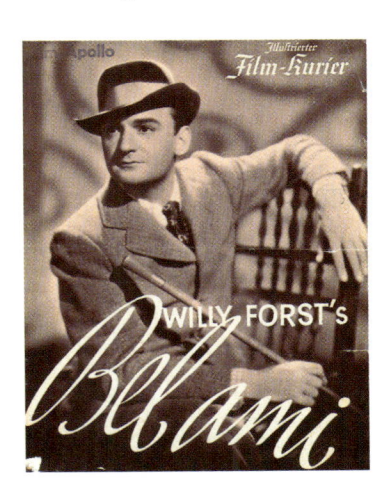

Publikumslieblinge: Romy Schneider und Hans Moser in der Komödie Die schöne Lügnerin, *1959. Regie führte Axel von Ambesser.*

Star des Wiener Musikfilms: Willy Forst (1903–1980) als Georges Duroy in Bel Ami, *ein Film, den er 1939 selbst produzierte.*

7

Das Jahrzehnt der Wunder
1950–1959

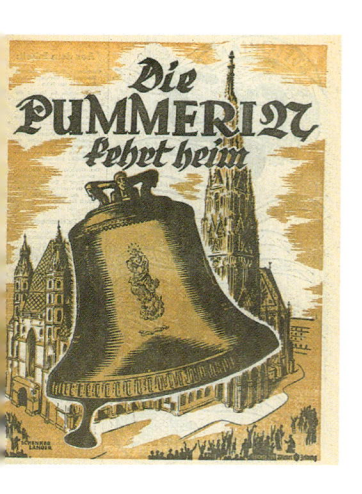

1950 war die unmittelbare Nachkriegszeit zu Ende. Der Oktoberstreik 1950 war die letzte große gewaltsame Konfrontation, die Österreich auf der Straße erlebte. Die Bewirtschaftungsmaßnahmen wurden zunehmend entbehrlich. Die 1951 fertig gestellte Limbergsperre in der Kraftwerksgruppe Kaprun, mit 120 Metern Höhe eine der mächtigsten Staumauern, wurde zum Symbol der neuen Zeit. Ende 1952 begleitete ein jubelnder Festzug die in St. Florian aus den Kriegstrümmern neu gegossene Pummerin nach Wien. Der Stephansdom war aufgebaut und wieder ganz. 1955 konnten das Burgtheater und die Staatsoper wieder bespielt werden.

Die Diskussion um eine markt- oder planwirtschaftliche Ausrichtung der österreichischen Wirtschaft und Gesellschaft führte 1953 zu vorgezogenen Neuwahlen, bei denen die ÖVP von der SPÖ stimmenmäßig überholt wurde, aber auf Grund der Wahlarithmetik noch mandatsstärkste Partei blieb. Leopold Figl wurde von Julius Raab (1891–1964) als Bundeskanzler abgelöst.

Die „eherne Stimme Österreichs" erklingt wieder: Beilage der Wiener Zeitung zum Einzug der Pummerin im Stephansdom. In einer wahren Triumphfahrt wurde die Glocke von St. Florian nach Wien gebracht, wo sie am 26. April 1952 ihren feierlichen Einzug im Dom hielt.

Die Sozialisten setzten in ihrer Wirtschaftspolitik auf die Grundpfeiler Verstaatlichung und Wirtschaftsdemokratie.

Dass Raab, obwohl von Anfang an der starke Mann in der ÖVP, erst 1953 Bundeskanzler wurde, lag an seiner Belastung aus der Ersten Republik durch seine anfängliche Nähe zur Heimwehr, hernach als Initiator des ständestaatlichen Gewerbebundes und als Minister in der letzten Regierung Schuschnigg. Gleichzeitig war der Einspruch, den die Sowjets 1945 gegen Raab als Regierungschef erhoben hatten, ein Glücksfall: Dadurch konnte sich Raab zuerst ganz der Arbeit im Parlament als Klubobmann, den Agenden im Wirtschaftsbund der ÖVP und den Aufgaben in der Bundeskammer der gewerblichen Wirtschaft widmen. Die Akkordierung der bündischen Interessen in der Volkspartei hatte er in den acht Jahren als Klubobmann von 1945 bis 1953 erlernt. Als Akteur wirkte er hinter den Kulissen. Im Parlament selbst hat er in diesen Jahren als Klubobmann nur 14-mal das Wort ergriffen.

Das zähe Ringen um den Staatsvertrag: Bundeskanzler Leopold Figl im Gespräch mit dem sowjetischen Hochkommissar Generalleutnant Wadim P. Swiridow während einer Party in der amerikanischen Botschaft in Wien. Rechts der französische Hochkommissar Emile Béthouart.

LINKS: *Bau des Tauern-Kraftwerks Glockner-Kaprun: Der Damm des Mooserboden-Speichers wird hochgezogen, 1953.*

RECHTS: *Leopold Figl auf einer ÖVP-Veranstaltung in Rossatz, Oktober 1954. Foto: Ernst Kloss.*

Bundeskanzler Julius Raab genießt seine Lieblingsspeise, die schlichte „Beamtenforelle".

Die führende Rolle Raabs begann schon 1951, als er als geschäftsführender, und 1952, als er auch als definitiver Bundesparteiobmann Figl in dieser Funktion abgelöst hatte. 1953, als Figl mit der Regierungsbildung scheiterte und Raab ihm auch als Bundeskanzler folgte, hatte sich die Nahrungsmittelversorgung so weit gebessert, dass auch die letzten Reste der Bewirtschaftung beseitigt werden konnten. Im Gegenteil, ab 1953 begannen schon die Besorgnisse über agrarische Überschüsse und die Forderungen nach marktregelnden Schutzmaßnahmen in den Vordergrund zu treten.

Julius Raab, der Staatsvertragskanzler, der Kanzler des österreichischen Wirtschaftswunders, der Kanzler der Sozialpartnerschaft, war der richtige Mann zur richtigen Zeit, auch wenn er vielen als ein Mann von gestern erscheinen mochte: als ein Außenpolitiker, der nur Altgriechisch und Latein als Fremdsprachen beherrschte, als ein Wirtschaftsvertreter, der für seine Aversion gegen neumodische Konsumgüter und seine Vorliebe für die schlichte „Beamtenforelle" bekannt war, für die Knackwurst mit Brot, die er sich so gerne ins Büro servieren ließ, und für die antiquierte Virginia, die zu seinem Markenzeichen wurde. Raab war eine patriarchalische Persönlichkeit und ein Mann einsamer Entschlüsse, der sich aber höchst umfassend informieren und beraten ließ und der eine natürliche Autorität ausstrahlte. Er war ein brummeliger und wortkarger Verhandler, der für seinen treffenden Wortwitz und seine „schweigsame Schlagfertigkeit" berühmt war, er war ein „kleiner Kapitalist", der sich durch ein hohes soziales Engagement auszeichnete, und er war ein Medienskeptiker, der sich mit klug gewählten Chiffren mediale Aufmerksamkeit zu schaffen wusste.

Der Baumeister Julius Raab war der Baumeister der Sozialpartnerschaft. Die beste Sozialpolitik ist eine gute Wirtschaftspolitik, war einer seiner Leitsprüche. Julius Raab, den Baumeister und Wirtschaftskammerpräsidenten,

Das 20. Jahrhundert / Das Jahrzehnt der Wunder

und Johann Böhm, den Maurerpolier und Präsidenten des Gewerkschaftsbunds, vereinte der Realitätssinn: „Bevor wir mehr konsumieren können, müssen wir mehr produzieren." Johann Böhm formulierte es in dem alten Bild vom „gemeinsamen Ast", auf dem Arbeitgeber und Arbeitnehmer säßen, mögen sie auch noch so viele Differenzen miteinander haben, zum Teil vielleicht auch eingebildete, und von dem sie aber beide — wenn einer von beiden ihn durchsägt — herunterfallen müssten. 1957 wurde die Paritätische Kommission gegründet. 1961 legten sich die Sozialpartner im Raab-Olah-Abkommen auf Geldwertstabilität und Wirtschaftswachstum fest. 1955 wurde mit dem ASVG die Sozialversicherung auf eine klare Grundlage gestellt und seither in zahllosen Novellen verkompliziert. 1959 kam es mit einer Reduzierung von 48 auf 45 Wochenstunden zur ersten Arbeitszeitverkürzung seit 1918.

Auch die Art der Besatzung durch die vier Mächte begann sich Anfang der 50er-Jahre zu ändern. Beschränkungen der Bewegungsfreiheit, Zensur oder gar Beschlagnahmen und Entführungen, wie sie in den ersten Jahren üblich waren, hörten auf. Am 8. Juni 1953 war die Personenkontrolle an der Demarkationslinie zwischen der Sowjetzone und den Westzonen eingestellt worden, am 14. August endete die Viermächtezensur der internationalen Post-, Telegraphen und Fernschreibverbindungen, am 10. November auch die Radiozensur und Vorzensur für Theater und Konzerte in der russischen Zone. Die Besatzungskosten waren von den Westalliierten schon in den späten vierziger Jahren nicht mehr eingehoben worden, 1953 wurden sie auch von der Sowjetunion erlassen.

Wirtschaftlich aber schritt die Auseinanderentwicklung der russischen und westlichen Besatzungszonen weiter voran. Niemand wollte in der sowjetischen Zone investieren, die USIA-Betriebe wurden wirtschaftlich immer mehr ausgehöhlt und die USIA-Geschäfte bereiteten durch die damit verbundenen Schmuggeleien und Steuereinbußen immer mehr Ärger.

ÖGB-Präsident mit Realitätssinn: Johann Böhm (1886–1959), von 1945 bis 1959 Chef des Gewerkschaftsbundes, prägte das Bild vom „gemeinsamen Ast", auf dem Arbeitgeber und Arbeitnehmer sitzen würden, und trug wesentlich zum Erfolg der Sozialpartnerschaft bei.

„Österreich fordert seine Freiheit!", lautete der Text auf der Rückseite dieser Propagandapostkarte, herausgegeben von der ÖVP, 1952.

Im Oktober 1954 gab es in Österreich noch 36.000 Mann sowjetische Besatzungsmacht, 15.172 Amerikaner, 2.820 Engländer und 542 Franzosen. Es gab recht verschiedene Lebenswelten: das praktisch vollständig besatzungsfreie Tirol und Vorarlberg, die amerikanischen Militärstützpunkte in Salzburg-Siezenheim mit starker Besatzungsbevölkerung und die dichte Präsenz der Roten Armee in den Orten und auf den Truppenübungsplätzen der Sowjetzone, in den USIA-Betrieben oder im sowjetischen Hauptquartier in Baden.

Fünf Varianten einer politischen Lösung für Österreich schienen prinzipiell denkmöglich: erstens eine dauernde Besetzung durch die vier Mächte, zweitens die Teilung des Landes, drittens Österreich als Teil des Ostblocks, viertens Österreich als militärisch integrierter Teil des Westens und fünftens Österreich als neutraler Staat zwischen den Blöcken.

Eine dauernde Besatzung war sicherlich nicht wünschenswert. Die Teilung Österreichs wurde in der Öffentlichkeit eher selten, in vertraulichen militärischen und diplomatischen Analysen aber doch häufiger zur Diskussion gestellt. Teilungsbefürchtungen hatten zur Zeit der Berlin-Krise 1948/49 Hochkonjunktur, Ernstfallplanungen der Westmächte für eine Luftbrücke nach Wien analog zu Berlin wurden intensiv betrieben. Teilungsszenarien und Teilungsbesorgnisse spielten paradoxerweise noch einmal gerade in den Monaten Dezember 1954 bis April 1955 eine größere Rolle als in den Jahren vorher, im Kontext der Aufnahme der Bundesrepublik Deutschland in die NATO.

Versuche der Kommunisten, Österreich ganz unter ihren Einfluss zu bringen oder sich zumindest Zentren politischer Einflussnahme und Macht zu sichern, gab es zweifellos, vor allem am Anfang über den Apparat des Innenministeriums (Polizei und Staatspolizei) und über das Erziehungswesen. Das Scheitern des kommunistischen Generalstreikversuchs im Oktober 1950 war das letzte Aufflammen einer auf eine gewaltsame Machtübernahme gerichteten kommunistischen Aktivität in Österreich und damit eines Versuchs einer Eingliederung des Landes in das östliche Lager.

Österreich als Ganzes in das westliche Bündnis zu integrieren, wurde zwar von manchen österreichischen Politikern gefordert oder gewünscht, war aber unrealistisch. Keine der zwei Weltmächte hätte Österreich jeweils ganz dem anderen Block überlassen. Wollte man daher die Dauerbesatzung beenden, so war nur die fünfte Lösung gangbar, die einer dauernden Neutralisierung des Landes, zumal Österreich ob seiner geostrategisch weit vorgeschobenen Lage für die westlichen Alliierten bei einem russischen Angriff mit Ausnahme Tirols und Vorarlbergs ohnehin nicht verteidigbar erschien und der Sowjetunion die durch eine Neutralität sich ergebende Sperre des Korridors zwischen Deutschland und Italien zunehmend wertvoller erschien als eine Besatzung Ostösterreichs. So war Österreich für

211. Bundesverfassungsgesetz vom 26. Oktober 1955 über die Neutralität Österreichs.

Der Nationalrat hat beschlossen:

Artikel I.

(1) Zum Zwecke der dauernden Behauptung seiner Unabhängigkeit nach außen und zum Zwecke der Unverletzlichkeit seines Gebietes erklärt Österreich aus freien Stücken seine immerwährende Neutralität. Österreich wird diese mit allen ihm zu Gebote stehenden Mitteln aufrechterhalten und verteidigen.

(2) Österreich wird zur Sicherung dieser Zwecke in aller Zukunft keinen militärischen Bündnissen beitreten und die Errichtung militärischer Stützpunkte fremder Staaten auf seinem Gebiete nicht zulassen.

Im Artikel 1 des Bundesverfassungsgesetzes vom 26. Oktober 1955 wurde die immerwährende Neutralität Österreichs festgelegt.

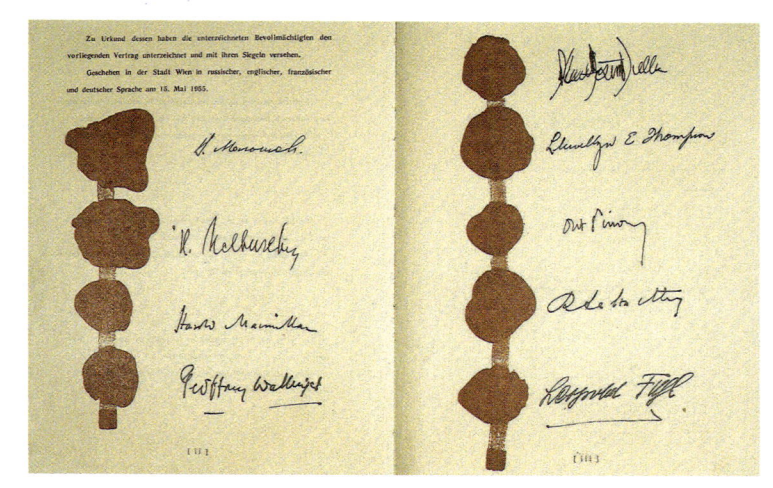

LINKS: *15. Mai 1955: Nach zehn Jahren Besatzung ist Österreich wieder frei – Außenminister Leopold Figl zeigt vom Balkon des Belvedere den unterzeichneten Staatsvertrag. Es ist jener große Augenblick, der für immer mit dem Namen Figls verbunden sein wird.*

RECHTS: *Die Unterschriften auf dem Staatsvertrag vom 15. Mai 1955, rechts unten die Signatur von Leopold Figl. Noch am Tag zuvor hatte er erreicht, dass auf seinen Antrag hin eine Formulierung im Staatsvertrag gestrichen wurde, die von der Kriegsschuld Österreichs sprach.*

die Alliierten mehr ein Pfand als ein realer Wert. Pfänder, so schrieb Bruno Kreisky 1955, pflegen nach einer bestimmten Zeit eingelöst zu werden. Der Staatsvertrag 1955 war das große Pfänderauslösen. Österreichs Besetzung und das sowjetische Wirtschaftsimperium wurden gegen eine Stellung als neutraler Staat ausgelöst. Die „immerwährende Neutralität" war der „Kaufpreis für den sowjetischen Truppenabzug". Allerdings widersetzte sich Moskau dem österreichischen Beitritt zur UNO und zum Europarat nicht sehr energisch, beides im Unterschied zum Schweizer Vorbild der Neutralität, auf die sich Österreich im Moskauer Memorandum vom 15. April 1955 festgelegt bzw. verpflichtet hatte.

Das Jahr 1955 wurde zum wichtigsten Datum der österreichischen Nachkriegsgeschichte. Eine wirkliche Zäsur bedeutete es aber nicht. Am 15. Mai wurde der Staatsvertrag unterzeichnet und Leopold Figl konnte verkünden: „Österreich ist frei!", was zwar dem Gefühlshaushalt vieler Österreicher entgegenkam, aber den Stellenwert von 1955 gegenüber 1945 überbetonte. Am 26. Oktober 1955 beschloss der Nationalrat das Bundesgesetz über die immerwährende Neutralität nach Schweizer Muster. Bis Oktober zogen die Besatzungsmächte ab. Den neuen Status Österreichs als neutrales Land bewertete Karl Farkas so: „Wir müssen jetzt neutral sein. Das heißt, wir haben nix zu tun als nix zu tun – und das liegt uns ja."

Die Leistungen und Ablösezahlungen aus dem Staatsvertrag beliefen sich auf etwa 7,25 Milliarden Schilling. Dazu kamen die Schäden aus alliierten Demontagen und Beschlagnahmungen in Höhe von 500 Millionen bis 1,5 Milliarden Dollar (13 bis 39 Milliarden Schilling). Österreich hatte zwischen 1945 und 1960 Leistungen an die Sowjetunion, die praktisch Reparationen darstellten, von schätzungsweise ein bis zwei Milliarden Dollar erbracht, was etwa einem Viertel bis zur Hälfte des Bruttosozialprodukts des Jahres 1955 entsprach. Von den USA erhielt es im Gegenzug bis 1951 Lieferungen von etwas mehr als einer Milliarde Dollar und nach Auslaufen des ERP noch weitere Zuwendungen durch die *Mutual Security Agency* bzw. vorher durch das *Military Assistance Program*, vor allem zur Wiederbewaffnung der Westzonen im Rahmen der so genannten B-Gendarmerie, die ab 1. August 1952 aufgestellt wurde.

Als 1956 der Aufstand in Ungarn ausbrach und es galt, eine große Zahl von Flüchtlingen aufzunehmen, stellte sich die erste Bewährungsprobe für Österreichs neue Position als neutraler Staat. 1956/57 flüchteten ca. 180.000 bis 220.000 Ungarn nach Österreich, von denen 46.365 einen Asylantrag stellten.

Das österreichische Wirtschaftswunder ist untrennbar mit der Übernahme der Kanzlerschaft durch Julius Raab und mit der schon vorher erfolgten Berufung von Reinhard Kamitz zum Finanzminister verbunden. Als „Raab-Kamitz-Kurs" – die Formel wurde 1953 geprägt – sind die von ihnen eingeleiteten Reformmaßnahmen in die österreichische Wirtschaftsgeschichte eingegangen.

Die erste große Leistung war die Eindämmung der Preissteigerung. Das Jahr 1952 war mit 17 Prozent Inflationsrate das letzte Jahr zweistelliger Teuerungsraten, nachdem man 1951 mit 27,8 Prozent noch einmal an den Rand einer Hyperinflation geraten war. 1953 konnte die Inflationsrate bereits auf 5,4 Prozent und in den nächsten Jahren noch deutlich weiter nach unten gedrückt werden.

Die wichtigste Leistung allerdings war die nachhaltige Sanierung des Staatshaushaltes. Die Staatsverschuldung, die in den späten 40er-Jahren noch zwischen 60 und 30 Prozent des BIP gelegen war, konnte bis 1957 auf etwa 8 Prozent gesenkt und dann bis 1974 auf einem annähernd konstanten Niveau von rund 10 Prozent gehalten werden. Die wirtschaftspolitische Kontroverse zwischen den beiden Koalitionsparteien ÖVP und SPÖ hatte schon im letzten Kanzlerjahr Leopold Figls und ersten Jahr des neuen Finanzministers Kamitz, im Jahr 1952, im so genannten „Budgetstreit" einen Höhepunkt erreicht. Die Ursachen der Auseinandersetzung lagen in den grundsätzlich divergierenden Vorstellungen der beiden Koalitionspartner hinsichtlich der öffentlichen Haushaltspolitik. Der Weg der klassischen Budgetsanierung, den der 1952 neu ernannte Finanzminister Reinhard Kamitz einschlug, stieß auf den Widerstand des sozialistischen Koalitionspartners, der den unbedingten Vorrang der Sicherung der Vollbeschäftigung forderte. Die Regierungskrise im Herbst 1952 führte zu Neuwahlen, die im Februar 1953 stattfanden. Der Wahlkampf stand zwangsläufig im Zeichen der künftigen Gestaltung der

Scheute vor Reformmaßnahmen nicht zurück und konnte den Staatshaushalt sanieren: Julius Raab. Foto: Barbara Pflaum.

Das erfolgreiche Gespann der 50er: Bundeskanzler Julius Raab und Finanzminister Reinhard Kamitz (1907–1993). Eine geschickte Geld-, Währungs- und Fiskalpolitik, die Senkung der Besteuerung der Einkommen und liberale Reformen schufen Voraussetzungen für Wohlstand und Wachstum.

Wirtschaftspolitik: Während die ÖVP einen Abbau des zu erwartenden Haushaltsdefizits durch Sparmaßnahmen anstrebte, wollte die SPÖ für Arbeitsbeschaffungsmaßnahmen ein höheres Defizit mit vermehrten staatlichen Investitionen und wachsendem staatlichem Lenkungsapparat in Kauf nehmen. Der trotz schwerer Stimmenverluste in Mandaten knapp verteidigte Vorsprung der ÖVP ermöglichte die Stabilisierungsvariante.

Die Sanierung des defizitären Bundeshaushaltes wurde von der Regierung Raab durch eine strikte Ausgabenreduzierung und einige Verbrauchssteuererhöhungen eingeleitet. Zur Wiederherstellung des Vertrauens in die Währung wurde eine konsequente Politik des knappen Geldes verfolgt und der Diskontsatz hinaufgesetzt, wurden die Liquiditätsvorschriften verschärft und Kreditrestriktionen eingeführt, vorerst allerdings um den Preis eines Ansteigens der Arbeitslosigkeit, eines wirtschaftlichen Nullwachstums im Jahr 1953 und eines realen Rückgangs im außerlandwirtschaftlichen Bereich: Für das Jahr 1953 musste eine Arbeitslosenrate von 8,7 Prozent in Kauf genommen werden.

So wurde sowohl im Winter 1952/53, als mit über 200.000 Arbeitslosen ein Nachkriegsrekord erreicht wurde, als auch 1959, nachdem 1958, eher unfreiwillig, eine Politik des Deficit spending betrieben worden war, ein restriktiver Budgetkurs eingeschlagen. Eine Ausgabenaufblähung sollte um jeden Preis vermieden werden. Raabs kühler Hausverstand ließ ihn automatisch nach der schon von J. Schumpeter tradierten Lebenserfahrung handeln, dass sich „ein Hund eher einen Knackwurstvorrat anlege als ein Politiker einen Budgetüberschuss", was ihn zu einer entsprechend nüchternen Ein-

Trat für die wirtschaftliche Integration Österreichs in Europa ein: Fritz Bock (1911–1993), Handelsminister von 1956 bis 1968, davor ab 1952 Staatssekretär.

schätzung keynesianischer Budgetierungskonzepte führte, die Kamitz in eine wissenschaftlich formulierte Warnung verpackte: „Ist einmal Vollbeschäftigung der alles beherrschende Faktor geworden, dann wird der momentane Beschäftigungszustand zum Leitmotiv für die Führung der Wirtschaftspolitik. Niemand interessiert sich mehr für die Ursachen."

Der Budgetkonsolidierung und der Stabilisierung der Währung nach innen folgte die Stabilisierung nach außen: Bereits 1951 trat Österreich dem GATT bei. Mit einer Abwertung des Schillings um 18 Prozent am 4. Mai 1953 und der Festlegung eines Einheitskurses von 1 US-Dollar gleich 26 Schilling, der das komplizierte System der bisher geltenden drei unterschiedlichen Schilling-Wechselkurse ersetzte, wurde der Abbau der Devisenbewirtschaftung eingeleitet und damit die Einordnung der österreichischen Wirtschaft in das internationale Handels- und Wettbewerbssystem ermöglicht. Am 1. Juli 1953 konnte Österreich, nachdem der Ausgleich seiner Zahlungsbilanz gelungen war, als Vollmitglied der EZU (Europäischen Zahlungsunion) beitreten. Zur Überwindung der Außenhandelsprobleme wurden Exportanreize geschaffen: eine Umsatzsteuerrückvergütung für Exporte, eine Bundeshaftung für Kredite zur Exportfinanzierung und die Erschließung von Exportmärkten durch eigene Außenhandelsdelegierte. Das Ziel der Exportankurbelung wurde rasch erreicht. Noch im Jahr 1953 setzte eine ausgesprochene Exportkonjunktur ein. Österreich konnte seinen Anteil am Welthandel deutlich ausweiten.

Das System der staatlichen Bewirtschaftung und der Preiskontrollen wurde zügig abgebaut. 1954 konnte man davon ausgehen, dass die Verwaltung des Mangels endgültig überwunden und an seine Stelle bereits die Bewältigung der Überschüsse getreten war. Die Ankurbelung des Wachstums bedurfte der Schaffung und Förderung eines Investitions- und Sparklimas durch werbliche und steuerpolitische Maßnahmen, von den Weltspartagen bis zur Schaffung eines Sparbegünstigungsgesetzes. Es war der doppelte Wert des Sparens, der volkswirtschaftliche und der gesellschaftspolitische, den Julius Raab immer wieder betonte, um durch Eigentumsbildung die Unabhängigkeit und Freiheit des Einzelnen zu sichern und die gesamtwirtschaftliche Kapitalbildung zu fördern. Die Wiederherstellung eines funktionsfähigen Kapitalmarktes war nach den Vertrauensverlusten der Kriegs- und Nachkriegszeit ein vordringliches Anliegen.

Raab und Kamitz waren bemüht, durch Anleihen Großprojekte zu finanzieren, etwa die auch innerhalb der Koalition äußerst umstrittene Wiederaufnahme des Autobahnbaus im Jahre 1954, die Elektrifizierung der Bahnen und den Ausbau des Telegraphen- und Telefonnetzes. Tatsächlich gelang es, den Entfall der Marshallplan-Hilfe und den Rückgang der ERP-Kredite wettzumachen. 1954 und 1955 wurden um 1,9 bzw. 2,2 Milliarden

Schilling Wertpapiere neu emittiert. Allerdings entfiel fast nichts (nur 1 Prozent) davon auf die Industrie, da die Anleihen des Bundes und der Elektrizitätsgesellschaften durch Steuerbegünstigung und Wertsicherung zu attraktiv gestaltet waren.

Das Kernstück der Steuerpolitik bildete die als grundsätzliche ordnungspolitische Entscheidung zu mehr Privatinitiative konzipierte Steuerreform in drei Etappen zwischen 1953 und 1958. Statt der befürchteten Minderung der öffentlichen Einnahmen stiegen diese wegen des kräftigen Wirtschaftswachstums deutlich an. Zum zentralen Punkt der steuerlichen Investitionsbegünstigungen wurde die vorzeitige Abschreibung, die im Ausfuhrförderungsgesetz vom 9. Juli 1953 erstmals verankert war und einen steuerlichen Anreiz für Investitionen bot. Vorerst für die Exportwirtschaft konzipiert, konnte sich in der Folge die gesamte österreichische Wirtschaft dieses Steuervorteils bedienen. Österreich war weltweit eines der ersten Länder, das dieses System praktizierte. Zunächst auf zwei Jahre beschränkt, wurde die vorzeitige Abschreibung zur Dauereinrichtung, die lediglich 1956 ausgesetzt war. Die Abschreibungssätze wurden nach konjunkturellen und regionalen Kriterien modifiziert. Der Erfolg war überragend: Außerordentlich hohe Investitionsraten, um die 20 Prozent des Sozialprodukts, wurden erreicht.

Kamitz Konzept, durch Steuersenkungen Mehreinnahmen zu erzielen, von verschiedenen Seiten als unrealistisch kritisiert, erwies sich als äußerst erfolgreich. Trotz massiver Steuersenkungen hatte sich das Steueraufkommen zwischen 1953 und 1960 beinahe verdoppelt. Das Glück des Tüchtigen und die internationale konjunkturelle Entwicklung standen ihm bei. Auch wenn die Konzeption, durch drastische Steuersenkungen rasch zu Mehreinnahmen zu kommen, heute nicht mehr wiederholbar ist, bleibt sie ein großartiges Beispiel richtig gesetzter steuerlicher Anreize.

Kamitz war auch ein Vorkämpfer der Privatisierung öffentlichen Eigentums. Sein Konzept der Ausgabe von Volksaktien war vor allem gesellschaftspolitisch motiviert: Ein breit gestreutes Eigentum sollte verantwortungsvoll denkende selbstständige Menschen schaffen. Die Ansätze blieben zwar in der Folge stecken. Heinrich Treichl würdigte ihn aber zu Recht als Wegbereiter für das Entstehen eines neuen mittleren Unternehmertums.

Das Wesen des Raab-Kamitz-Kurses war, wie Fritz Diwok, sein Sekretär, einmal meinte, dass er ohne Kamitz nicht konzipiert und ohne Raab nicht hätte durchgesetzt werden können. Julius Raab hatte sich um ökonomische Theorie nie viel gekümmert, beherrschte aber alle Facetten der praktischen Umsetzung: „Sie können vielleicht a ganz guater Professor sein, aber von Wirtschaftspolitik verstehen Sie nix", soll er Franz Nemschak, dem Leiter des Wirtschaftsforschungsinstituts, einmal schulterklopfend erklärt haben, wie dieser als Zeitzeuge selbst erzählte. Julius Raab war kein Wissen-

Die Eindämmung der Inflation als Argument für Kamitz: Wahlplakat der ÖVP zur Nationalratswahl im Februar 1953.

schaftler, auch keiner, der Wirtschaftspolitik studiert hatte, aber er war ein begnadeter Wirtschaftspolitiker, eine Persönlichkeit, die Persönlichkeiten einzusetzen und anzuziehen wusste und die von diesen präsentierten Konzepte durchsetzen konnte. Ohne Raab hätte Reinhard Kamitz, wie er selbst bestätigte, seinen Kurs nie verwirklichen können. Raab war kein Vielredner, aber seine Fähigkeit für griffige Formulierungen ist berühmt, die Unzahl der köstlichen Situationen und Anekdoten Legende.

Anfang der 50er-Jahre wurden die ersten Schritte der europäischen Einigung gesetzt. Bereits 1953 wurde eine Ständige Mission Österreichs bei der Hohen Behörde der Montanunion, der 1952 gegründeten Europäischen Gemeinschaft für Kohle und Stahl, eingerichtet. 1955 wurden in Österreich Überlegungen bezüglich eines Beitritts zur Europäischen Gemeinschaft für Kohle und Stahl (EGKS/Montanunion) bzw. der in Gründung befindlichen EWG (Europäische Wirtschaftsgemeinschaft) angestellt, was 1956 zu einem Zollabkommen führte. Ein bereits angekündigter Beitrittsantrag kam allerdings nicht zustande, nicht nur, aber doch vornehmlich als Nachwirkung des Ungarn-Aufstandes, wo Österreich von der UdSSR massiv einer Verletzung seiner neutralen Position beschuldigt wurde. Frankreich, Italien, die BRD und die Benelux-Staaten begründeten 1958 die EWG. Die sieben übrig bleibenden OEEC-Staaten Großbritannien, Norwegen, Schweden, Dänemark, Portugal, die Schweiz und Österreich schlossen sich, nachdem mit der Gründung der EWG die Schaffung einer großen europäischen Freihandelszone gescheitert war, 1960 in der Europäischen Freihandelsassoziation (EFTA) zusammen (4. Jänner 1960, Stockholmer Verträge). Die EFTA war an sich nur eine Notlösung mit vielen Schwachstellen, vom niedrigen politischen Konsens (vier NATO-Mitglieder, drei neutrale Staaten) bis zur geographischen und sprachlichen Zerrissenheit. Das Nahziel war die Verwirklichung des Freihandels für industrielle Erzeugnisse zwischen den Mitgliedsstaaten, das Fernziel der Brückenschlag zur EWG. Dennoch erwies sich die EFTA als dauerhafter und identitätsbildender als gedacht: sozialpolitisch aufgeschlossener, international offener und vermittelnder in den Konflikten zwischen West und Ost und Nord und Süd als die EWG. Vor allem Bruno Kreisky war es, der schon als Außenminister der EFTA ihr „negatives" Image (Club der Diskriminierten) zu nehmen versuchte, aus österreich- und neutralitätsspezifischen Überlegungen, während die ÖVP eher geneigt war, die EFTA als Notlösung zu betrachten.

In der Integrationspolitik verschoben sich die Positionen der Parteien mehrmals. Zunächst war die SPÖ eher integrationsfreundlich, die ÖVP unter dem Staatsvertragskanzler Julius Raab eher zögerlich. Mit der Gründung der EWG kehrten sich die Positionen um: Große Teile der SPÖ sahen in der EWG einen reaktionären „bürgerlichen" oder gar „klerikalen" Block

Dramatische Momente im Dezember 1956: Ungarische Flüchtlinge überqueren den „Einserkanal" an der Grenze.

LINKS: *Die „Sozialpartner" zu Beginn der 60er-Jahre: Franz Josef Mayer-Gunthof, Präsident der Industriellenvereinigung, Bundeskanzler Julius Raab, ÖGB-Präsident Franz Olah und Rudolf Sallinger, der Vertreter der Bundeswirtschaftskammer.*

RECHTS: *Wahlschlacht anno 1956: Für die Nationalratswahl am 13. Mai 1956 zitieren beide Großparteien die Ängste der Vergangenheit herbei. Die ÖVP erinnert mit den drei Pfeilen und mit Hammer und Sichel in der blutroten Sonne an die marxistischen Wurzeln der Sozialdemokraten; die SPÖ malt die Schrecken des Dritten Reichs an die Wand. Zu drastischer Symbolik greift auch das „Würgeplakat" der ÖVP, während die FPÖ auf ihrem Affiche zeigt, was sie plant: einen Keil in die „Koalitionsmauer" zu treiben ... Plakatwand in Krems am 6. Mai 1956.*

oder ein Werkzeug des „Kartellkapitalismus" (Pittermann). In der ÖVP wandelten sich Bundeskanzler Raab und Handelsminister Fritz Bock immer mehr zu Integrationsbefürwortern. Die FPÖ, viel stärker „(deutsch)national" ausgerichtet als der vorhergehende VdU, sprach sich von Anfang an für die EWG aus, doch war der Verdacht nicht von der Hand zu weisen, dass ihr prononciertes Europabekenntnis von pangermanischen Absichten beeinflusst war, um damit doch noch den Schulterschluss mit Deutschland zu erreichen. Doch der Neutralitätsstatus, auf den die Sowjetunion immer wieder pochte, bildete im Kalten Krieg eine unüberwindliche Schranke.

Das politische System war von der Großen Koalition und dem Proporz der beiden großen Parteien geprägt. Die KPÖ verlor rasch ganz an Bedeutung und flog 1959 aus dem Nationalrat. Der VdU war in den frühen 50er-Jahren immer mehr in ein deutschnationales Fahrwasser zurückgefallen. Das Ausseer Programm von 1954 verkündete: „Österreich ist ein deutscher Staat. Seine Politik muss dem gesamten deutschen Volk dienen und darf nie gegen einen anderen deutschen Staat gerichtet sein." Die Neugründung als FPÖ (Freiheitliche Partei) 1955/56 durch Anton Reinthaller, hoher Funktionär im Dritten Reich, aber als gemäßigt geltend, und Emil van Tongel kippte die bisherige liberalere Parteiführung unter Herbert Kraus und Viktor Reimann.

Nach der Niederringung des Nationalsozialismus suchte auch die Kirche nach einer neuen Positionierung. Die Forderung nach Entflechtung von Kirche und Staat und nach Abkehr vom politischen Katholizismus verband sich mit der neu gewonnenen Freiheit des Landes. Die Formel von der „freien Kirche in einem freien Staat" beinhaltete die Entpolitisierung der Kirche und die Entkirchlichung der Politik. Diese Entpolitisierung wurde im Mariazeller Manifest (1952) besiegelt. Die Kirche hat sich aus dem politischen Geschäft zurückgezogen. Die Formel von der Äquidistanz wurde geprägt. Partnerschaft, ein wesentliches Element der christlichen Soziallehre, wurde zu einem Zentralbegriff der Nachkriegszeit.

Die neue Konsumwelt brach Mitte der 50er-Jahre mit voller Macht herein. Man kann zwei Phasen des Wirtschaftswunders unterscheiden, die noch recht kargen 50er-Jahre, die lang Entbehrtes wieder verfügbar machten, und die Zeit ab den 60er-Jahren, wo mehr oder weniger lang Begehrtes, aber vorher noch nicht Erfülltes in den Vordergrund rücken konnte. Man sprach von der „Ess- oder Fresswelle" und der „Bekleidungswelle". Darüber lagerte sich eine „Möblierungs- und Einrichtungswelle". In der zweiten Hälfte der 50er-Jahre begann sich die Nachfrage auf langlebige Konsumgüter auszuweiten, auf Haushaltsgeräte, Unterhaltungselektronik und Automobile.

Die Heimatfilme prägten ein nachhaltiges Österreich-Image, zwischen *The Sound of Music* und *Mariandl*, zwischen *Fischerin vom Bodensee* und Donauwalzer, zwischen Tirolerhut und Wachauer Haube. Im Vordergrund standen die heroische Landschaft und die heile Dorfkulisse: die Wachau, das Salzkammergut, Salzburg, die Tiroler Berge, der Bodensee, der Wörthersee, aber auch die Symbole des Wirtschaftswunders, Kaprun und der Erzberg. Österreich verdankt sein touristisches Image den 50er-Jahren. Heimat und Folklore wurden zu Waren, die sich verkaufen ließen. Die Trapp-Familie prägte das Österreich-Bild in den USA und weltweit.

Die Amerikanisierung der Kultur erregte die Heimatschützer: Coca Cola und Jeans, Jazz und Rock 'n' Roll, James Dean und Marlon Brando, der „Gschupfte Ferdl", 1952, und der „Wilde auf seiner Maschin'", der „Papa wird's schon richten" und der „Bundesbahnblues". Eine legendäre Zeit des Wiener Kabaretts brach an: „Brettl vor'm Kopf", „Spiegel vor's G'sicht", „Hackl ins Kreuz". Es war die große Zeit von Carl Merz, Gerhard Bronner, Peter Wehle, Helmut Qualtinger ...

Am 1. August 1955 begann das Zeitalter des Fernsehens. Ende 1959 gab es bereits täglich ein und 1961 bereits ein zweites Programm. Das Fernweh verband sich mit dem Fernsehen: Waren es in den 50er-Jahren die inländischen Reiseziele – die Zahl der Fremdenübernachtungen von Inländern stieg rapide –, so folgte in den 60er-Jahren zuerst ein zaghaftes Vortasten an die obere Adria, dann auch an die jugoslawische Küste, schließlich in die Mittelmeerländer und an den Atlantik. In den 70er-Jahren kam der meist im Inland verbrachte Winterurlaub zusätzlich dazu. In den 80er-Jahren vergrößerte sich der Reisehorizont deutlich. Reisen und Urlaubsaufenthalte wurden zu immer gewichtigeren Posten in den Ausgaben der Haushalte.

Ab 1955 durfte in Österreich auch wieder eine Zivilluftfahrt stattfinden. Erst nach zweijährigem politischem Hickhack konnten die 1955 streng nach Proporz gegründeten zwei Fluggesellschaften zur AUA vereinigt werden.

Im März 1955 konnte man in den Auslagen erste Fernsehgeräte der Siemens & Halske GmbH bewundern.

1958 konnte der Flugverkehr auf der Strecke Wien-London aufgenommen und 1959 der 100.000ste Fluggast geehrt werden.

In der Literatur war der Aderlass der NS-Zeit lange spürbar. Dass der in der McCarthy-Ära aus den USA weggeekelte Bertolt Brecht 1950 die österreichische Staatsbürgerschaft erhielt, quasi als Gegengeschäft für ein Auftragswerk für die Salzburger Festspiele, den *Salzburger Totentanz*, der den Jedermann ersetzen hätte sollen, wurde zum Skandal. Nachdem Brecht 1953 seine Verbundenheit mit dem DDR-Regime öffentlich zum Ausdruck gebracht hatte, erreichte der Brecht-Boykott seinen Höhepunkt: Federführend waren Friedrich Torberg, Hans Weigel, Günther Nenning.

Das literarische Leben der 50er-Jahre repetierte die Größen der 30er- und 40er-Jahre, Heimito v. Doderer, Karl Heinrich Waggerl, Paula Grogger, Gertrud Fussenegger, Max Mell, Franz Tumler ... selbst der nationalsozialistisch so exponierte Karl Springenschmied konnte in Bauernkalendern und Regionalzeitungen seine gestrigen Geschichten präsentieren. Von den Emigrierten waren Fritz Hochwälder, Friedrich Torberg, Hans Weigel wieder da. Theodor Kramer war erst 1957 ein Jahr vor seinem Tod zurückgekehrt, Ingeborg Bachmann wurde zur großen jungen Hoffnung, Arnolt Bronnen war nach seiner Zeit in Oberösterreich und Wien im Jahr 1955 nach Ostberlin übersiedelt.

In der Wiener Schule des phantastischen Realismus erwachte eine österreichische Spätblüte des Surrealismus. Um Albert Paris Gütersloh scharten sich Anton Lehmden, Ernst Fuchs, Rudolf Hausner, Wolfgang Hutter, Arik Brauer. Gleichzeitig entwickelte Friedensreich Hundertwasser seine buntfarbigen, ornamentalen Traumwelten.

Maria Lassnig, Arnulf Rainer, Hans Staudacher lernten in Paris den Informel und abstrakten Expressionismus kennen. In der „Galerie St. Stephan" von Monsignore Otto Mauer formierte sich eine Gruppe um Wolfgang Hollegha, Josef Mikl, Markus Prachensky und Arnulf Rainer, die für die Rezeption der abstrakten Malerei und des Informel in Österreich größte Bedeutung erlangte.

Mitte der 50er-Jahre stand Julius Raab am Zenit seines Ansehens. Man war mitten im Wirtschaftswunder, man hatte das Fußball-Wunderteam, man hatte das Wunder des Staatsvertrages erreicht, man hatte Toni Sailer. 1957 erlitt Raab den ersten Schlaganfall. 1961 übergab er die Kanzlerschaft an Alfons Gorbach. Raabs Verfahren bei nicht erledigten Tagesordnungspunkten war sprichwörtlich geworden: „Keine Einigung. Nächster Punkt." Als er 1964 starb, war die große Koalition längst zu einem „Fortwursteln durch Aufschieben" erstarrt und waren viele ungelöste Probleme aufgelaufen: der Beitritt zur EWG, das Südtirolproblem, die Verstaatlichtenfrage, die Grundstofflastigkeit der Wirtschaft, das Proporzsystem und nicht zuletzt die zunehmende Notwendigkeit einer Bildungs- und Kulturreform.

Wolfgang Hutter, Mitbegründer der Wiener Schule des phantastischen Realismus.

8

Das Jahrzehnt der „Macher"
1960–1969

In den 60er-Jahren war das Vertrauen in die Machbarkeit der Welt und in die Macht der Experten nahezu grenzenlos geworden: Man war überzeugt von der Beherrschbarkeit der technischen Systeme, von der Atomkraft bis zur Eroberung des Alls, von der Unerschöpflichkeit der Natur- und Energieressourcen, von der Lenkbarkeit der Sozialtechnologie und vom Ende der ökonomischen Krisen, vom unbeschränkten Wachstum bis zur Konvergenz von Kommunismus und Kapitalismus in einem Dritten Weg, von der erfolgreichen Entwickelbarkeit der „Dritten Welt" und der Berechenbarkeit der Zukunft. Kernforschung und Weltraumforschung, Kybernetik und Programmiertes Lernen, Zukunftsforschung und Politologie, Empirische Sozialforschung und Ökonometrie waren die Zauberwissenschaften der Zeit.

Das Kabinett Raab IV bricht zur Angelobung in die Hofburg auf. Rechts neben Raab Vizekanzler und SPÖ-Klubobmann Bruno Pittermann (1905–1983), 3. November 1960. Drei Jahre später ist Pittermann wesentlich daran beteiligt, dass Franz Olah aus der SPÖ ausgeschlossen wird.

Das 20. Jahrhundert / Das Jahrzehnt der „Macher"

Der Fremdenverkehr wurde zu einem der Wachstumsführer. Das Auto und die zunehmende Mobilität ermöglichten die Ausweitung des Tourismus auf bislang noch nicht erschlossene Regionen. Schifahren wurde vom Exklusiv- zum Massensport. Für die Landwirtschaft in den Gebirgsregionen wurde der Fremdenverkehr zu einem wichtigen Nebenerwerb. Das „Wirtschaftswunder" ermöglichte für völlig neue Bevölkerungsgruppen Urlaubsreisen. 1960 zeichnete sich in Österreich erstmals die Konkurrenz des Fernsehens in den Besucherzahlen der Kinos und Theater ab. Mit dem Neujahrskonzert 1968/69 begann die Ära des Farbfernsehens.

Die 60er-Jahre standen im Zeichen der Motorisierung. 1960 kam ein PKW auf 17,5 Einwohner, 1970 auf 6,3. Man baute Straßen und kämpfte für Autobahnen. Die Europa-Brücke wurde zum Symbol des neuen Österreich. In der Landwirtschaft verschwanden in diesem Jahrzehnt die Pferde, wohl der tiefste Einschnitt im Selbstverständnis der österreichischen Bauern. Statt 200.000 Pferden gab es nun 200.000 Traktoren. Viele Bauernhöfe wurden überhaupt viehlos.

Einer der legendären Traktoren von Steyr: Der bullige Typ 180, gebaut zwischen 1947 und 1964, war immerhin 26 PS stark. Foto: CASE STEYR Landmaschinentechnik, St. Valentin.

In den 50er-Jahren begann allmählich der Traktor das Pferd zu ersetzen – damit sank auch die Zahl der Arbeitskräfte auf den Bauernhöfen kontinuierlich.

Gezeichnet von schwerer Krankheit: Julius Raab nimmt 1963 Abschied vom politischen Leben.

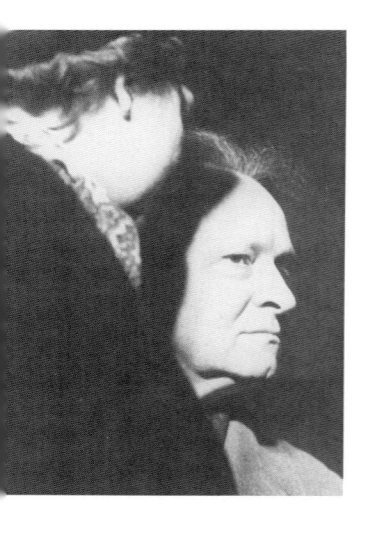

Parteiausschluss: Im Herbst 1964 musste Franz Olah den Machtkampf gegen Vizekanzler Pittermann und Justizminister Broda verloren geben. Foto: Barbara Pflaum.

Die Verschleißerscheinungen der Großen Koalition waren Anfang der 60er-Jahre immer deutlicher geworden: Sachentscheidungen wurden immer mehr vom Proporzdenken überlagert. Die Unzufriedenheit mit der Großen Koalition stieg immer mehr an: Wie viele Menschen seien in Österreich für einen Posten nötig? – „Drei: ein Schwarzer, ein Roter und einer, der arbeitet." Die Politik mit Weinglas und Virginia geriet ins Schussfeld der Technokraten.

Das Zweite Vatikanische Konzil (1962–1965) veränderte die Kirche. Kardinal Franz König, der 1956 Theodor Innitzer als Erzbischof von Wien nachgefolgt und 1958 zum Kardinal ernannt worden war, wurde zum Symbol einer offenen Kirche in Österreich, die sich aus Lagerbindungen löste. Er hatte am Zustandekommen des Konkordats 1960 und an der Entspannung zwischen Kirche und Sozialismus maßgeblichen Anteil. Fast mehr noch als die Dogmen und liturgischen Formen beschäftigte aber die Antibaby-Pille die kirchlichen Autoritäten.

Anfang der 60er-Jahre schied die Gründergeneration der Zweiten Republik aus der politischen Szene: 1962 hatte sich Figl aus der Bundespolitik auf den Posten des niederösterreichischen Landeshauptmanns zurückgezogen. 1961 übergab Raab das Kanzleramt und erlebte 1963 eine herbe Niederlage als Präsidentschaftskandidat. 1963 starb Oskar Helmer, 1964 Julius Raab, 1965 Adolf Schärf und kurze Zeit später Leopold Figl.

Was die 60er-Jahre kennzeichnete, war der echte Reformeifer. Innerhalb der ÖVP öffneten sich Konfliktfelder zwischen den Vertretern eines großkoalitionären Proporzdenkens sowie kulturellen Konservativismus um Heinrich Drimmel und den technokratisch agierenden Reformern aus den westlichen und südlichen Bundesländern. Mit Alfons Gorbach war 1960 als ÖVP-Obmann und 1961 auch als Bundeskanzler ein Übergangskandidat auf Raab nachgefolgt. Die beiden Landeshauptleute der Steiermark und Salzburgs, Josef Krainer und Josef Klaus, galten als wichtigste Exponenten des Reformflügels in der ÖVP, der Niederösterreicher Hermann Withalm als der durchschlagskräftige Exekutor. Auch in der SPÖ formierte sich um den ÖGB-Präsidenten Franz Olah eine Gruppe, die aus den Begrenzungen der Ideologie und der Starrheit der Großen Koalition ausbrechen wollte und über Kontakte zur FPÖ nach neuen politischen Konstellationen suchte.

Alfons Gorbach hatte 1962 zwar einen respektablen Wahlerfolg errungen, in den Augen der Reformer aber die Regierungsverhandlungen mit der SPÖ verloren. Olah hatte damals das Außenministerium für die SPÖ und für Bruno Kreisky behauptet. Dieses hänge für die ÖVP nicht am Christbaum, erklärte er zu Weihnachten 1962. Gorbachs Autorität in der ÖVP war nicht sehr groß. Das 1961 hinter dem Rücken der Regierung abgeschlossene Raab-Olah-Abkommen führte der Regierung ihre Grenzen deutlich vor Augen. Withalm bezeichnete Gorbach noch am Abend der Angelobung der

Eskalation im Fall Franz Olah: Nach dem Rücktritt Olahs als Innenminister kam es am 18. September 1964 zu einer Protestdemonstration vor der SPÖ-Parteizentrale, einige Tage später wurde gegen Olah ein ÖGB-Verfahren wegen „statutenwidriger, eigenmächtiger finanzieller Handlungen" eingeleitet. Am 4. November schloss die SPÖ Olah aus der Partei aus. In einem Prozess 1969 wurde der ehemals so mächtige Gewerkschaftsführer zu einem Jahr schweren Kerkers verurteilt.

neuen Regierung Gorbach II am 27. 3. 1963 in einem Kabinett der Starken (Klaus, Schleinzer, Drimmel, Kreisky, Pittermann, Broda, Olah ...) als den einzig Schwachen. Finanzminister Klaus düpierte mit seinem Sparkurs seine Ministerkollegen. Als zudem in den Präsidentschaftswahlen 1963 der todkranke Julius Raab gegen den amtierenden Präsidenten Adolf Schärf mit großem Abstand verlor und acht Monate vor seinem Tod die bitterste Niederlage seines Lebens erlitten hatte, begann der Aufstand der Jungen in der ÖVP. Die konsensorientierten Großkoalitionäre um Gorbach, Figl, Drimmel, Hartmann befanden sich gegenüber den neuen, an technokratischen Lösungsmöglichkeiten orientierten Politikern in der Defensive. Otto Mitterer, später Handelsminister im Kabinett Klaus, erklärte im Vorfeld des in der Obmannfrage entscheidenden Klagenfurter ÖVP-Parteitages 1963, die „Politik beim Weinglas" sei unwiderruflich vorbei. Auf SPÖ-Seite war es Franz Olah, der 1963 die Kontakte zur FPÖ so weit verdichtet hatte, dass einer kleinen Koalition nichts mehr im Wege gestanden wäre. Wie aus Erinnerungen Friedrich Peters, die er in einem Gespräch mit Hannes Androsch von sich gab, hervorgeht, floss sehr viel Geld von der SPÖ und über Vermittlung der SPÖ an die FPÖ. In der Diskussion um das Rückkehrrecht der Habsburger 1963 wurde die ÖVP erstmals mit Hilfe der FPÖ im Parlament überstimmt. Das Vertrauen der Koalitionspartner zueinander war tief erschüttert.

Sachpolitik war das Schlagwort: Der 1963 geschaffene Beirat für Wirtschafts- und Sozialfragen, in welchen sowohl von SPÖ als auch ÖVP junge Fachleute nominiert worden waren – der stellvertretende Direktor der Wiener Arbeiterkammer, Josef Staribacher, oder der Leiter des Volkswirtschaftlichen Referats des ÖGB, Heinz Kienzl, beide SPÖ –, signalisierte einen ganz neuen Politikstil. Die Ära der Gemütlichkeit und Jovialität wich einer neuen Ära der Unsentimentalität. Klaus hatte sich Anfang der 60er-

Jahre das Image eines an Kennedy orientierten Poltikertyps aus Vision und Expertentum erworben, ohne vom Typ und medialen Auftreten ein Kennedy zu sein. Mit der „Aktion 20" sollte eine Verwissenschaftlichung der Politik eingeleitet werden. Später präsentierte die SPÖ gleich 1.400 Experten.

Der konservative Bewahrer Josef Klaus konnte sich den Ruf eines technologischen Reformers verschaffen. Der simple Grundsatz „Man kann nur ausgeben, was man einnimmt" verhalf ihm in der Funktion des Finanzministers zum Image des rechnenden Experten. Er interessierte sich für Kybernetik, nahm als Bundeskanzler privaten Computerunterricht. Trotz nahezu unbeschränkter Technikeuphorie lief aber vieles noch sehr vorgestrig ab: etwa wenn Josef Klaus in seinen Schreibheften seine Minister nach Schulmeisterart benotete oder wenn ORF-Generalintendant Gerd Bacher am 21. August 1968 im Pyjama, nur einen Mantel übergestreift, in aller Herrgottsfrühe von Wien ins Tullnerfeld aufbrach, um dem ohne Telefonanschluss urlaubenden Bundeskanzler Klaus die Nachricht vom Einmarsch der Warschau-Pakt-Staaten in die Tschechoslowakei zu überbringen, um auf der Hinfahrt aber schon dem damaligen Sekretär Klestil zu begegnen (ob auch im Pyjama, wird nicht gesagt), der den Kanzler bereits aus seiner telefonlosen Einöde befreit hatte und heimzuholen im Begriff war.

Am Klagenfurter Parteitag der ÖVP im Jahre 1963 setzte sich das Duo Klaus/Withalm durch. In der SPÖ lief die große Machtprobe zwischen Innenminister Olah und Außenminister Kreisky auf der einen Seite und Vizekanzler Pittermann und Justizminister Broda auf der anderen Seite. 1964 war der Machtkampf für Olah verloren, er wurde aus der Partei ausgeschlossen und verblieb als „wilder" Abgeordneter im Parlament. So konnte sich die ÖVP als Reformpartei präsentieren, während die SPÖ durch Richtungskämpfe und Abspaltung des Olah-Flügels verbraucht aussah.

Der Wahlsieg der ÖVP am 6. März 1966, der ihr die absolute Mehrheit brachte, hatte mehrere Ursachen: erstens die Schwächung der SPÖ durch den Ausschluss Olahs und sein Antreten mit einer eigenen Partei (DFP), zweitens die so genannte Fussach-Affäre, als der sozialistische Verkehrsminister Otto Probst gegen einen einstimmigen Beschluss der Vorarlberger Landesregierung und den allgemeinen Volkszorn für ein neues Bodenseeschiff statt „Vorarlberg" den Namen „Karl Renner" durchzusetzen versuchte und damit die latente Anti-Wien-Stimmung der westlichen Bundesländer auf sich und die Sozialistische Partei konzentrierte, drittens die offizielle und von der SPÖ nicht zurückgewiesene Wahlempfehlung der KPÖ für die SPÖ in allen Wahlkreisen außer dem Wahlkreis IV, die als drohende Volksfront aufgefasst werden konnte und der ÖVP einen Wahlslogan „Volksfront gegen Volkspartei" lieferte und kirchliche Unterstützung sicherte. Die KPÖ hoffte, über das einzig realistische Grundmandat in diesem Wahlkreis in

Der Vertreter des kulturellen Konservativismus in der ÖVP: Unterrichtsminister Heinrich Drimmel (1912–1991) führte die Schulreform von 1962 durch, die u. a. die Ausbildung der Lehrkräfte neu organisierte und der Schulgesetzgebung verfassungsmäßigen Status verlieh.

Der alte und neue Bundeskanzler Josef Klaus und sein Sekretär Alois Mock auf dem Weg ins Parlament zur ersten Nationalratssitzung nach der Wahl vom 6. März 1966. Die ÖVP hatte mit 85 Mandaten (SPÖ 74, FPÖ 6) die absolute Mehrheit errungen und stellte nun die erste Alleinregierung der Zweiten Republik. Josef Klaus, von 1949–1961 Landeshauptmann von Salzburg und unter Alfons Gorbach Finanzminister, strebte ein Assoziierungsabkommen mit der EWG an und plädierte in der Südtirolfrage für eine Politik der Entspannung. Mit Sozialministerin Grete Rehor (1910–1987) bekleidete erstmals eine Frau ein Ministeramt.

den Nationalrat zurückzukehren, wozu ihr die SPÖ im Gegenzug gegen die Unterstützung in allen anderen Wahlkreisen in diesem Wahlkreis quasi Stimmen überlassen sollte. Viertens kam der als Angriff auf die Pressefreiheit verstandene, letztlich gescheiterte Versuch der SPÖ hinzu, die mit Olah verbundene *Kronenzeitung* handstreichartig zu übernehmen, was ihr deren erbitterte Feindschaft eintrug. Schließlich war es Klaus auch gelungen, über die „Aktion 20" das Vertrauen in die Sachkompetenz der neuen Politik nach amerikanischem Vorbild zu wecken.

Der Sieg war in den urbanen Regionen errungen: Diese trugen zu mehr als der Hälfte zu den Gewinnen bei. Die Ministerliste der Alleinregierung war demgegenüber keineswegs geglückt und trug den städtischen Gruppen wenig Rechnung. Klaus deutete dies selbst mit der Bemerkung an, das Bessere sei stets der Feind des Guten. 1968 wurden der Vizekanzler, der Handelsminister, der Finanzminister, der Innen- und der Außenminister ausgewechselt, ebenso die Staatssekretäre. Die unter vier Augen offensichtlich abgesprochene und in die öffentliche Spekulation gelangte, daher sofort energisch dementierte „Hofübergabe" (welch altväterlich-bäuerliches Wort!) von Klaus an Withalm blieb aber schließlich aus, obwohl sie wahrscheinlich sinnvoll gewesen wäre.

Josef Klaus zählt zu den verkannten oder verdrängten Politikern Österreichs, verdrängt durch den überragenden Wahlsieg Bruno Kreiskys im Jahre 1970, verdrängt durch eine anschließende dreizehnjährige sozialistische Alleinregierung, verdrängt schließlich auch durch die eigene Absenz, die sich Klaus nach seinem Rückzug aus der Politik selbst auferlegt hatte.

Josef Klaus, einer der verkannten und verdrängten Politiker Österreichs, leitete vieles ein, wofür die Ernte erst später eingefahren wurde. Foto: Barbara Pflaum.

Ein „Macher" beim Fernsehen: Gerd Bacher, Generalintendant des ORF 1967–74, 1978–86 und 1990–94. Foto: Barbara Pflaum.

Klaus hat vieles eingeleitet, wofür die Ernte später eingefahren wurde: die Schul- und Bildungsreform, die in jeden Bezirksort eine höhere Schule brachte, die Universitätsgründungen in Salzburg 1962, Linz 1965 und Klagenfurt 1970, die Einführung gesetzlicher Studienbeihilfen, die den Hochschulzugang für sozial Schwächere wesentlich erleichterten. In den vier Jahren der ÖVP-Alleinregierung wurden 22 höhere Schulen gegründet, wurde das Hochschulstudiengesetz (AHStG) 1966 beschlossen und erfolgte 1967 die Gründung des Fonds zur Förderung der wissenschaftlichen Forschung.

Am Österreichischen Studententag 1968 wurde ein Konzept für ein Universitäts-Organisations-Gesetz (UOG) erarbeitet. Unterrichtsminister Piffl-Perčević akzeptierte die Einrichtung einer drittelparitätisch besetzten Kommission für Hochschulfragen und rief eine Hochschul-Reformkommission ins Leben, die unter Vorsitz des Ministers aus je fünf Professoren, Assistenten, Studenten und Parlamentariern bestehen sollte. Die Reformschritte, die unter Piffl-Perčević's Nachfolger Alois Mock diskutiert wurden, waren mit Drittelparitäten in allen Gremien hinsichtlich der Mitbestimmung wesentlich weitgehender als das 1975 unter der Regierung Kreisky tatsächlich beschlossene Universitätsorganisationsgesetz (UOG), das eine keineswegs in allen Bereichen segensreiche und inzwischen in vielem wieder zurückgenommene Mitbestimmung an den Universitäten einführte.

Die Schulgesetze 1962 mit der vorgesehenen Einführung des 9. Schuljahres in Pflichtschulen, bzw. des 9. oder insgesamt 13. Schuljahres bei Höheren Schulen stießen auf schwere organisatorische Probleme: Akuter Lehrermangel und ungenügende räumliche Ausstattung angesichts des Geburtenbooms und des vermehrten Zustroms zu Höheren Schulen überlasteten das System. Das von mächtigen Landesorganisationen der ÖVP und vom Wirtschaftsbund ausgehende Volksbegehren zur Sistierung des 9. Schuljahres an Höheren Schulen führte zum Rücktritt des persönlich schwer enttäuschten Unterrichtsministers. Alois Mock folgte nach.

Die ÖVP unter Raab hatte in völliger Verkennung der Zukunft („Ob zweitausend in das Narrenkastl schauen, kann uns wurscht sein") den Rundfunk für sich reserviert und das Fernsehen der SPÖ überlassen: Der Satz von der „schwarzen Welle" und dem „roten Schirm" wurde zum geflügelten Wort für den dort ausgehandelten Proporz. Das Rundfunkvolksbegehren (1964, mit mehr als 800.000 Unterschriften) wurde zur Geburtsstunde aller Volksbegehren. Auf Initiative von 52 Zeitungen und Zeitschriften sowie der Journalistengewerkschaft sollte es die neuen Medien Rundfunk und Fernsehen aus der Umklammerung des Proporzes lösen, was dem rechtsliberalen Gerd Bacher auch wirklich gelang.

Der Ausbau des Sozialversicherungssystems auf Bauern und gewerblich Selbstständige wurde fortgesetzt, mit Grete Rehor kam erstmals

Das 20. Jahrhundert / Das Jahrzehnt der „Macher"

Demonstration gegen antisemitische und neonazistische Äußerungen des Historikers Taras Borodajkewycz, März 1965. Beim Zusammenstoß „nationaler" und antifaschistischer Demonstranten wurde der Pensionist Ernst Kirchweger getötet.

eine Frau zu Ministerehren, die Wohnbaureform 1967/68 wurde durchgezogen, die Pensionsdynamik eingeführt, die Erhöhung der Kinderbeihilfen vollzogen. In den 60er-Jahren wurden 450.000 Wohnungen gebaut, ein Viertel des Gesamtbestandes. Auf die Zersiedlung der Landschaft nahm man wenig Rücksicht.

Die Technologiegläubigkeit und der Gigantismus entsprachen dem allgemeinen Stil der 60er-Jahre: Die Beschlüsse zum Bau von zwei Atomkraftwerken in Zwentendorf und St. Pantaleon, zur Errichtung des Allgemeinen Krankenhauses in Wien und der UNO-City fallen in die Regierungszeit des Kabinetts Klaus, das ÖIG-(später ÖIAG-)Gesetz wurde beschlossen und die große Stahlfusion vorbereitet.

Hausgemacht waren die Probleme, die sich aus dem Zick-Zack-Kurs zwischen Steuererhöhungen und Ausgabenkürzungen zur Budgetstabilisierung einerseits und den die Konjunktur ankurbelnden Maßnahmen und Steuersenkungen andererseits ergaben. Die beinahe gleichzeitig erfolgende Aussicht auf Steuersenkungen durch die Wachstumsgesetze von 1966, die mit 1. Oktober 1967 wirksam werden sollten, und auf Steuererhöhungen im Sommer 1967 angesichts eines drohenden Budgetdefizits verwirrte und stieß vor den Kopf.

Der dafür verantwortliche Finanzminister Wolfgang Schmitz wurde zu Mitte der Legislaturperiode von Stefan Koren abgelöst. Der Koren-Plan war ein großes Schlagwort, das von Koren selbst, als „Liberalem von Schrot und Korn" und engagiertem Gegner von Staatswirtschaft und Plandenken, kaum ernst genommen werden konnte. Die Regierungsumbildung 1968 und der „Paukenschlag", mit dem der neue, aus der Wissenschaft in die Politik gekommene Finanzminister antrat, waren schlecht getimt. Der Rotstift zur Budgetsanierung, mit drastischen Schnitten für Einsparungen und Mehreinnahmen (insbesondere die auf zwei Jahre befristeten 10 prozentigen Zuschläge zur Auto- und zur Alkohol- und Weinsteuer), erzürnte vornehmlich die eigenen Anhänger, so dass Österreich 1968 weniger im Zeichen der Revolte der Studenten als der Revolte der Autobesitzer und der Bauern stand, die vor allem gegen die von Finanzminister Koren eingeführte Weinsteuer protestierten, aber auch gegen das drohende Bauernsterben (bzw. gegen Landwirtschaftsminister Schleinzers viel kritisierte, aber kaum kritisierbare Aussage, dass ein Anteil von 20 Prozent landwirtschaftlich Erwerbstätigen zu hoch sei).

Koren prognostizierte bei linearer Fortentwicklung für die Jahre 1969 und 1970 ein Budgetdefizit von jeweils etwa 16 Milliarden Schilling, d.h. etwa 4 Prozent des BIP. Aber ein Paukenschlag zur Mitte der Regierungszeit war zweifellos ein schwerer strategischer Fehler, ebenso wie eine derart große Regierungsumbildung, weil es den öffentlichen Eindruck erweckte, als sei alles, was vorher von dieser Regierung gemacht worden sei, relativ wertlos gewesen. Schon die Wortwahl war unglücklich, ähnlich wie bei der „Hofübergabe", die Klaus 1968 ins Spiel gebracht hatte.

Wenig Glück hatte man auch in der Integrationspolitik. Nach dem Scheitern des „großen Brückenschlages" zwischen EWG und EFTA entschloss sich Österreich unter der Führung der ÖVP-Reformer für den Alleingang und stellte 1961 den Antrag auf Assoziationsverhandlungen mit der EWG. Allerdings rückte man bald vom Terminus Assoziation ab, um sowohl den „Rosinen"- wie auch den „Satelliten"-Vorwurf zu vermeiden, sich mit einer assoziierten Stellung entweder nur die Rosinen herauspicken zu wollen oder damit zu einem abhängigen und nicht zur Mitsprache berechtigten Satelliten herabgedrückt zu werden. Da sich die EWG im Juli 1961 eine Politische Union zum Ziel gesetzt hatte, musste Österreich ein spezielles Arrangement zu erreichen versuchen, das mit der Neutralitätsstellung vereinbar war. EWG-Kommissionspräsident Walter Hallstein befürwortete eine spezielle Regelung für Österreich, um „das Land nicht den Russen in die Arme zu treiben". Wegen des Südtirolproblems jedoch blockierte Italien die Verhandlungen und die Sowjetunion legte ein Veto ein. Die Ende der 50er-Jahre einsetzenden Südtirol-Bombenanschläge („Bumser") mit dem vorläufigen Höhepunkt der „Bozner Feuernacht" (11./12. Juni 1961) verschlechterten die Beziehungen zwischen Wien und Rom. Am 2. März 1965 erteilte der EWG-Ministerrat der Kommission ein Mandat zur Aufnahme von Verhandlungen mit Österreich, die aber erst 1972 zu einem „Interimsabkommen" Österreichs mit EWG und EKGS über einen vorgezogenen Zollabbau (Oktober 1972) und zu einer Agrarvereinbarung (Februar 1973) führten.

Handelsminister Fritz Bock, der in der ÖVP-Alleinregierung durch Ernennung zum Vizekanzler eine sichtliche Aufwertung erfahren hatte, wurde zum engagiertesten Integrationsbefürworter, zumal mit dem Außen-

Der Herr Karl blickt in die Abgründe der österreichischen Seele: Helmut Qualtinger in seiner Paraderolle. Foto: Franz Hubmann, 1962.

minister der Jahre 1959 bis 1966, Bruno Kreisky, ein EWG-Skeptiker und EFTA-Befürworter nun nicht mehr in der Regierung war. Mit dem italienischen Veto 1967 wurden vorerst weitere Verhandlungen gegenstandslos, mit der Niederschlagung des Prager Frühlings im Sommer 1968 durch die Truppen des Warschau-Paktes sanken Österreichs EG-Chancen aufgrund der massiven sowjetischen Einwände vorerst auf den Nullpunkt. 1969 allerdings zog Italien nach der Einigung auf einen Operationskalender und eine Paket-Lösung hinsichtlich Südtirol sein Veto in Brüssel zurück.

Man aktivierte den alten Brückentopos: Österreich als Brücke und Ort der Begegnung. Wien wurde, neben New York und Genf, zur dritten UNO-Stadt. Die offizielle Zurückhaltung angesichts der Niederschlagung des Prager Frühlings war zwar nicht mutig. Inoffiziell allerdings bewirkte Österreich viel, vor allem über seinen Botschafter in Prag, Rudolf Kirchschläger. 1968/69 verließen 162.000 Tschechen und Slowaken über Österreich ihre Heimat. Von ihnen suchten 12.000 um Asyl an.

Das Protestpotential formierte sich. Helmut Qualtingers *Herr Karl*, der im Jahr 1961 erstmals über die Bildschirme lief, erregte allerdings die österreichischen Gemüter viel weniger als die Beatles mit ihrer Pilzkopffrisur oder die Exzentrik der Rolling Stones. Die Flower-Power-Parolen der Hippie-Bewegung erreichten zwischen 1967 und 1969 den Höhepunkt, von den Blumenkindern in San Francisco bis zum Festival in Woodstock. Der Sieg der kubanischen Revolution unter Fidel Castro 1959 wurde idealisiert, ebenso wie die USA und ihr Vorgehen in Vietnam dämonisiert wurden. Protestpotentiale artikulierten sich in der Begeisterung für die chinesische Kulturrevolution ebenso wie für Che Guevaras Guerillataktik in Kuba und Bolivien. Die kleine rote Mao-Bibel wurde bis Ende 1968 weltweit 740 Millionen Mal verkauft und war auch in Österreich ein begehrter Artikel. Ob sie allerdings auch gelesen wurde?

Die Bildungsreform unterstütze nicht nur den Technologieschub, sondern trug auch zur Schaffung einer kritischeren Intelligenz bei. Die Studentenrevolte schwappte auf Österreich über. Und die sexuelle Revolution schwappte über das Sauberkeitsdenken der 50er-Jahre hinweg. Die 68er-Bewegung, die Österreich in nur sehr abgeschwächter Form und fast ausschließlich an den Hochschulen erfasste, eröffnete für die Regierung neben dem Kampf um das 9. Schuljahr eine zweite bildungspolitische Front. Eine neue Jugendkultur, die Enttabuisierung der Sexualität, die Friedensbewegung, wenig noch die Emanzipation der Frauen nahmen ihren Anfang.

Ein Festzug wie 1965 zum 600-Jahr-Jubiläum der Wiener Universität mit Chargierten aller Wiener farbentragenden Verbindungen und Rektoren, Dekane und Professoren in wallenden Talaren wäre drei Jahre später nicht mehr ohne Proteste möglich gewesen. Es war die Zeit der inner- und

LINKS: *Artete zum Skandal aus: Günter Brus in der Performance „Kunst und Revolution" am 7. Juni 1968 im Hörsaal 1 des Neuen Institutsgebäudes.*
RECHTS: *Arnulf Rainer blickt vom Dach des Ateliers von Friedensreich Hundertwasser über Wien. Foto: Christian Skrein, 1968.*
UNTEN: *Der „Zerstörer" Mitteleuropas: Oswald Wiener, Mitglied der Wiener Gruppe. Foto: Christian Skrein, um 1970.*

außeruniversitären Sit-ins, Teach-ins, Go-ins, Love-ins, Shit-ins ... Doch auch der Wiener SPÖ verdarb ihre junge Generation die Freude am Mai-Aufmarsch 1968.

In der Bildenden Kunst war es die große Zeit der Aktionisten. Die Skandale wurden von Malern ausgelöst: Friedensreich Hundertwasser, der nackt vor der Wiener Kulturstadträtin auftrat, und die berühmte „Uni-Ferkelei" im Hörsaal I des Neuen Institutsgebäudes der Wiener Universität am 7. Juni 1968 (Otto Mühl, Peter Weibel, Günter Brus, Oswald Wiener, die junge Valie Export) anlässlich eines Teach-ins zum Thema „Kunst und Revolution", das zum Skandal ausartete. Innenminister Soronics zitierte bewusst oder unbewusst Ignaz Seipel, indem er verkündete: „Keine Milde bei Tumulten."

Mit Körper- und Materialaktionen sollte im Wiener Aktionismus der konventionelle Kunstbegriff in Frage gestellt werden: Hermann Nitschs „Orgien-Mysterien-Theater" gab es schon, aber nur im Kopf des Aktionisten, Günter Brus' Selbstbemalungen, Otto Mühls Materialcollagen waren für den Augenblick: Inzwischen sind sie Gegenstand musealer Sammlung. Als Antwort auf Phantasten, Informelle und Aktionisten formte sich 1968 eine lose Künstlergruppe unter dem Namen „Wirklichkeiten": Kurt Kocherscheidt, Peter Pongratz und andere.

Die Diskussionskultur, die die 68er so sehr liebten, war Klaus völlig fremd. Er wurde als oberlehrerhafter Experte gesehen und sah sich auch selber so: „Wer arbeitet, hat zum Diskutieren keine Zeit!" Sein Gegenspieler Kreisky war da aus einem ganz anderen Holze geschnitzt. Bruno Kreisky, der sich von der 68er-Bewegung recht klar abgrenzte, konnte sich damit profilieren und doch Reformziele der 68er in seine Politik einbeziehen. So gingen nicht nur viele Liberale, Konservative und Katholiken ein Stück Weges mit Kreisky, sondern fanden sich auch die 68er in der SPÖ wieder. Den prominenten 68ern ist anders als in Deutschland der Marsch durch die Institutionen allerdings nicht gelungen, etwa Peter Kowalski, Günther Rehak, Peter

LINKS: *Sorgte mit seiner Rede anlässlich der Verleihung des Österreichischen Staatspreises für Literatur für einen Skandal: Thomas Bernhard. Foto: Johann Barth.*

RECHTS: *Galt als österreichischer Skandalautor schlechthin: „Publikumsbeschimpfer" Peter Handke. Foto: Barbara Pflaum, um 1967.*

Ein kritischer Künstler, der die öffentliche Diskussion nicht scheut: Alfred Hrdlicka, Bildhauer und Grafiker. Foto: Barbara Pflaum.

Kreisky, Bruno Aigner. Viele inzwischen Mächtige präsentieren sich allerdings gerne als Alt-68er, weil sie vielleicht damals ein etwas volleres oder längeres Haar hatten. Der Widerhall der 68er war stark: die Ökobewegung, die Demokratiebewegung, die Friedensbewegung, die Solidarität mit der Dritten Welt. Dass die Stimmung der 70er-Jahre links war, war nicht zuletzt eine Folge von 1968.

Thomas Bernhard verursachte mit seiner Rede anlässlich der Verleihung des Österreichischen Staatspreises für Literatur einen Skandal. Der Unterrichtsminister verließ die Veranstaltung Türen knallend mit den Worten: „Wir sind trotzdem stolze Österreicher." Seit der Uraufführung seiner *Publikumsbeschimpfung* 1966 galt aber Peter Handke als österreichischer Skandalautor schlechthin. In Graz bildete sich eine Gruppe um die *manuskripte*: Michael Scharang, Peter Henisch, Wilhem Pevny, Gernot Wolfsgruber und Peter Turrini. Die Wiener Gruppe (Achleitner, Artmann, Bayer, Rühm, Wiener) sorgte für Aufregung.

Seit 1967 hatte die ÖVP auf SPÖ-Seite andere Gegner. Bruno Kreisky hatte sich gegen Bruno Pittermann als Oppositionsführer durchgesetzt. Die SPÖ war unter Kreisky auf dem Weg zur linken Volkspartei. In der Presse hatte die Regierung Klaus einen schweren Stand. Der unabhängigere Rundfunk probte die Emanzipation. Die Bünde der ÖVP fühlten sich von technokratischen Beratern in ihren Interessen beschnitten.

Klaus ist in vielen Vorhaben gescheitert. Vieles blieb liegen: die angepeilte „Große Strafrechtsreform", die Formulierung des Grundrechtskatalogs, die Gewerbereform ... Doch die Regierung Klaus hinterließ einen sanierten Staatshaushalt, eine sich wieder belebende Konjunktur mit einer der längsten Hochkonjunkturphasen der Zweiten Republik (1968–1973), einige hoffnungsvolle Nachwuchstalente: Josef Taus, Alois Mock, Heinrich Neisser, ein Bündel erfolgreicher Reformen und dennoch bei der Bevölkerung das Gefühl, dass doch alles in Österreich sehr altmodisch geblieben sei.

*) Das Jahrhundert des Massenverkehrs

Massenverkehr ist der erfüllte Traum des 20. Jahrhunderts und ist im Transitland Österreich gleichzeitig für viele zum nicht endenden Albtraum geworden. Sich frei zu bewegen, zu fahren statt zu gehen, durch die Lüfte zu fliegen, in die Tiefe zu tauchen, gar in den Weltraum zu kommen, zählt zu den großen Sehnsüchten der Menschheit. Die Mobilität vermittelte ein Gefühl der Freiheit und Emanzipation: mit Fahrrad, Motorrad, Automobil, Flugzeug, Raumschiff.

Das Ende des 19. Jahrhunderts stand im Zeichen des Fahrrades. Aus der verspotteten Spielerei einiger versnobter Sportfans war innerhalb weniger Jahre ein Fortbewegungsmittel geworden, das die Entwicklung des individuellen Massenverkehrs zu einem Kultur- und Wirtschaftsfaktor ersten Ranges einleitete. Das Fahrrad, als Sportgerät, Statussymbol und Verkehrsmittel, brachte Emanzipation, für die Arbeiter, für die Frauen, für die Kinder. 1887 zählte man in Wien etwa 600 Radfahrer, 1900 bereits etwa 70.000 bis 80.000, im Gebiet des heutigen Österreich mindestens 150.000, in der gesamten Monarchie etwa 300.000 bis 400.000. Zum Vergleich: 1936 waren in Österreich etwa 700.000 bis 900.000 Fahrräder in Gebrauch, davon etwa 250.000 in Wien. Die Nachfrageausweitung war so schlagartig, dass die Fabrikanten kaum Schritt halten konnten. 1910 gab es allein in Wien 329 Radfahrvereine. Wer wirklich exklusiv sein wollte, fuhr ein Automobil. Im November 1892 erregte das erste Auto, ein Benz Phaethon die Wiener. Siegfried Marcus soll schon 1870 ein erstes Auto konstruiert haben; sicher belegt ist sein zweites, das 1888 von Märky, Bromovsk'y & Schulz in Adamsthal gebaut wurde und heute als Dauerleihgabe des

Mit Auto und Chauffeur auf Besuchsreise: Thronfolger Erzherzog Karl mit seiner Gattin Zita in Innsbruck, 1915.

ÖAMTC im Technischen Museum steht, zwei Jahre nach dem Benz-Motorwagen in Deutschland. Robert Musil lässt seinen großen Roman *Der Mann ohne Eigenschaften* mit einem Autounfall beginnen. 1906 gab es in Wien bei einer Gesamtzahl von 1.087 Automobilen 305 Unfälle, 1910 bei 3.285 Autos 1.242. Jedes dritte Auto war einmal im Jahr in einen Unfall involviert. Im niederösterreichischen Landtag wurde 1907 schon lebhaft über die „Autopest" diskutiert. Man zählte im heutigen Österreich 1907 etwa 1.600 Automobile, 1911 bereits 5.000.

„Man bereitete die Eroberung der Luft vor, auch hier; aber nicht zu intensiv", schrieb Robert Musil. Ab 1901 führte Wilhelm Kress in Unter-Tullnerbach Flugversuche mit einem Flugapparat schwerer als Luft durch. Igo Etrich machte ab 1903 mit einem von Otto Lilienthals Flügelapparaten Flugversuche. Am 23. Oktober 1909 versammelten sich auf der Simmeringer Heide 150.000 bis 300.000 Menschen, um erstmals in Österreich die Flugvorführungen Louis Blériots zu bestaunen. Igo Etrich setzte in diesem Jahr das Startsignal für den Motorflug in Österreich. 1910 schaffte Karl Illner den ersten Überlandflug von Wiener Neustadt nach Wien mit einer Etrich-Taube, die noch jahrzehntelang als das sicherste und am einfachsten zu fliegende aviatische Gerät galt.

Automobile blieben in Österreich lange ein exklusives Spielzeug für kaufkräftige Oberschichten. Motorräder bekamen in der österreichischen Verkehrsgeschichte für einige Zeit einen wichtigen Platz, auch hier nicht nur als vergleichsweise preisgünstiges Gerät, sondern als Signal einer Emanzipation: der „Wilde auf seiner Maschin" und der etwas biederere Familienvater mit seinem „Beiwagen". Österreich war

OBEN: *Der „Onkel" und Vorläufer des Volkswagens: das „Steyr-Baby" am Hengstpass in Oberösterreich. Konstruiert wurde der Typ 50/55 vom Wiener Ingenieur Karl Jenschke.*

UNTEN: *Motorisierung anno 1960: der stolze Besitzer eines neuen Opel Rekord, Rohrbach. Foto privat.*

das einzige Land, in welchem zwischen den beiden Weltkriegen die Zahl der Motorräder höher war als die aller anderen Kraftfahrzeuge zusammen.

Österreich hatte zwischen den beiden Weltkriegen viele Automarken. Der größte Erzeuger waren die 1931 zur Steyr-Daimler-Puch AG fusionierten Steyr-Waffen-Werke. Zwar konnte Österreich mit genialen Automobilkonstrukteuren wie Hans Ledwinka, Ferdinand Porsche und Karl Jentschke technisch bahnbrechende und konstruktiv hochwertige Produkte auf den Markt bringen. Ein wirklicher kommerzieller Erfolg aber wollte sich nicht einstellen. Es gab viele kleine Erzeuger in einem viel zu hochpreisigen Segment.

Unter den Highlights der Steyrer Automobilproduktion sind das zwischen 1920 und 1924 gebaute Waffenauto, ein Sechszylinder mit konventionellem Chassis, aber hochmodernem 3,3 Liter-Motor anzuführen oder der robuste, ab 1925 gebaute Typ XII, das erste serienmäßige Auto mit Gelenkschwingachse. Mit dem 1934 auf den Markt gebrachten Typ 100, dem ersten Automobil mit serienmäßiger Stromlinienkarosserie, gelang Chefkonstrukteur Karl Jentschke eine technische Spitzenleistung. Auch der nächste große Steyrer Sechszylinder, der ab 1937 gebaute Typ 220, gewann sowohl als Autobahn- als auch als Bergauto einen legendären Ruf. Der Steyr 100 war das Auto, mit dem der Salzburger Landeshauptmann Josef Rehrl die Großglockner-Hochalpenstraße eröffnete. Max Reisch machte damit seine Transasien-Expeditionen, der Burgenländer Graf Laszlo Edouard d'Almásy, der *englische Patient* des preisgekrönten Films, seine Wüstenfahrten, auch wenn der Film dafür Ford-Modelle verwendete.

Insgesamt wurden zwischen 1920 und 1941 in Steyr nur 56.448 Personenautos und etwa 4.800 Lastkraftwagen erzeugt. Der Steyrer Volkswagen, der Typ 50/55, genannt „Steyr-Baby", kam zu spät. In seiner käferähnlichen Karosserie und seiner Ausstattung mit einem robusten Boxer-Motor war das „Baby" zweifellos der „Onkel" und Vorläufer des Volkswagens. Die liebevolle Bezeichnung „Steyr-Baby" bezog sich auf den Werbeslogan: „Ich möcht' von Dir ein Baby — ein Steyr-Baby", mit dem man die Frauen zu gewinnen versuchte, zwar noch nicht als Fahrerinnen, aber als für die Kaufentscheidung nicht zu unterschätzende Zielgruppe. Man konnte vom „Baby" von 1935 bis 1940 insgesamt etwa 13.000 Stück absetzen: immerhin der einzige Volkswagen im Deutschen Reich, den man tatsächlich kaufen konnte.

Der „Volkswagen" wurde zum dominierenden Symbol der Nachkriegszeit. Der Erwerb eines Automobils war das unverkennbare Zeichen, dass „man es geschafft hatte". 1948 waren in Österreich 34.000 Autos angemeldet; bis 1960 hatte sich die Zahl mehr als verzehnfacht. Die „Eins-Zwei-Drei-Vier-Familie" wurde zur Norm des häuslichen Glücks: eine Frau, zwei Kinder, drei Zimmer, vier Räder. 1960 ging das Wirtschaftsforschungsinstitut von einer zu erwartenden Marktsättigung bei etwa 1 Million Personenkraftwagen aus. 2000 ist man bei mehr als 4 Millionen angelangt.

Das Auto wurde zum wichtigsten Konsumgut des 20. Jahrhunderts. Die symbolische Aufladung ist groß. Die Auswirkungen auf Wirtschaft und Landschaft sind dramatisch: Autobahnen und Autostraßen, Parkplätze und Parkhäuser, Tankstellen und Werkstätten, Zulieferer und Entsorger … Fast ein Viertel der Ausgaben der Haushalte fließt in den Verkehr. Man hat die Freiheit, will sie sich auch nicht einschränken lassen und spürt doch die Beschränkungen, die damit verbunden sind.

Autoverkehr anno 1962: Stau in der Kärntner Straße in Wien. Pressefoto Votava.

9

Das Jahrzehnt auf der Insel
1970–1979

Dass Papst Paul VI. anlässlich eines Vatikanbesuches des österreichischen Bundespräsidenten Franz Jonas im Jahr 1971 Österreich als „Insel der Glücklichen" bezeichnet hatte, war wohl nicht auf eine besonders fromme Denkungsart seiner Bewohner zurückzuführen, sondern auf eine Position, die das Land sich in den 60er-Jahren inmitten des auf- und abwogenden Kalten Krieges als neutraler Ort und freier Platz für Ost und West, Nord und Süd erworben hatte. Erstaunliche wirtschaftliche Erfolge und ein betont friedliches soziales Klima mussten tatsächlich ein Bild ergeben, das sich positiv von der weltweiten Entwicklung abzuheben schien. Umformuliert in „Insel der Seligen", weil ein Papst ja für Selig- und Heiligsprechungen zuständig sei, wurde diese Charakterisierung, die 1971 ja nur auf das bis dahin Geschehene

Von der „Insel der Seligen" blieb in der Literatur der 70er-Jahre nur ein Schrottplatz: Dolores Schmidinger und Franz Morak in Peter Turrinis Stück Rozznjogd, Volkstheater 1971. *Foto: Helmut Baar.*

Das 20. Jahrhundert / Das Jahrzehnt auf der Insel

Entschlossen seine Chance zu nützen: SPÖ-Spitzenkandidat Bruno Kreisky (1911–1990) hat die Nationalratswahl am 1. März 1970 für sich entschieden: SPÖ 81, ÖVP 79, FPÖ 5 Mandate. Am 3. März 1970 betraut ihn Bundespräsident Franz Jonas mit der Regierungsbildung – für Österreich der Beginn einer neuen politischen Ära.

gerichtet gewesen sein konnte, zum prägenden, inzwischen etwas verstaubten Mythos der 70er-Jahre.

Als sich bei der Nationalratswahl am 1. März 1970 die sensationelle Niederlage der 1966 bis 1970 unter Bundeskanzler Josef Klaus mit absoluter Mehrheit regierenden ÖVP abzeichnete, gab es einen großen Sieger: Bruno Kreisky (1911–1990), damals 59 Jahre alt, von großbürgerlich-jüdischer Herkunft, ein Weltbürger, dessen Lieblingsbuch Robert Musils *Mann ohne Eigenschaften* war, seit 1926 in der Sozialistischen Arbeiterjugend tätig, geprägt von der Verfolgung im Ständestaat, vom schwedischen Exil 1938 bis 1945 und von seiner Karriere als Berufsdiplomat. Von 1953 bis 1959 war er Staatssekretär im Außenamt, dann von 1959 bis 1966 als Nachfolger Leopold Figls Außenminister. Als die große Koalition im Jahr 1966 zu Ende war und die SPÖ in die Opposition wechselte, rückte Kreisky 1967 zum SPÖ-Parteiobmann und Oppositionsführer auf.

Die SPÖ war 1970 mandatsstärkste Partei geworden. Kreiskys Traum war es, das bürgerliche Lager aufzubrechen: mit dem Appell an liberale Wähler, „ein Stück des Weges" in Richtung mehr Liberalität mitzugehen, mit dem Dialog zur Kirche, mit dem Diskussionsangebot an die 68er, mit der Aufwertung der FPÖ, um die Starre der großen Koalition zu überwinden. Die FPÖ war es auch, die ihm 1970 durch Duldung der Minderheitsregierung zu den ersten Erfolgen verhalf und die dafür mit einem minderheitenfreundlicheren Wahlrecht belohnt wurde, das gleichzeitig auch der SPÖ diente, weil es die stärkere Gewichtung kinderreicherer Regionen beseitigte. Die ÖVP hingegen beraubte sich selbst aller Optionen, als ihr Parteiobmann Josef Klaus im Wahlkampf mit der stereotypen, aber unrealistischen Festlegung, für ihn käme nur die Alleinregierung in Frage, alles auf eine Karte setzte und noch am Wahlabend jegliche Zusammenarbeit mit der dritten Parlamentspartei, der FPÖ, ausschloss. Die Hoffnungen der FPÖ, nach der Duldung der Minderheitsregierung in eine kleine Koalition ein-

Das Kabinett Kreisky I vom 21. April 1970. Sitzend von links nach rechts: Broda (Justiz), Wondrack (Staatssekretärin für Soziales), Kreisky, Firnberg (Wissenschaft) und Häuser (Vizekanzler, Soziales). Stehend von links nach rechts: Veselsky (Staatssekretär im Bundeskanzleramt), Freihsler (Verteidigung), Staribacher (Wirtschaft), Moser (Bauten), Rösch (Inneres), Kirchschläger (Auswärtige Angelegenheiten), Frühbauer (Verkehr), Gratz (Unterricht), Androsch (Finanzen) und Öllinger (Landwirtschaft).

Die Formel-1-Legende: Jochen Rindt in seinem Lotus, Zeltweg 1970. Am 7. September 1970 verunglückte er beim Training für den Grand Prix von Italien in Monza tödlich, posthum wurde er Weltmeister. Foto: Herbert Sündhofer.

treten zu können, wurden zunichte, als die SPÖ bei den vorgezogenen Neuwahlen 1971 mit dem Appell „Lasst Kreisky und sein Team arbeiten" die absolute Mehrheit erreichte. Und diese absolute Mehrheit verteidigte Kreisky bei den Wahlen 1975 und 1979 erfolgreich und wurde von 1970 bis 1983 zum bislang längstdienenden Bundeskanzler Österreichs.

Das Kalkül, die FPÖ zu stärken und das bürgerliche Lager zu spalten, ging zumindest mittelfristig auf, kehrte sich aber langfristig gegen die SPÖ um. Griffige, personenbezogene Wahlkämpfe („Kreisky, wer sonst?") und das Angebot an Liberale und Linkskatholiken, ein Stück Weges gemeinsam zu gehen, sicherten die Mehrheiten. Ein Arrangement mit dem zweitmächtigsten Mann der Partei, ÖGB-Präsident Anton Benya, sicherte Kreisky auch innerparteilich volle Autorität.

Kreisky wurde zum Journalisten- und Fernsehkanzler. Seine Neigung zum Telefon war legendär. Seine mediale Präsenz war sprichwörtlich. Das Fernsehzeitalter zog in die Politik ein, und Kreisky zog die Fäden. Das legendäre Fernsehduell zwischen Kreisky und dem neuen ÖVP-Obmann Josef Taus, der nach dem Unfall-Tod von Karl Schleinzer eingesprungen war, wird zu jenen Ereignissen gezählt, wo eine mediale Konfrontation ein vorher anders prognostiziertes Wahlergebnis umdrehte.

Medienzampano und Sonnenkönig, das waren die Attribute, die ihm von den Journalisten verpasst wurden. Er vereinigte diplomatische Formen und volkstümliche Leutseligkeit. Sein konservatives Äußeres, seine Nadelstreifanzüge, seine bürgerlichen Vorlieben und seine diplomatisch-bedächtige Sprechweise waren Markenzeichen, die man einem bürgerlichen

Politik als Medienspektakel: ÖVP-Klubobmann Stefan Koren (links) und Bundeskanzler Kreisky in einer ORF-Diskussion mit Moderator Franz Kreuzer.

Politiker zuschreiben würde und die ihn doch nie in Konflikt zu seiner sozialdemokratischen Basis kommen ließen.

Die 68er-Generation, von Kreisky gefördert und gleichzeitig im Zaum gehalten, wurde in die Wüste des Wegs durch die Institutionen geschickt. Mit der Umwelt-, Friedens- und Entwicklungspolitik tat sich Kreisky in der Realität schwer, obwohl er es verstand, nach allen Seiten den Dialog zu führen und Offenheit zu demonstrieren. So kam es zu den massiven Konflikten, die in den Auseinandersetzungen um das Atomkraftwerk Zwentendorf und unter Kreiskys Nachfolger Fred Sinowatz um die Hainburger Au gipfelten. Die Volksabstimmung über die Inbetriebnahme des Kernkraftwerks Zwentendorf und die Nutzung der Kernkraft in Österreich im Jahre 1978 geriet zwar zur hauchdünnen Niederlage für die SPÖ (50,47 Prozent Nein-Stimmen), sicherte Kreisky aber den Wahlsieg in der darauf folgenden Nationalratswahl 1979.

Selbst Gott wurde von den Gegnern der Atomenergie beschworen: Plakat zur Volksabstimmung über Zwentendorf am 5. November 1978.

Die Außenpolitik Bruno Kreiskys gab Österreich Glanz und Selbstbewusstsein: das Treffen Ford-Sadat in Salzburg 1976. Pressefoto Votava.

Auch für die Friedensbewegung, die in der Zeit des Vietnamkriegs sich in einen simplen Antiamerikanismus kanalisierte, hegte Kreisky nicht allzu viel Verständnis, auch wenn er die amerikanische ebenso wie die israelische Politik oft genug kritisierte. Der Kontakt mit den Entwicklungsländern und der Dritten Welt nahm zwar in den politischen Aktivitäten Kreiskys einen prominenten Platz ein, die budgetären Aufwendungen für Entwicklungshilfe blieben aber niedrig.

Es war eine geliehene Zukunft. Aber Österreich gab es Glanz und Selbstbewusstsein. Was Kreisky liebte, war das internationale Parkett. In Henry Kissingers Urteil gelang es Kreisky, das Land in eine Position hineinzuparlieren, die weit über die tatsächliche Stärke und Bedeutung Österreichs hinausging. Kreisky parlierte mit Oberst Gaddafi, er stritt mit Golda Meir, er verhandelte mit Anwar al Sadat und Shimon Peres, er empfing Yassir Arafat und Janos Kádár, er konferierte mit Jimmy Carter und Leonid Breschnew, er war befreundet mit Willy Brandt und Olof Palme. Er konnte Politiker aus aller Welt überzeugen, dass es nützlich sei, sich mit Kreisky zu treffen und in Österreich zu tagen.

Kreisky wusste Internationalität zu vermitteln. Er war der Meister des Name-Dropping auf internationalem Parkett. Kein österreichischer Bundeskanzler konnte bis dahin so viele große Namen der internationalen Politik und Diplomatie zu seinem Bekanntenkreis rechnen, und es wird ihm auch nicht so leicht nachzumachen sein.

Österreichs internationales Ansehen war tatsächlich groß. Es wird allzu leicht vergessen, dass Kurt Waldheim für zwei Perioden zum renommierten UNO-Generalsekretär gewählt wurde (1971–1981), dass in vielen internationalen Organisationen Österreicher in leitender Position tätig waren, Wien als dritter UNO-Standort immer mehr aufgewertet wurde und Österreich eine wichtige Position in der Ost-West-Kommunikation einnahm.

Dabei ging Kreisky unkonventionelle und nicht immer zukunftsweisende Wege. Seine Europapolitik war EWG- und EG-kritisch und setzte auf die zunehmend bedeutungsloser werdende EFTA. Hier mag nicht nur Kreiskys skandinavische Prägung mitgewirkt haben. In der Eiszeit der Ära Breschnew war auch die österreichische Wahlfreiheit, was das Verhältnis zur EG betraf, eingeschränkt.

Kreisky war ein Vertreter einer Annäherung an die kommunistischen Regime Osteuropas. Geprägt von den Vorstellungen eines Dritten Weges und einer Konvergenz von Kapitalismus und Sozialismus suchte er die Stärkung der Beziehungen zu den kommunistischen Regierungen Ungarns, Polens, auch der Tschechoslowakei und der DDR. Großzügige Kredite verlängerten nicht nur das wirtschaftliche Überleben dieser Regime, sondern erhöhten auch die nicht einbringlichen Außenstände Österreichs.

Die Kirche suchte den ökumenischen Dialog: Der Dalai Lama zu Besuch bei Kardinal Franz König, 1973. Foto: Fritz Kern.

Brücke war Österreich für rund 350.000 russische Juden, die in den späten 70er- und frühen 80er-Jahren die Route über Österreich für den Transfer nach Israel nutzen konnten.

Dennoch blieb auch Kreiskys Nahost- und Israel-Politik umstritten und ist sein Verhältnis zu den Juden und Arabern, zu Golda Meir, Jassir Arafat und Muhammar al Gaddafi und vor allem zu Simon Wiesenthal ein sehr widersprüchliches geblieben. Kreiskys Auseinandersetzung mit dem Leiter des „Jüdischen Dokumentationszentrums" und als „Nazi-Jäger" bekannt gewordenen Simon Wiesenthal, als dieser 1975 Friedrich Peter, den Parteiobmann der FPÖ, der Mitgliedschaft in der in schlimme Kriegsverbrechen im Hinterland der Ostfront verwickelten 1. SS-Infanteriebrigade beschuldigt hatte und dieser sich verteidigte, er habe nur seine Pflicht getan, erregte internationales Aufsehen, insbesondere als Kreisky zum Rundumschlag gegen Wiesenthal, Israel und die Juden ausholte und im Nachrichtenmagazin *Der Spiegel* die Kreisky-Aussage zitiert wurde: „Wenn die Juden ein Volk sind, so ist es ein mieses Volk." Auch wenn dies als ironische Aussage gemeint war, war sie doch nicht nur als kalkuliertes Buhlen um rechte Wählerstimmen und um die Unterstützung der FPÖ oder als ärgerliche Reaktion auf vermutete parteipolitische Motive des eher konservativen Wiesenthal zu verstehen, sondern entsprach Kreiskys Skepsis jeglichen zionistischen Tendenzen gegenüber.

Mit dem Wahlprogramm, das von angeblich 1.400 Experten ausgearbeitet war, wurde der „Quereinsteiger" als neues Vokabel der Politik modern. „Für ein modernes Österreich", lautete ein Slogan, mit dem Kreisky den Wahlkampf 1970 geführt und gewonnen hatte. Wichtige strukturpolitische Weichenstellungen, die schon in der Ära Klaus vorbereitet worden

LINKS: *Demonstration für Gleichberechtigung und sexuelle Selbstbestimmung in den 70er-Jahren.*

RECHTS: *Die Möglichkeit zum Schwangerschaftsabbruch war heftig umstritten: Demonstration gegen die „Fristenlösung" auf der Wiener Ringstraße. Foto: Johann Gürer.*

Beschrieb die Bedeutung des Phänomens „Masse": Elias Canetti wurde 1981 mit dem Nobelpreis für Literatur ausgezeichnet.

waren, wurden in den Anfangsjahren der Regierung Kreisky realisiert: die Regelung des Verhältnisses zur EG in einem Handelsvertrag, der Übergang zum Mehrwertsteuersystem, die Reform der Gewerbeordnung und die große, aus nachträglicher Sicht nicht sehr glückliche Konzentration der Betriebe der Verstaatlichten Industrie mit der großen Stahlfusion von VÖEST und Alpine Montan Gesellschaft, Böhler und Schöller-Bleckmann, der Buntmetallfusion der Ranshofener und Berndorfer Betriebe und der Zusammenführung von ÖMV und den Linzer Stickstoffwerken.

Weitreichende Reformen im Rechts-, Sozial- und Universitätsbereich wurden durchgeführt: die Hochschulreform, die Strafrechtsreform mit Entkriminalisierung von Ehebruch und Homosexualität und mit der Einführung der Fristenlösung in der Abtreibungsfrage, die neue Familienpolitik mit Gleichstellung der Frauen und der unehelichen Kinder in der Familie, Liberalisierung des Scheidungsrechts und Einführung der individuellen Besteuerung statt der Haushaltsbesteuerung. Startgeld für Ehepaare und Geburtenbeihilfe mit Mutter-Kind-Pass sollten demographische und politische Zuckerl bieten. Gleichzeitig führte die Legalisierung des Schwangerschaftsabbruchs einen tiefen Konflikt mit der Kirche herbei.

Kreisky öffnete die Sozialistische Partei gegenüber der Kirche, gegenüber dem Bürgertum, gegenüber den Medien, gegenüber den Künstlern und gegenüber den Studenten. Den parteilosen, konservativ orientierten Rudolf Kirchschläger machte er zum Außenminister und zum Bundespräsidentschaftskandidaten der SPÖ.

Kreiskys bildungs- und kulturpolitische Konzeption, den sozialdemokratischen Bildungsauftrag mit bildungsbürgerlichen Idealen zu verbinden, mündete letztlich in einen Subventionsdschungel, der in der Kunst

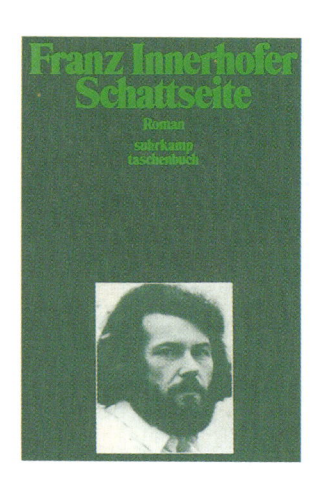

„Anti-Heimatliteratur": Von seiner „Leibeigenschaft" auf einem Einschichthof erzählte Franz Innerhofer in den Romanen Schöne Tage *(1973)* und Schattseite *(1975)*.

Hannes Androsch und Fred Sinowatz bei der Eröffnung des Museums Moderner Kunst im Palais Liechtenstein, 1979.

immer mehr den Staatskünstler herbeiführte und in den Bildungsinstitutionen Leerläufe förderte. Die Ära der Gratis-Schulbücher, Gratis-Schulbusse und Gratis-Fahrscheine begann. Alle Schul- und Studiengebühren und fast alle Aufnahmsprüfungen und Zugangsbeschränkungen wurden abgeschafft, nicht immer zum Wohle der Qualität. Die Expansion des Bildungssystems wurde durch verschleierte Erleichterungen in den Anforderungen gefördert.

Die Rundfunkreform des Jahres 1974 hatte wohl vornehmlich das Ziel, den Rundfunk regierungsfreundlicher zu machen. Die Kürzung des Grundwehrdienstes mit dem zugkräftigen Slogan, sechs Monate sind genug, und die Einführung des Zivildienstes waren Zugeständnisse an die Friedensbewegung.

Der Regierungsantritt des Kabinetts Kreisky I fiel in einen ungewöhnlich lang dauernden Boom der österreichischen Wirtschaft, der die internationale Rezession 1971/72 zu überspringen vermochte. Ermöglicht wurden diese Zuwachsraten auch durch eine über die Gastarbeiterbeschäftigung gesteuerte Expansion des Arbeitskräfteangebots. Zwischen 1970 und 1973 verdoppelte sich die Zahl der in Österreich beschäftigten ausländischen Arbeitskräfte.

Der sprunghafte Anstieg der Energiepreise ab 1973 führte zu hektischen Aktivitäten. Neben mehr oder weniger skurrilen Vorschlägen, vom nur Wortspende gebliebenen Strom sparenden Nassrasieren oder dem autofreien Tag mit zugehörigem „Pickerl" und der Einführung der Energiesparferienwoche im Winter, die nur der Ankurbelung des Energieverbrauchs diente, versuchte man die Krise mit den Rezepten der Keynesianischen Beschäftigungspolitik durchzustehen. Kreisky hat sehr viele Interviews und Erklärungen abgegeben. Gleichzeitig ist den meisten Österreichern nur ein Kreisky-Zitat in Erinnerung geblieben, jenes mit den Arbeitslosen und den Schulden: „Mir sind ein paar Milliarden Schilling Schulden lieber als ein paar Tausend Arbeitslose", wobei der offenbar über mehrere Quellen tradierte Ausspruch auch in um einige Zehnerstellen variierenden Formen wiedergegeben wird. Kreisky und sein Finanzminister Hannes Androsch setzten mit ihrer expansiven Budgetpolitik unter besonderer Einschaltung des verstaatlichten Sektors auf den Vorrang der Vollbeschäftigung, wobei man durch eine gleichzeitige Umstellung auf eine dezidierte Hartwährungspolitik und durch Nutzung der mäßigenden Kraft der Sozialpartner einer drohenden Preis- und Lohnspirale entgegenwirken wollte.

Vorerst blieb Österreich tatsächlich eine Insel der Seligen, an der die vom ersten Ölpreisschock der Jahre 1973 und 1975 eingeleitete scharfe Konjunkturwende und die Krise des Weltwährungssystems unbemerkt vorbeizugehen schienen. Aber das Konzept des Austrokeynesianismus, jener Mix aus Budgetpolitik, Hartwährungspolitik, an die Sozialpartnerschaft geknüpfter Lohn- und Preispolitik und Nutzung der Verstaatlichten Industrie

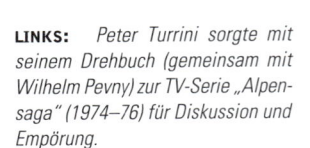

LINKS: *Peter Turrini sorgte mit seinem Drehbuch (gemeinsam mit Wilhelm Pevny) zur TV-Serie „Alpensaga" (1974–76) für Diskussion und Empörung.*

RECHTS: *Ein kritischer Text über dieses „SCHÖNE land mit seinen tälern und hügeln": Elfriede Jelineks Roman* Die Liebhaberinnen, *erschienen 1975.*

Star der internationalen Opern- und Konzertszene: der Dirigent Herbert von Karajan (1908–1989).

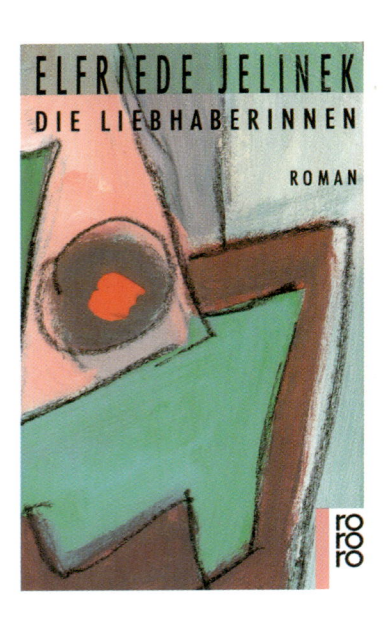

als Beschäftigungsmotor erwies sich doch auf Dauer als nicht tragfähig. Für das „Durchtauchen" wurde der Atem zu kurz. Krisen taten sich aller Orten auf, im Budget, in der Verstaatlichten Industrie, im Sozialversicherungssystem, in der politischen Moral. Die Staatsverschuldung explodierte, und die Verstaatlichte Industrie, der für die Sicherung der Beschäftigung alle betriebswirtschaftlichen Schranken geöffnet worden waren, geriet ins Trudeln. Beklagte Bruno Kreisky 1970 die Last, die ihm von der alten VP-Regierung überlassen worden war: ein Budgetdefizit von 7,2 Milliarden Schilling und ein Gesamtschuldenstand von 43,4 Milliarden Schilling, so hinterließ Kreisky 1983 ein jährliches Defizit von 91 Milliarden und 416 Milliarden Gesamtschulden. Nach dem Babyboom der 60er-Jahre erreichten die Geburtenraten in den 70er-Jahren einen Tiefstand. Beides zusammen, der Beginn der immensen Staatsverschuldung und die langfristige Krise der Pensionssicherung durch Überalterung, begann den so genannten Generationenvertrag immer mehr zu überfordern.

Die Bilanz der Kreisky-Jahre muss zwiespältig ausfallen. In das Land war viel Bewegung gekommen. Österreich war damals so „undeutsch" wie nie, in der Außenpolitik wie im Kulturverständnis. Die österreichische Literatur setzte zu einem nicht erwarteten Höhenflug an: von Peter Handke bis Thomas Bernhard, Peter Turrini bis Erich Fried ... 1971 wurde der Terminus „Austropop" geboren: spezifisch österreichische Popmusik, mit bevorzugter Verwendung des Dialekts, anknüpfend an lokale Traditionen in

Kabarett, Wienerlied und experimenteller Dichtung (etwa H.C. Artmann's *Mit aner schworzn tintn*): Marianne Mendt machte mit der *Glock'n* 1970/71 den Anfang, *Da Hofa* von Josef Prokopetz und Wolfgang Ambros (1971) oder *Der Nackerte im Hawelka* von Georg Danzer folgten der Tradition des schwarzen Wienerliedes; schmiegsamer machten es Rainhard Fendrich oder Arik Brauer, politischer André Heller, „Die Schmetterlinge" und die Kunstfigur des „Ostbahn Kurti" (Willi Resetarits).

Politisch grenzte sich Österreich gegen den Westen, die EG und auch die BRD ab, suchte sich als UNO-Staat zu profilieren, durch eine eigenständige Außenpolitik gegenüber dem Ostblock oder auch in Nahost sowie mit den Staaten der Dritten Welt, in der Ansiedlung transnationaler Institutionen und Organisationen, im steigenden Interesse für die Abhaltung internationaler Konferenzen in Wien und einer wachsenden Bereitschaft, Österreich in Vermittlungs- und Friedensmissionen einzuschalten. Ein Hauch von Großmacht wehte über das Land ... Die Neutralität wurde immer stärker zum sinnstiftenden Inhalt der österreichischen Seele. Die Vorstellung, dass Österreich tatsächlich eine Insel sei, wurde zur trügerischen Einbildung.

Austropop in der Tradition des schwarzen Wienerlieds: Wolfgang Ambros. Foto: APA/Oczeret Herbert.

Starteten in den 70ern ihre Karriere: Marianne Mendt und Dr. Kurt Ostbahn alias Willi Resetarits. Foto: APA/Reinhard Werner.

10

Das Jahrzehnt der Skandale
1980–1989

Widerstand gegen das geplante Donaukraftwerk bei Hainburg: Trotz Winterkälte versammelten sich im Dezember 1984 in der Stopfenreuther Au Tausende von Aktivisten, um die Schlägerungen im Auwald zu verhindern.

Bundespräsident Rudolf Kirchschlägers Ausspruch von den sauren Wiesen in der politischen Landschaft, die es trocken zu legen gelte, wurde zum geflügelten Wort der 80er-Jahre. Rudolf Kirchschläger, der Berufsdiplomat aus kleinem Herkommen, entwickelte sich zur allseits akzeptierten moralischen Instanz. In rund 1170 meist persönlich verfassten Reden aus der Zeit seiner Präsidentschaft 1974 bis 1986 stellte er sich auf die Seite der politischen Moral, der sozialen Partnerschaft, des Schutzes der Schwachen und Ungeborenen und konnte damit Werte vermitteln und Hilfe geben in einer Zeit, als die Skandale überbordeten.

"Großer Häuptling" Kreisky raucht die Friedenspfeife. Karikatur von Erich Sokol, eingesetzt in der Werbung zur Nationalratswahl 1983.

Bruno Kreisky war es in den letzten Jahren seiner Kanzlerschaft nicht anders ergangen als Julius Raab seit 1957. Seit 1978 war er gesundheitlich beeinträchtigt, durch eine Erblindung am rechten Auge und durch eine schwerer werdende Nierenkrankheit, die eine regelmäßige Dialyse erforderlich machte. Die kleine Koalition (1983–1986), zu der die Weichen noch von Bruno Kreisky gestellt worden waren, scheiterte, weil die Last aus der vorangehenden Alleinregierung der SPÖ bereits zu groß geworden war: Mit der Regierungsumbildung 1984 (Vranitzky statt Salcher als Finanzminister, Gratz statt Lanc als Außenminister, Moritz als Unterrichtsminister, Fröhlich-Sandner als Familienministerin, Ferdinand Lacina als Minister für Verkehr und öffentliche Wirtschaft) suchte Sinowatz den Schatten Kreiskys abzuschütteln. Sein zur Floskel gewordener Standardsatz, schon in der Regierungserklärung 1983: "Es ist alles sehr kompliziert", sollte ihn nicht mehr loslassen, wurde er ihm doch weniger als Ausdruck bedachtsamer Kompetenz, sondern als Eingeständnis zunehmender Ratlosigkeit ausgelegt.

Die Staatsverschuldung, die Krise der Verstaatlichten Industrie, die Notwendigkeit einer Pensionsreform oder die Orientierungslosigkeit der Energiepolitik mit der Ruine des Atomkraftwerkes Zwentendorf und der Ausweglosigkeit der Auseinandersetzungen in der Hainburger Au waren die ernsten Themen, die Öffentlichkeit aber beschäftigten mehr die Skandale.

Die in den 80er-Jahren immer offenkundiger werdende wirtschaftliche und politische Krise mündete in eine Reihe von Skandalen, die vor allem die auf Kreisky folgende kleine Koalition aus SPÖ und FPÖ unter Bundeskanzler Fred Sinowatz trafen: Es begann mit dem AKH-Skandal, der im Jahr 1980 aufbrach und ein Gemisch von politischer Korruption und Fehlplanungen zutage förderte, und endete mit den Wohnbauskandalen der WBO und WEB. Es waren recht unterschiedliche Themen: Das tief reichende, nur oberflächlich aus dubiosen Steuersachen oder nicht klar getrennten Interessenlagen des Finanzministers entstandene Zerwürfnis zwischen Bruno

Kreisky und seinem „Kronprinzen" Hannes Androsch, die Affäre um den Society-Liebling Udo Proksch und den Untergang der Lucona, das neutralitätswidrige Waffengeschäft mit den Noricum-Kanonen, die Affäre um den umstrittenen Handschlag zwischen dem Verteidigungsminister Friedhelm Frischenschlager und dem fälschlicherweise immer als „SS-Major" und „letzter Kriegsgefangener" bezeichneten SS-Sturmbannführer Walter Reder, die international wie innenpolitisch tiefe Spuren hinterlassende Waldheim-Krise, der Weinskandal ... Der Filz und die Unzulänglichkeit der politischen Akteure schienen immer größer zu werden: Gleichzeitig war es auch ein Effekt der Medien, die sich nicht nur in neuen, nunmehr in Österreich selbst beheimateten Magazinformaten (*Profil, Wochenpresse,* später auch *News*) immer stärker als Aufdecker engagierten, sondern deren publizistische Reichweite auch immer größer wurde.

Es begann mit den in der Republik fast schon zur Routine gewordenen Bauskandalen: Bauring, Rinter-Zelt, AKH. Der Neubau des Allgemeinen Krankenhauses der Stadt Wien (AKH) kostete statt der ursprünglich geplanten 4,5 Milliarden Schilling in der Endabrechnung 36 Milliarden. In den Strudel war auch die Steuerberatungskanzlei „Consultatio" verwickelt. Als im Frühjahr 1984 Finanzminister Herbert Salcher seinen Vorgänger Hannes Androsch wegen Steuerhinterziehung anzeigte, war dies der spektakuläre Schlusspunkt eines sich über fast ein Jahrzehnt hin immer mehr verstärkenden Zerwürfnisses zwischen Kanzler Kreisky und seinem Kronprinzen Androsch.

Jahrelang beschäftigte auch die Burgenländische Wohnbaugenossenschaft Ost, die WBO, die Gerichte. 1982 musste sie Konkurs anmelden. Mehr als eine halbe Milliarde Schilling waren verschwunden oder veruntreut. Bei der Salzburger WEB-Bautreuhand-IMMAG verloren die Anleger 2,4 Milliarden. Der Skandal kam 1989 ins Rollen.

In einer Chronik der österreichischen Skandale zählt der Weinskandal zu den Außenseitern, einerseits, weil keine Politiker oder öffentlichen Unternehmen verwickelt waren, andererseits wegen der großen Zahl der Beschuldigten und weil sich so viele als Betroffene und auch Experten fühlen konnten. Das, was man für natürlich und naturrein hielt, entpuppte sich als gefälscht oder chemisch verunreinigt. Es war die deutsche *Bildzeitung,* die am 12. Juli 1985 in riesigen Lettern die Schlagzeile brachte: „Frostschutz-Wein bei Omas Geburtstag – 11 vergiftet." Die österreichische *Kronenzeitung* setzte nach: „Tödlicher Eiswein in Graz", „Drei Stifterl absolut tödlich." Eine nationale, ja globale Hysterie wurde entfacht, in Deutschland, Großbritannien, selbst in den USA und Japan. Überall wurden die Verkaufsregale medienwirksam von österreichischen Weinen geräumt. Das FBI verhinderte, dass Außenminister Alois Mock Präsident Ronald Reagan einige Flaschen österreichischen Wein überreichen konnte. Sie wurden als Sicherheitsrisiko eingestuft.

Empört über die „Verunglimpfung" seines Weins: Protest eines Ruster Winzers gegen die neuen Qualitätsbestimmungen, Juli 1985.

Durch Beimengung von Diäthylenglykol, das Extraktstoffe vortäuscht, wurden von einzelnen Handelsfirmen große Mengen verfälschter und mit Wasser gestreckter Prädikats- und Qualitätsweine vor allem für den Export hergestellt und damit gleichzeitig die Erzeugerpreise gedrückt. Die Information, dass Diäthylenglykol eigentlich als Frostschutzmittel Verwendung fand, wurde von der Presse begierig aufgegriffen, weil sich da jeder als Experte fühlte, die Autofahrer ebenso wie die Weintrinker. Frostschutz und Eiswein schienen passende Wortspiele zu ergeben. Diäthylenglykol ist zwar giftig, aber nicht in den Mengen, in denen es im Wein genossen werden kann, und nicht unter den Bedingungen des Wein- und Alkoholkonsums. Hinter der Kampagne verbargen sich massive Interessen. Eines der angeblichen Hauptopfer der Glykolvergiftung war vor seiner Pensionierung Pressesprecher einer bayerischen Großbrauerei.

Aufgeflogen war der Skandal, weil ein Weinhändler größere Mengen Diäthylenglykol als Steuerabzugsposten reklamierte. Was aufgedeckt wurde, waren jahrelange Pantschermethoden riesiger Dimension, weit über die Glykolverwendung hinaus. In der Zeit von April 1985 bis Juli 1986 wurden von den Behörden über 35.000 Anzeigen erstattet, die den Beschuldigten den Vorwurf des Verbrechens des leichten und schweren Betrugs sowie der Vergehen nach dem Weingesetz anlasteten. Mehr als 50 Weinbauern und Großhändler wurden verhaftet. Die 20 Haupttäter erhielten bis zu 5 Jahre unbedingte Haftstrafen.

Die Weinexportwirtschaft musste gewaltige Einbußen hinnehmen. Das Auffliegen der Fälschereien führte zu einer Veränderung der Konsumgewohnheiten. Weine wurden bewusster und kritischer ausgewählt. Das Angebot wurde sorgfältiger erstellt. Der Doppler, das Maß der österreichischen Weintrinker, kam aus der Mode. Qualität statt Menge wurde zum neuen Motto. Traubenausdünnung war das neue Schlagwort. Die Aussage eines bekannten Wiener Heurigenwirtes im Jahr 1997, der Weinskandal hätte erfunden werden müssen, wäre er nicht passiert, ist symptomatisch für das neue Qualitätsdenken.

1977 sank der Frachter Lucona mit einer als wertvolle Uranerzaufbereitungsanlage versicherten, in Wirklichkeit aber aus fast wertlosem Schrott bestehenden Ladung im Indischen Ozean, besser, er wurde versenkt. Was wie ein Schiffsunglück aussehen sollte, wurde zum recht wenig profimäßig aufgebauten – auch wenn es um mehr als 200 Millionen Schilling ging – Versicherungsbetrug mit tödlichem Ausgang und mauserte sich zu einem der größten Politskandale der Zeit rund um das Netzwerk des in der Wiener Konditorei Demel angesiedelten Clubs 45, das Udo Proksch, ein schillernder Liebling der Wiener Society, um eine vornehmlich sozialdemokratische Schickeria geknüpft hatte. Zum Skandal wurde nicht der versuchte

Das Ende für den schillernden Liebling der Wiener Society: Udo Proksch auf dem Weg ins Krankenhaus zu einer psychiatrischen Untersuchung. Pressefoto Votava. Der ehemalige Besitzer des „Demel" wurde 1992 zu lebenslanger Haft verurteilt. Udo Proksch starb im Juni 2001 in Graz-Karlau.

Versicherungsbetrug und die Versenkung eines sonst nicht weiter erwähnenswerten Frachters, wobei sechs Seeleute ums Leben kamen, sondern der Versuch der politischen Niederschlagung einer gerichtlichen Verfolgung und die Verwicklung mehrerer Spitzenpolitiker von Außenminister Leopold Gratz bis zu Innenminister Karl Blecha und zahlreicher Helfershelfer aus dem Club 45. Die Verfahren zogen sich von 1977 bis 1992 hin. Am 28. Jänner 1992 legte das Oberlandesgericht Wien das endgültige Strafausmaß für Udo Proksch fest. Der Prozessvorsitzende sprach von einem Versicherungsbetrug von bisher einmaliger Dimension in der Kriminalgeschichte. Das Gerichtsverfahren war mit rund 60 Mio. S Kosten das aufwendigste der österreichischen Justizgeschichte. Die Verfahren gegen die Politiker und Beamten endeten praktisch ohne Konsequenzen.

Der Noricum-Skandal, der „größte Skandal der Zweiten Republik" — allein der nicht zugängliche Aktenbestand im Oberösterreichischen Landesarchiv umfasst 500 Schachteln —, begann, als die verstaatlichte VOEST-Alpine AG 1979/80 die fatale Entscheidung traf, mit der Produktion der Kanonenhaubitze GHN 45 mit ihrer für Österreich auf Grund des Staatsvertrags gar nicht zugelassenen Reichweite von über 30 km in das Waffengeschäft einzusteigen: Das Arbeitsplatzargument überdeckte alle neutralitätspolitischen und völkerrechtlichen Bedenken. Es war die Zeit des Ersten Golfkrieges von 1980 bis 1988. Von 1981 bis 1983 belieferte die VOEST-Tochter Noricum den Irak über den Tarnempfänger Jordanien, ab 1985 die andere Seite, den Iran, auf dem Weg über Libyen. Eine Reihe undurchsichtiger Todesfälle begleitete die Erhebungen. 14 von 18 angeklagten Managern wurden schuldig gesprochen, die Urteile wurden aber in der Revision teilweise zurückgenommen oder abgeschwächt. Die Politiker Sinowatz, Blecha und Gratz wurden 1993 vom Vorwurf des Amtsmissbrauches und Beitrags zur Neutralitätsgefährdung freigesprochen.

Mitte der 80er-Jahre offenbarte sich schlagartig die schon lange schwelende Krise der Verstaatlichten Industrie. Der Missbrauch des staatlichen Sektors als Beschäftigungsreserve, die finanzielle Aushöhlung einzelner Unternehmen, Managementfehler, misslungene Spekulationsgeschäfte und ein zu langes Festhalten an traditionellen Produktionsprogrammen und Produktpaletten, nicht zuletzt auch eine überhastete Internationalisierung waren ausschlaggebend. Es waren neben der von Bundesregierung und Betriebsrat getragenen Untergrabung der Werkssubstanz auch Managemententscheidungen, die in der Situation einer weltweiten Stahlkrise zum VOEST-Debakel führten: Das Stahlwerk Bayou, das statt zu einem Vorzeigewerk am amerikanischen Markt zu werden, zum finanziellen Desaster im texanischen Sumpf geriet, der schlussendlich ebenso verlustreiche Einstieg in die Wehrtechnik mit Panzerwannen, weitreichenden Kanonen und einer ergänzen-

Angeklagt im Noricum-Prozess: Ex-Bundeskanzler Fred Sinowatz wurde 1993 vom Vorwurf des Amtsmissbrauchs und des Beitrags zur Neutralitätsgefährdung freigesprochen.

den Granatenfertigung (Noricum-Skandal) und schließlich die Spekulationsgeschäfte der VOEST-Handelsfirma Intertrading waren nur die auslösenden Momente. Die Wurzeln des Übels lagen in den auf Umsatz- und Beschäftigungsmaximierung statt Gewinn und Produktivität gerichteten Vorgaben der Eigentümer an das Management. Auch der Chemie Linz AG wurde die expansive Beschäftigungsstrategie zum Verhängnis: Sowohl die Fehlinvestitionen mit dem neuen Acrylfaserwerk im Industriegelände Enns, das 1977 den Betrieb aufnahm und schon in den 80er-Jahren zu einer Industrieruine wurde, als auch die Spekulationsgeschäfte der 1983 gegründeten MERX-Handels-GmbH bescherten riesige Verluste. Wechselbäder waren auch bei der Vereinigte Metallwerke Ranshofen-Berndorf AG durchzustehen. Nach Krisenjahren, die von der ÖIAG mit einem erfolgreichen Management-Buy-Out in Berndorf überbrückt wurden, schrieb die AMAG in Ranshofen ab 1987 dank stark gestiegener Aluminiumpreise als einziger verstaatlichter Betrieb Gewinne, die das Unternehmen zu einer verhängnisvollen internationalen Einkaufstour und zum Erwerb von etwa 120 Firmen innerhalb von etwa drei Jahren veranlassten. Der ungesicherte Höhenflug endete Anfang der 90er-Jahre mit einem der VOEST vergleichbaren Absturz. Ähnlich ging es im halbstaatlichen Bereich bei der Steyr-Daimler-Puch-AG zu, wo ebenfalls die Auslandsengagements zu schweren Verlustbringern wurden, in Griechenland ebenso wie in Nigeria und in Polen. Zwischen 1984 und 1988 verbuchte die Steyr-Daimler-Puch AG Verluste von mehr als 5 Mrd. S. Die Katastrophe zweier anderer Paradeunternehmen der Spät-Kreisky-Zeit, der Eumig und der Klimatechnik, hätte die verstaatlichte Länderbank fast ins Verderben gerissen.

Die Dramatik der Situation brachte der ÖIAG-Chef Hugo Michael Sekyra auf einer Belegschaftsversammlung der VOEST-Alpine zum Ausdruck: „Wir sind pleite – verstehen Sie doch – wir sind pleite!" Und bei der AMAG musste der Eigentümervertreter und Austrian Industries Vorsitzende Sekyra 1991 ebenfalls eingestehen: „Die Kriegskasse ist leer." Insgesamt wurden die Verluste der Verstaatlichten Industrie, ohne die Banken und ihre Konzerne und ohne die großteils uneinbringlichen Export-Haftungen der Republik vornehmlich im Ostgeschäft, die sich von 1974 bis 1982 auf 293 Milliarden Schilling verzehnfacht hatten und für die letztlich auch der Steuerzahler haftete, mit mehr als 100 Mrd. S. beziffert.

Politische Dimensionen erreichte die Affäre Frischenschlager-Reder. Der SS-Sturmbannführer Walter Reder, der von der italienischen Justiz für das SS-Massaker in Marzabotto 1944 verantwortlich gemacht worden war, wurde 1985, nach zahlreichen Interventionen, unter anderem durch Bruno Kreisky und Kardinal König, aus der Haft entlassen und nach Österreich überstellt. Der Empfang durch das Bundesheer und den Verteidigungsminister Friedhelm Frischenschlager – ob mit oder ohne Handschlag – geriet rasch ins

Angelobung von Kurt Waldheim zum Bundespräsidenten am Wiener Heldenplatz, 1986. Foto: Robert Newald.

Kreuzfeuer der Kritik. Eine Regierungskrise konnte in der parlamentarischen Abstimmung über den Misstrauensantrag der Opposition durch lückenlose Fraktionstreue und Parteiräson kurzfristig abgewendet werden. Langfristig allerdings gingen die Exponenten des liberalen Flügels der FPÖ, Frischenschlager und sein Parteichef Steger, als Verlierer hervor und war das Ansehen der Regierung nachhaltig geschädigt, bei den einen, weil Frischenschlager Reder einen derartigen Empfang bereitet hatte, bei den anderen, weil er sich dafür nachträglich entschuldigt hatte. Aber es war nur der Auftakt zum Ende der kleinen Koalition.

Die bald darauf folgenden Auseinandersetzungen um die Kriegsvergangenheit von Bundespräsident Kurt Waldheim belasteten nicht nur Österreichs Innenpolitik, sondern auch seine internationale Position: Als Kurt Waldheim nach seiner UNO-Karriere 1985 von der ÖVP als Präsidentschaftskandidat nominiert wurde, nachdem er schon 1971 für die ÖVP einmal in den Präsidentschaftswahlkampf gegangen war, wurden Dokumente und Daten über seine Wehrmachtsvergangenheit lanciert und der internationalen Öffentlichkeit zugespielt, die er in seiner offiziellen Biographie nicht angeführt hatte. Die internationale Stimmung wurde sehr aufgeheizt. Vertreter des World Jewish Congress drohten Österreich mit Sanktionen, sollte Waldheim gewählt werden. Die Anschuldigungen gegen Waldheim waren zwar teilweise grotesk überzogen und es konnte ihm keinerlei Involvierung in Kriegsverbrechen angelastet werden. Aber seine Verantwortung, er habe „nur seine Pflicht getan", war verhängnisvoll, widersprach sie doch diametral der langjährigen Regierungslinie von Österreich als erstem Opfer der Hitler-Agression und vom Zwangscharakter des Hitler-Staates. Waldheim gewann die Präsidentschaftswahlen, die USA setzten ihn am 27. April 1987 auf die so genannte Watchlist und verhängten ein Einreiseverbot. Waldheim

Ein Bild, das 1986 für Aufregung sorgte: Kurt Waldheim als Oberleutnant der Deutschen Wehrmacht auf dem Flugfeld von Podgorica, 22. Mai 1943.

selbst geriet in eine zunehmende Isolierung. Mit ihm setzte der verhängnisvolle Niedergang der Reputation des Präsidentenamts ein, eine Entwicklung, die sich unter seinem Nachfolger noch weiter verstärkte. Und die Geister, die man gerufen hatte, nämlich über ausländische Stimmen die österreichische Innenpolitik zu beeinflussen, wurde man nicht mehr los, von der Präsidentschaft Kurt Waldheims bis zu den so genannten Sanktionen, die von den EU-Staaten 2000 gegen die Regierungsbeteiligung der FPÖ verhängt wurden.

Auch Bundeskanzler Fred Sinowatz selbst geriet in den Strudel der Waldheim-Affäre, hatte er doch nach Aufzeichnungen der parteiintern enttäuschten ehemaligen Clubobfrau der SPÖ Burgenland, Ottilie Matysek, bereits im Oktober 1985 SPÖ-intern davon gesprochen, dass man die „braune Vergangenheit" Kurt Waldheims aufdecken werde, selbst aber als Zeuge in einem Presseprozess ganz anders ausgesagt, was ihm 1992 eine rechtskräftige Verurteilung wegen falscher Zeugenaussage einbrachte. Schon unmittelbar nach der verlorenen Präsidentenwahl war Sinowatz als Kanzler zurückgetreten und wurde am 16. Juni 1986 durch Franz Vranitzky ersetzt. Als am FPÖ-Parteitag in Innsbruck am 13. September 1986 Vizekanzler Norbert Steger in einer Kampfabstimmung durch Jörg Haider als Parteiobmann abgelöst wurde, weigerte sich Vranitzky, die Koalition fortzusetzen. Die Neuwahlen am 23. November 1987 brachten Verluste für SPÖ und ÖVP, während die FPÖ ihren Stimmenanteil verdoppelte und die Grünen erstmals ins Parlament einzogen. Das Experiment der SPÖ-FPÖ-Koalition war gescheitert. Die Weichen für die Erneuerung der Großen Koalition waren gestellt.

Mit Fred Sinowatz und Franz Vranitzky waren erstmals tatsächlich Arbeitersöhne an die Spitze der SPÖ gelangt. Während allerdings die Bürgersöhne von Victor Adler bis Bruno Kreisky Volks- und Arbeiternähe zu suggerieren verstanden und Sinowatz burgenländische Leutseligkeit zu vermitteln vermochte, wurde Vranitzky sein „Banker"-Image nicht los und konnte sich weder das Ansehen eines volksnahen Arbeiterpolitikers noch das eines weitblickenden Visionärs verschaffen, auch wenn es für das immer wieder hartnäckig Vranitzky zugeschriebene Bonmot, wer Visionen habe, brauche einen Arzt, keinen Beleg gibt. Dennoch hat Vranitzky hinter Bruno Kreisky die zweitlängste Amtszeit eines österreichischen Bundeskanzlers erreicht, mehr als zehn Jahre. Er hat aber kaum Spuren hinterlassen. Die Staatsschulden explodierten weiter. Vor allem aber gelang es ihm nicht, ein Mittel gegen Jörg Haider und den Aufstieg der FPÖ zu finden. Aber auch die ÖVP hatte kein Rezept und verbrauchte drei Parteiobmänner, Alois Mock, Josef Riegler und Erhard Busek.

Die SPÖ und der SPÖ-dominierte Gewerkschaftsbund verloren dramatisch an Mitgliedern. Die SPÖ wandelte sich von einer Arbeiterpartei zu einer Volkspartei. Die „Arbeiter" verschwanden aus den Vereinsnamen, die später eingestellte *Arbeiterzeitung* wurde zur *AZ*, der ARBÖ vom Arbeiterradfahrerbund zum Auto-, Motor- und Radfahrerbund, der ASKÖ vom Arbeitssportklub zur Arbeitsgemeinschaft für Sport und Körperkultur, die Konsumgenossenschaft wurde in den Konkurs geschickt, ein Minderheitsanteil an der BAWAG wurde ins konservative Bayern verkauft, 1991 änderte die SPÖ als ganzes Namen und Logo. Und die SPÖ verlor fast die Hälfte der Arbeiter an die FPÖ.

Die Parteienlandschaft war aus der Erstarrung erwacht: In den Auseinandersetzungen um die Errichtung des Kraftwerks Hainburg im Jahr 1984, die mit einer Sistierung des Projektes endeten, war erstmals die Grünbewegung als relevante politische Kraft hervorgetreten, nachdem sie 1983 noch an ihrer Zersplitterung gescheitert war. Als am 10. Dezember 1984 die Schlägerungsarbeiten für den Kraftwerksbau in der Hainburger Au begonnen wurden, kam es zu spektakulären Auseinandersetzungen zwischen Umweltschützern und Organen der Exekutive. Symbolaufgeladene Veranstaltungen wie die Weihnachtsmette in der Au, an der 20.000 Personen teilnahmen, eine massive Pressekampagne und die zunehmende öffentliche Polarisierung veranlassten die Regierung, die Bauarbeiten einzustellen und schließlich das Projekt ganz aufzugeben, wobei Bundeskanzler Fred Sinowatz vorerst bis zur Katastrophe im ukrainischen Kernkkraftwerk Tschernobyl am 26. April 1986 aus seiner Absicht kein Hehl machte, das Kraftwerk Zwentendorf doch noch ans Netz gehen zu lassen und das Kraftwerk Hainburg allen Widerständen zum Trotz durchzusetzen.

Die Erstarrung zeichnete sich trotz permanenter Reformen allerorten ab, im Bildungssystem, an den Universitäten, im Steuerwesen, in der Energiepolitik, im Umweltbereich, in der Arbeitszeitflexibilisierung. Sozialpartnerschaftliche Institutionen gerieten zusehends ins Schussfeld der Privilegien- und Demokratiediskussion. Immer weniger Leute fühlten sich durch die Sozialpartner vertreten und angesprochen. Die Pflichtmitgliedschaft in den Kammern wurde in Zweifel gezogen. Um dem gegenzusteuern, wurden die Sozialpartner zunehmend zu Serviceinstitutionen umgewandelt. Die politische Entflechtung der Mehrfachfunktionen im sich überlappenden Verbände- und Parteiensystem wurde immer mehr verlangt, nicht nur aus einkommenspolitischen, sondern auch aus demokratiepolitischen Intentionen. Das Finanzdebakel der Verstaatlichten Industrie erzwang eine völlige Kursänderung in der Verstaatlichtenpolitik. Das Budget wurde immer mehr mit hohen Schulden und entsprechenden Zinsendiensten belastet.

1987, mit dem Ende der Kleinen Koalition, vollzog sich in Österreich ein bemerkenswerter Wandel in der Europapolitik. In der ÖVP verstärkte sich die Pro-Europa-Stimmung nachhaltig. Der Außenminister und Parteivorsitzende Alois Mock positionierte die ÖVP als Europapartei. Die SPÖ mit Bundeskanzler Franz Vranitzky, maßgeblich gesteuert von Finanzminister Ferdinand Lacina, zog nach. Die zur Haider-Partei gewandelte FPÖ verlangte 1987 die

Eroberte 1988 mit seinem Roman Die letzte Welt *erstmals die Bestsellerlisten: Christoph Ransmayr. Foto: Sepp Dreissinger.*

Der meistdiskutierte Kunstskandal der Zweiten Republik: die Aufführung von Thomas Bernhards Stück Heldenplatz *am Wiener Burgtheater, inszeniert von Claus Peymann, 1988. Im Bild Kirsten Dene, Wolfgang Gasser und Elisabeth Rath. Foto: Oliver Herrmann.*

Vollmitgliedschaft in der EG, sonst bestehe die Gefahr, dass Österreich zur Bettelrepublik werde. Nur die Grün-Alternativen und die KPÖ verharrten auf einem strikten Ablehnungskurs. In der FPÖ setzte allerdings 1990 eine Abkehr vom europapositiven Kurs ein, die 1992 mit einem strikten „Nein" den Höhepunkt erreichte.

Was den Willen zum EU-Beitritt förderte, war erstens die Hoffnung, mit der EU eine Verantwortungsumverteilung nach außen vornehmen zu können, bei unangenehmen Dingen wie Budgetstabilisierung oder Pensionsreform: Die EU verlange es. Zweitens der ausklingende Kalte Krieg, der den Neutralitätsvorbehalt schwächer werden ließ. Drittens die immer stärker werdenden Außenhandelsargumente, dass Österreich eben auf Gedeih und Verderb mit der EU verflochten sei.

Die Uraufführung von Thomas Bernhards *Heldenplatz* am 4. November 1988 in einer Inszenierung von Claus Peymann im Wiener Burgtheater geriet zum Abgesang der 80er-Jahre und zum meistdiskutierten Kunstskandal der Zweiten Republik: „Der Staat eine Kloake stinkend und tödlich / die Kirche eine weltweite Niedertracht / die Menschen um einen herum / abgrundtief hässlich und stumpfsinnig / der Bundespräsident ein verschlagener verlogener Banause / und alles in allem depriminierender Charakter / der Kanzler ein pfiffiger Staatsverschacherer ..." Als Bruno Kreisky 1990 starb, hatte bereits eine völlig neue Phase der Weltpolitik eingesetzt und die innen- und außenpolitische Situation und Position Österreichs hatte sich grundlegend gewandelt.

*) Das Jahrhundert der Datenmassen

Der Beginn der Lochkartenbuchhaltung: von dem Autodidakten Gustav Tauschek (1899–1945) entwickelte Maschine.

Das 20. Jahrhundert ist zum Jahrhundert des Computers geworden. Maschinen, die zuerst für mehr oder weniger umfangreiche und komplizierte Berechnungen eingesetzt wurden, sind heute in allen Bereichen von Wissenschaft, Wirtschaft, Gesellschaft und Verwaltung unverzichtbar: Sie speichern, verwalten und verarbeiten Daten, bearbeiten und erzeugen Texte, Bilder und Töne, managen die elektronische Post, steuern und regeln Maschinen, Fahrzeuge, Waffen, ja selbst menschliche Organe. Es gibt kaum mehr Bereiche, in denen Mikroprozessoren nicht gebraucht werden, von Fabriken und Banken über Spitäler, Ämter und Haushalte bis zu Spielen und künstlerischen Produktionen. Ein globales Netz speichert, sortiert und verknüpft Daten und Informationen.

Große Datenmassen hat man schon im ausgehenden 19. Jahrhundert mit den Hollerith-Lochkartenmaschinen zu beherrschen gelernt. Hermann Hollerith stellte 1890 bei der US-Volkszählung ihre Leistungsfähigkeit erstmals unter Beweis. Österreich zog noch im selben Jahr mit den USA gleich. Verantwortlich dafür war der Österreicher Otto Schäffler (1838–1928), der sich eingehend mit der Wirkungsweise elektrischer Zählmaschinen auf der Grundlage des Hollerithschen Systems befasste und eine vollständige Maschine nebst Lochungs- und Sortierapparat und einem für die Volkszählung angepassten Schaltungsplan konstruierte. Bis 1905 wurden nur in den USA, in Österreich und in Russland Volkszählungen mit Lochkarten ausgewertet. Die große Blütezeit der mechanischen Rechenmaschinen und Registrierwerke waren das späte 19. und frühe 20. Jahrhundert. Odhner, Brunsviga, Burroughs waren die berühmten Namen, die Ingenieuren,

Buchhaltern und Wissenschaftlern halfen, ihre Rechenprobleme zu lösen. Der Österreicher Gustav Tauschek (1899–1945) erwarb über 200 Patente für automatische Buchhaltungs-, Zähl- und Rechenmaschinen, die er an IBM weitergab. Der Höhepunkt aller mechanischen Rechner war die Curta, benannt nach ihrem Konstrukteur, dem Österreicher Curt Herzstark (1902–1988). Die erste Curta kam 1948 auf den Markt. Das letzte Exemplar verließ 1970 die in Liechtenstein angesiedelte Fabrik.

Die Möglichkeiten mechanischer und elektromechanischer Rechenwerke waren mit den mechanischen und elektromechanischen Rechenhilfen, Buchungsmaschinen und Lochkarten-Tabuliermaschinen auf das Äußerste ausgereizt. Hier ging kein Weg weiter. Die ersten Großrechner arbeiteten mit Telefon-Relais und Elektronenröhren.

Der deutsche Bauingenieur Konrad Zuse begann 1934 mit der Planung einer programmgesteuerten Rechenmaschine und baute mit dieser Technik den ersten tatsächlich funktionierenden programmierbaren Rechner. Sein erstes, noch mechanisches Modell Z1 wurde 1937 fertig gestellt. Die Z3, die statt mechanischer Bauteile Telefonschaltrelais verwendete, konnte im Jahre 1941 funktionsfähig gemacht werden. Für die Multiplikation zweier siebenstelliger Zahlen brauchte sie vier bis fünf Sekunden.

Die 1939 von Howard Aiken begonnene und 1944 fertig gestellte „Harvard Mark I" oder „IBM Automatic Sequence Controlled Calculator" war ein Monstrum von 16 m Länge mit

Telefonzentrale am Börseplatz in Wien, Februar 1938.

Aufwändige Datenspeicherung: das Rechenzentrum der Wiener E-Werke im Jahre 1977. Foto: Otto Simoner.

Baute 1955 bis 1958 mit dem „Mailüfterl" den ersten Großrechner auf Transistorbasis: Heinz Zemanek. Foto: Maria Haubenberger, Wien.

35 t Gewicht und 700.000 Einzelteilen. Für die Multiplikation zweier zehnstelliger Zahlen benötigte sie sechs Sekunden.

Als dritter hatte der Ingenieur George Stibitz in den Bell Telephone Laboratories 1937 damit angefangen, eine Rechenmaschine auf der Basis von Telefonschaltrelais zu bauen. Das Resultat war der ENIAC (Electronic Numerical Integrator and Computer), der ab 1944 am elektrotechnischen Institut der Universität von Pennsylvania aufgebaut wurde, aus 14.468 Elektronenröhren zusammengesetzt war, 150 kW verbrauchte und 30 Tonnen wog. Mechanische Schalter, Relais und Elektronenröhren machten die frühen Computer zu vergleichsweise großen und langsamen Monstren.

Den großen Sprung nach dem Zweiten Weltkrieg brachten die Transistoren, die in weiterer Folge zu integrierten Schaltkreisen zusammengefasst und zuletzt zu Mikroprozessoren von immer geringerer physischer Größe und immer größerer Leistungsfähigkeit und Geschwindigkeit entwickelt wurden. Je schneller und leistungsfähiger die Computer wurden, umso kleiner mussten die Mikrochips werden.

Eine der ersten volltransistorisierten Rechenanlagen in Europa wurde an der Technischen Hochschule Wien gebaut. Die Maschine, der auf gut wienerisch wegen der bescheidenen Mittelausstattung in Österreich in ironischer Anspielung auf das amerikanische Großprojekt „Whirlwind" der Name „Mailüfterl" gegeben wurde, entstand zwischen 1956 und 1959 am Institut für Niederfrequenztechnik der Technischen Universität Wien unter der Leitung von Prof. Heinz Zemanek. Der Rechner war bis 1966 bei IBM Wien in Betrieb.

Der große Schritt der 80er-Jahre ging von den großen Zentralrechnern und Supercomputern zu den unzähligen selbstständigen Einheiten und Personalcomputern, die sich zu riesigen weltweiten Netzwerken zusammenschließen ließen. Die historischen Wurzeln des Internets, der weltweiten Vernetzung kommunizierender Rechner, reichen bis in die 60er-Jahre zurück. 1971 wurde erstmals das @-Zeichen für eine elektronische Adresse verwendet. Netzwerke wurden in den 70er-Jahren rasch weiterentwickelt. Ab Mitte der 80er-Jahre wurde das

Im Mai 1958 lief das erste Programm – die Bestimmung der ersten auf eine eingegebene Zahl folgenden Primzahl: Heinz Zemanek vor seinem „Mailüfterl". Foto: Gerhard Trumler.

„Internet" immer mehr zum Begriff für die allgemeine Vernetzung der einzelnen Netze. Im Internet dominierten die USA. Der Beitrag der Europäer war das World Wide Web (WWW), das am Europäischen Kernforschungszentrum CERN konzipiert wurde. Schon 1965 war dort ein völlig neues Verfahren für das Publizieren von Texten unter der Bezeichnung „Hypertext" erdacht worden, das Texte nicht mehr linear, sondern vernetzt anordnete. Mit der Vernetzung von Computern und der Vernetzung von Dokumenten war im November 1990 der abstrakte Raum des World Wide Web geboren. Die Anzahl der Webseiten stieg von 130 im Juni 1993 auf etwa 40 Millionen Anfang 2002, die Zahl der User von 15 Millionen Mitte der 90er-Jahre auf 500 Millionen Anfang 2002.

Österreich liegt inzwischen hinsichtlich der Ausstattung mit Internet-Anschlüssen und Personalcomputern im weltweiten Spitzenfeld. Ein alles vernetzendes System, mit Handy, Internet und PC, bildet virtuelle Räume, welche die menschliche Kommunikation vervielfachen und automatisieren werden: eine völlig neue Welt. Ob sie schön sein wird, liegt an den Menschen.

11

Das Jahrzehnt der Öffnung 1990–2000

Es hatte Symbolkraft, als der österreichische Außenminister Alois Mock gemeinsam mit seinem ungarischen Amtskollegen Guyla Horn am 27. Juni 1989 bei Klingenbach an der burgenländisch-ungarischen Grenze mit Drahtscheren den Stacheldrahtzaun durchtrennte. Am 11. Dezember 1989 gingen auch an der tschechoslowakisch-österreichischen Grenze Kommandos der Grenztruppen daran, die Stacheldrahtverhaue zu entfernen. Zahlreiche Journalisten wurden zum oberösterreichisch-tschechischen Grenzübergang Wullowitz eingeladen, um Zeuge zu werden, wie Landeshauptmann Dr. Josef Ratzenböck mit dem südböhmischen Kreisvorsitzenden Dipl. Ing. Miroslav Šenkyř zur Beseitigung des „Eisernen Vorhangs" zwischen Österreich und der Tschechoslowakei eigenhändig den Draht durchschnitt. Wenige Tage später wurde von den Außenministern Alois Mock und Jiří Dienstbier dieselbe Aktion wie im Juni nunmehr an der niederösterreichisch-tschechischen Grenze wiederholt.

Der Schritt in eine neue Ära: Bundeskanzler Franz Vranitzky und Außenminister Alois Mock bei der Unterzeichnung des EU-Beitrittsvertrags am 24. Juni 1994 in der St.-Georgs-Kirche auf Korfu. Foto: APA/EPA/Anja Niedringhaus.

Das 20. Jahrhundert / Das Jahrzehnt der Öffnung

Der Fall des „Eisernen Vorhangs": Außenminister Alois Mock und sein tschechischer Amtskollege Jiří Dienstbier durchtrennen den Stacheldraht an der tschechisch-niederösterreichischen Grenze, Dezember 1989.

Schon im Frühjahr 1989 hatte der ungarische Botschafter dem österreichischen Außenminister Mock anlässlich eines Gedankenaustausches symbolisch eine Kiste mit einem Stück Stacheldraht vom Eisernen Vorhang mitgebracht. Das Signal war deutlich. Am 2. Mai 1989 begann Ungarn an der Grenze zu Österreich mit dem Abbau des Eisernen Vorhangs. Für jene DDR-Bürger, die in Ungarn ihren Urlaub verbrachten, bot die neue Durchlässigkeit die Chance, von Ungarn aus über die grüne Grenze nach Österreich zu gelangen. Täglich kamen etwa 25 bis 100 Flüchtlinge über die nunmehr grüne Grenze. Am 18. August 1989, dem 159. Jahrestag der Geburt von Kaiser Franz Joseph I., kam es bei einem von der Paneuropa-Union veranstalteten Massen-Picknick in der westungarischen Stadt Sopron „als Symbol der Annäherung zwischen Österreich und Ungarn", so die amtliche ungarische Nachrichtenagentur MIT, zur realen Öffnung des Eisernen Vorhangs. Etwa tausend junge Urlauber aus der DDR stürmten in der Nacht zum 19. August und am nächsten Tag einen alten Grenzübergang zum burgenländischen St. Margarethen, durchschnitten den Maschenzaun und gelangten in die Freiheit. Ungarische Grenzsoldaten ließen die jungen Leute gewähren. Von Österreich reisten die meisten Flüchtlinge mit dem Zug weiter in die Bundesrepublik Deutschland. Bis 10. September waren etwa 6.600 DDR-Bürger von Ungarn über Österreich nach Deutschland gelangt. Am 11. September öffnete Ungarn offiziell die Grenze. Innerhalb weniger Stunden konnten weitere 20.000 Bürger der DDR auf diesem Weg in den Westen gelangen. Insgesamt dürften zwischen Mai und November 1989 bis zum Fall der Berliner Mauer und der Öffnung der innerdeutschen Grenze etwa 40.000 bis 50.000 DDR-Bürger über Österreich in die Freiheit gekommen sein.

In weniger als einem Jahr waren in sechs Ländern die kommunistischen Alleinherrschaften im Jahr 1989 zusammengebrochen. Bis 1991 folgten alle noch verbliebenen europäischen kommunistischen Länder und auch die Sowjetunion, die seit 1917 den Ausgangspunkt des Kommunismus und

Ein Bundespräsident und seine Vorgänger: Thomas Klestil mit Rudolf Kirchschläger und Kurt Waldheim. Foto: APA/Hans Klaus Techt.

dessen internationale Festung bildete. Im Westen waren es konservative und christlichsoziale Politiker, die den Öffnungsprozess aktiv unterstützten: Ronald Reagan und George Herbert Walker Bush, Helmut Kohl und Alois Mock, während die sozialdemokratischen Politiker sich sehr abwartend verhielten, François Mitterand ebenso wie Franz Vranitzky, weil sie entweder mit dem kommunistischen Status quo gar nicht so unzufrieden waren oder an eine allmähliche Angleichung der Systeme und eine Transformation der Kommunisten in Sozialdemokraten glaubten. Im Osten waren es mutige Bürgerbewegungen, die die Unterstützung der Massen gewinnen konnten.

Österreich konnte vom Fall des Eisernen Vorhangs in mehrfacher Hinsicht profitieren: zuerst durch einen Nachfrageschub nach westlichen Konsumgütern, dann durch eine Welle von Investitionen und Direktbeteiligungen in den neuen Märkten, schließlich auch durch die Änderung der generellen politischen Weltlage, die Österreich einen EU-Beitritt wesentlich erleichterte oder ihn unter völlig neue Perspektiven stellte.

Ausgelöst durch die Gorbatschow-Doktrin, dass jeder Staat seine außenpolitischen Bindungen selbst bestimmen könne, brachen die kommunistischen Systeme und mit ihnen der Warschauer Pakt und das Comecon zusammen. Die österreichische Außenpolitik nutzte diese Situation. Gorbatschow hatte mit „Glasnost" und „Perestroika" wie auch mit seiner These vom „europäischen Haus" die österreichischen Beitrittsbestrebungen gefördert oder vielleicht überhaupt erst ermöglicht.

Im selben Jahr 1989, am 17. Juli, überreichte der österreichische Außenminister Alois Mock im Auftrag der Bundesregierung in Brüssel den Antrag auf Aufnahme in die Europäische Gemeinschaft (EG). Längst vor der Aufnahme der eigentlichen Verhandlungen 1993/94 hatten sich vier Konfliktfelder abgezeichnet: Neutralität, Transitverkehr (besonders über Tirol),

Ökologiestandard und Landwirtschaft. Die Neutralitätsfrage wurde durch die Auflösung der Sowjetunion 1991 außenpolitisch entschärft. Das Transitabkommen mit der Einführung der Ökopunkte im Jahre 1991 entlastete dieses Konfliktfeld zumindest vorübergehend. Die Ökologiestandards in Österreich übertrafen jene in der EU. Diese Frage trieb die Grün-Alternativen in eine strikte Gegnerschaft zum EU-Beitritt. Das Problem Landwirtschaft konnte schließlich nach schwierigen Verhandlungen durch Ausgleichszahlungen zumindest vorübergehend entschärft werden.

1994 konnten die EU-Beitrittsverhandlungen abgeschlossen und der Beitrittsvertrag nach dem überzeugenden Votum der Österreicher für die EU mit 66,4 Prozent Ja-Stimmen unterzeichnet und ratifiziert werden. Seit 1. Jänner 1995 ist Österreich Mitglied der Europäischen Union.

Nicht dass mit der am 1. Jänner 1995 beginnenden EU-Mitgliedschaft Österreichs das Leben so ganz anders geworden wäre: Doch der Fall des Eisernen Vorhangs im Jahr 1989, der das Donaubecken plötzlich vom Sowjetkommunismus befreit und wieder ohne Einschränkungen für seine traditionellen Verbindungen zu Wien geöffnet hat, und der Beitritt zur Europäischen Gemeinschaft mit 1. Jänner 1995, der Österreich auch formal im gemeinsamen Europa voll verankert hat, haben die politische Situation und internationale Position Österreichs grundlegend verändert.

Das Jahr 1989 hat Österreich wieder stärker in eine Mittelpunktlage gerückt. Österreichs Wirtschaft konnte alte Verbindungen neu beleben. Gleichzeitig war aber jene bequeme Stellung, die Österreich und Wien als neutraler und weit nach Osten vorgeschobener Außenposten des Westens in den wirtschaftlichen und politischen Beziehungen mit dem Osten eingenommen hatten, verloren gegangen. Plötzlich gab es viele Konkurrenten im Ostgeschäft. Zusätzlich drängten die ehemaligen Satellitenstaaten Russlands politisch in die NATO und wirtschaftlich in die EU.

Bundeskanzler Viktor Klima mit dem britischen Premier Tony Blair bei einem Treffen der EU-Staats- und Regierungschefs in Pörtschach, 25. Oktober 1998.

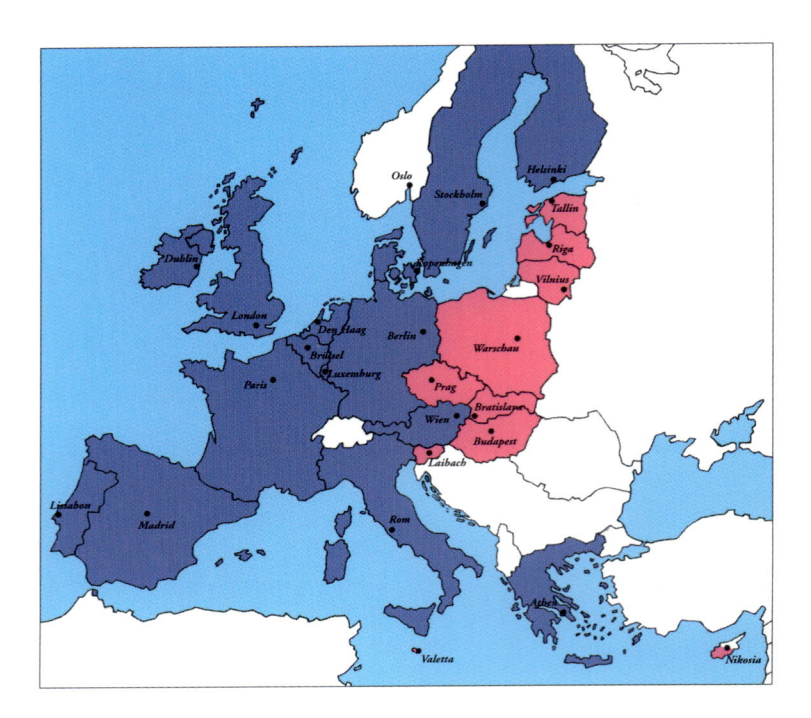

Europa am Beginn des 21. Jahrhunderts: Durch den Beitritt von 10 weiteren Ländern (rosa) zur EU im Jahre 2004 verliert Österreich seine bisherige Rolle als EU-„Frontstaat".

Gleichzeitig ist Österreich durch den EU-Beitritt wieder zum Frontstaat geworden, hat eine Schengen-Außengrenze, ist mit erheblicher Zuwanderung und Konkurrenz am Arbeitsmarkt konfrontiert. Dem *annus mirabilis* in Osteuropa folgten dort „miserable" Jahre. Ein paarmal musste man den Atem anhalten, als in Slowenien und Kroatien der Krieg ausbrach und der Beginn des Zerfalls Jugoslawiens und der balkanischen Tragödie einsetzte, als das österreichische Bundesheer an der steirisch-kärntnerischen Grenze antrat, um diese notfalls zu verteidigen, als mit dem Putschversuch in der Sowjetunion das Schicksal der weltweiten Entspannung auf des Messers Schneide stand, als der Zerfall der Sowjetunion sich weiter fortsetzte und die UdSSR aufgelöst wurde, als der Bosnien-Krieg voll entbrannte, als die Tschechoslowakei tiefe Risse zeigte.

Man kann den österreichischen EU-Beitritt entweder als konsequenten Abschluss der schon lange sehr pragmatisch vorgetragenen österreichischen Wünsche nach einer Einbindung in die EWG/EG/EU oder aber als Bruch mit der bisherigen Neutralitätspolitik deuten.

Mit dem Ende der beiden Blöcke hat die Neutralität an Bedeutung verloren. Auch die daraus entspringenden Vorteile sind verschwunden: Viele Entscheidungen sind auf eine andere Ebene verlagert. Die Wirtschaft ist in

Das 20. Jahrhundert / Das Jahrzehnt der Öffnung

einen verstärkten globalen Wettbewerb gedrängt. Die Märkte sind liberalisiert. Die Österreicher wurden zu Europäern. Durch den Zerfall Jugoslawiens und durch die Trennung der Slowakei von Tschechien im Jahr 1993 hat sich die Position Österreichs im ostmitteleuropäischen Umfeld deutlich verändert.

Mit der Einführung des Euro am 1. Jänner 2002 war der psychologisch wichtigste Schritt der wirtschaftlichen Einigung Europas erfolgt. Mit der für 2004 beschlossenen EU-Erweiterung ist Europa auf dem Weg, die Teilung, die mit dem Marshallplan und der Aufrichtung des Eisernen Vorhangs begonnen hat, endgültig zu überwinden und das Vermächtnis der Öffnung aus dem Jahr 1989 zu erfüllen. Österreich hat die Chance, wieder ins Zentrum Europas zu rücken.

Die Strukturkrise der staatlichen, verstaatlichten und indirekt staatlichen Industriebetriebe, die Ende der 80er-Jahre noch mehr als ein Viertel der industriellen Wertschöpfung Österreichs erwirtschaftet hatten, schwächte nicht nur das Wirtschaftswachstum, sondern führte in den 90er-Jahren zu einer tiefgreifenden Privatisierungswelle, durch den Börsegang der VA Stahl im Oktober 1995 (43,4 Prozent des Aktienkapitals verblieben bei der ÖIAG, d. h. der Republik, 22,7 Prozent bei der VA Technologie AG, 33,9 Prozent waren Streubesitz), die Abgabe der Austria Metall AG an die Gruppe Hammerer-Turnauer, die Privatisierung der Salinen AG im Frühjahr 1997 und der Austria Tabak AG zur Jahrtausendwende. Die Privatisierung des trudelnden Leiterplattenwerkes AT&S im Jahr 1994 wurde zum großen Coup für eine von Hannes Androsch geführte Gruppe um die Manager Willibald Dörflinger und Helmut Zoidl, die die Chancen des Handy-Booms rechtzeitig erkannten. Beim Steyr-Daimler-Puch-Konzern waren beginnend mit dem Jahr 1988 Teilbereiche an Kooperationspartner veräußert worden, der Kugellagerbereich an die SKF, der Nutzfahrzeugbereich an die MAN, die daraus die SNF formte, die Traktorenfertigung an CASE-Cooperation, zuletzt die SAT (Steyr Antriebstechnik) an den Magna-Konzern und die Steyr-Mannlicher an das Management durch ein Management-Buy-Out. Auch bei der Chemie Linz ließ ein hektisches Umstrukturierungskarussel letztlich von den 7.000 Arbeitsplätzen nur etwa 1.700 in den verstaatlichten „Rest-Betrieben" der Agrolinz Melamin GmbH und der PCD-Polymere GmbH. Die Produktion wurde auf Melamin und Düngemittel reduziert, das riesige Werksgelände für einen „Chemiepark" freigemacht. 1996 waren 19 selbstständige Unternehmen auf dem Gelände der früheren Chemie Linz AG tätig.

Die Verstaatlichte Industrie wurde zum Großteil privatisiert, was zwar volkswirtschaftlich durchaus produktivitätsfördernde Wirkungen zeitigte, für die Politik aber die Möglichkeit, mit Verkäufen zusätzliche Finanzquellen zu erschließen, zunehmend versiegen ließ. Dass Österreich aus der Verstaatlichtenkrise letztlich wirtschaftlich gestärkt hervorging, hatte seine

Franz Fischler, Österreichs Kommissar in Brüssel: 1989–1994 Bundesminister für Land- und Forstwirtschaft, seit 1995 EU-Agrarkommissär. Foto: Mediathek der Europäischen Kommission.

Ursache nicht nur in der Stärke seiner in die Lücken nachrückenden Mittelbetriebe, sondern auch im Potential seiner Manager, die aus maroden Betrieben in den meisten Fällen florierende Unternehmen machten. Die Zahl der Beispiele ist groß, von der AT&S-Gruppe um Hannes Androsch bis zur Magna des Austro-Kanadiers Frank Stronach.

Die ideologische Positionierung in der Frage Verstaatlichte Industrie kann als eine der Schlüsselfragen in der Einstellung der einzelnen Parteien zur europäischen Integration bewertet werden. Für die ÖVP war die Verstaatlichte Industrie immer ein ungeliebtes Kind und der Weg in die EU eine Chance, mehr Privatisierung durchzusetzen. Für die SPÖ bedeutete die Verstaatlichte Industrie nicht nur eine partielle Einlösung des Anspruchs auf Vergemeinschaftung der Produktionsmittel, sondern auch ein Bollwerk gegen das verstärkte Eindringen ausländischen Kapitals. Dass mit dem anvisierten EU-Beitritt auch die Privatisierung in Angriff genommen werden konnte, war nicht nur das Diktat der leeren Kassen, sondern auch Folge einer Neuausrichtung der österreichischen Politik in einem größeren Europa, die für Sozialpartnerschaft, Korporatismus und geschützte Sektoren weniger Platz ließ.

Die große Koalition war in den 90er-Jahren mit dem schier unaufhaltsam scheinenden Vormarsch der FPÖ unter Jörg Haider konfrontiert. Der Austritt von Heide Schmidt und vier weiterer Mandatare aus der FPÖ und die Gründung des (Links)Liberalen Forums im Jahr 1993 schienen zwar den alten Traum Bruno Kreiskys von einer Zersplitterung des bürgerlichen Lagers zu fördern und der SPÖ einen bequemen Koalitionspartner zu liefern. Das Parteienspektrum verbreiterte sich in den 80er- und 90er-Jahren vom Duopol SPÖ–ÖVP zu einem Fünfparteiensystem. Die entscheidende Veränderung des politischen Systems entstand aber durch den rasanten Aufstieg der Haider-FPÖ. Mit 23 Prozent der Stimmen im Jahr 1994 konnte die Haider-Bewegung das angestammte Wählerreservoir des dritten Lagers sowohl im Vergleich zur Ersten als auch im Vergleich zur Zweiten Republik erheblich erweitern. Statt zwei Großparteien gab es nun drei Mittelparteien und zwei kleine Parteien (65 Mandate SPÖ, 52 ÖVP, 42 FPÖ, 13 Grüne, 11 LIF). Schon 1995 gab es neuerlich Wahlen. Die ÖVP verlor Mandate, die SPÖ gewann welche, sonst änderte sich nicht viel.

Österreich hat sich massiv verändert. Die alten Strukturen, Kirchen, Gewerkschaften, Parteien gerieten immer mehr unter Druck. Dagegen nahmen sich die Obmannwechsel bei der ÖVP, von Mock zu Riegler, weiter zu Busek und zuletzt zu Schüssel, fast als Routine aus. Die Affäre Groer, der Zusammenbruch der Konsumgenossenschaft, die Explosion des Budgets und die Rohr- und Briefbomben sorgten für Aufregung. Es gab Stagnation, ja sogar Rückschritte, wo es jahrzehntelang nur ein Aufwärts gegeben hatte. Das Sparpaket, die BSE-Krise, das Autobahnpickerl, die Einstimmung auf den

Ein schier unaufhaltsam scheinender Vormarsch: FP-Obmann Jörg Haider in Siegerpose nach der Nationalratswahl von 1995.

Begeisterung auf dem Wiener Heldenplatz: Papst Johannes Paul II. bei seinem dritten Besuch in Österreich im Juni 1998.

Euro regten auf und boten Stoff für Diskussionen. Dass die verstaatlichte Creditanstalt, die immer als das bürgerliche oder seit der Generaldirektion Androsch zumindest etwas bürgerlichere Pendant der proporzmäßig der linken Reichshälfte zugeordneten Länderbank bzw. der aus Länderbank und Zentralsparkasse der Gemeinde Wien (Z) fusionierten Bank Austria gesehen wurde, an der Jahreswende 1996/97 gegen den Willen des Koalitionspartners ÖVP in einer Pseudoprivatisierung der Bank Austria bzw. ihrem Mehrheitseigentümer, der Gemeinde Wien, überlassen wurde, bewirkte eine tief sitzende Verstimmung bei der ÖVP, die auch dadurch nicht kleiner wurde, dass die Gemeinde Wien die neue Großbank in einem unglücklichen Deal an die bayerische Hypo-Vereinsbank veräußerte oder, wie die Kursentwicklung der dafür eingetauschten Aktien der neuen Muttergesellschaft lehrte, vielleicht sogar verschleuderte.

Als die SPÖ 1996 bei der Wahl zum Europaparlament weit hinter die ÖVP zurückfiel und von der FPÖ fast überholt wurde, wurde 1997 Franz Vranitzky von Viktor Klima in der Regierungsführung abgelöst. Äußerlich hielt ein völlig anderer Politik-Stil Einkehr: die „zähnefletschende Herzlichkeit" (Rudolf Burger) eines Viktor Klima statt der „Sphinx ohne Geheimnisse" (Bruno Kreisky) eines Franz Vranitzky, verbrüderndes Du-Wort, kameradschaftliche Umarmungen und Vereinnahmungen, Volksnähe simulierend durch Auftritte in Gummistiefeln, mit dem Hirtenhund „Grolli", mit Spin-Doktoren und wendigen Sekretären.

Bei den Nationalratswahlen vom 3. Oktober 1999 hieß der große Sieger FPÖ. An Stimmen hatte sie die ÖVP überholt, mandatsmäßig herrschte mit je 52 Sitzen ein Gleichstand. Der große Wahlverlierer war die SPÖ, die auf 65 Mandate abgesunken war. Das Liberale Forum scheiterte, so dass eine Ampelkoalition Rot-Gelb-Grün oder eine Koalition Rot-Grün nicht möglich war. Mit 104 von 183 Parlamentssitzen hatten ÖVP und FPÖ eine klare Mehrheit erreicht. Die Sondierungsgespräche und Regierungsverhandlungen dauerten lange. Die Große Koalition hatte ausgedient.

Am 31. Jänner 2000 kam die Sanktionsdrohung der 14 EU-Staaten gegen eine Hereinnahme der FPÖ in die Regierung. Das Vorgehen der EU-Staaten, mit denen einzelne andere Staaten mitzogen, von Tschechien bis Israel, entbehrte einer Rechtsgrundlage und wurde von Rechtsexperten als unverhältnismäßig beurteilt, waren doch österreichischerseits die Homogenitätsbestimmungen des EU-Vertrags nicht einmal hinsichtlich einer einfachen Verletzung angetastet und war auch das Hauptziel der Kritik, Jörg Haider, gar nicht in der Regierung vertreten. Es handelte sich in Wirklichkeit daher auch nicht um Sanktionen nach irgendeiner Rechtsverletzung, sondern um konzertierte Boykottmaßnahmen. Auch wenn die Sozialdemokraten, Grünen und auch der Bundespräsident die EU-Sanktionen vielleicht zunächst

Wolfgang Schüssel, der „Kanzler der Wende": 1989–1995 Bundesminister für wirtschaftliche Angelegenheiten, seit 1995 Bundesparteiobmann der ÖVP, 1995–2000 Vizekanzler und Außenminister, seit 2000 Bundeskanzler.
Foto: Bundeskanzleramt

nicht ohne Genugtuung sahen und Interventionen aus Österreich und die Sozialistische Internationale bei ihrem Zustandekommen nicht ohne Bedeutung waren, hatten doch zehn der 14 Länder sozialistische Regierungschefs und Belgien einen liberalen, so waren es teils jeweils spezifische innenpolitische Kalküle, teils schlichte Überrumpelung, die in den einzelnen EU-Staaten zu einer derartigen Reaktion geführt hatten. Immer wieder geäußerte Verschwörungstheorien haben wenig Plausibilität. Die Wirkung der Sanktionen war allerdings für ihre Erfinder kontraproduktiv. Schon bald begannen einzelne Regierungen nach einem Ausweg zu suchen. Der wirkliche Gewinner der Sanktionen war die ÖVP. Sie hatte die prestigeträchtigen Ministerien, insbesondere das Außenministerium, dem die populäre Abwehr der Sanktionen zukam. Außenministerin Benita Ferrero-Waldner avancierte während der Sanktionen zur beliebtesten Politikerin Österreichs.

Die so genannten Lichtermeere und Donnerstags-Demonstrationen verpufften zuletzt zu einem kleinen Häufchen, das Image des Bundespräsidenten war nachhaltig beschädigt. Am 12. September 2000 gaben die 14 EU-Staaten die bedingungslose, unbefristete und unmittelbare Aufhebung der Sanktionen bekannt. Der EU insgesamt hatten sie nicht genützt, weder Österreich noch den 14 anderen. Die SPÖ verlor auch die nächsten Wahlen: Der Wahlerfolg der ÖVP vom 24. November 2002 mit einem Zugewinn von 27 Mandaten brachte gleichzeitig den dramatischen Absturz der FPÖ. Die SPÖ, die bei dieser Wahl zwar vier Mandate gewinnen konnte, verlor gleichzeitig die Position als stärkste Partei. Die Grünen wurden zu den eigentlichen Siegern der Koalitionsverhandlungen, auch wenn sie schlussendlich in der Opposition verblieben.

Eine Bilanz der ÖVP-FPÖ-Regierung lässt sich naturgemäß noch in keiner Weise ziehen. Wichtige Materien wurden angegangen: etwa der Versuch der Lösung noch offener Probleme aus der nationalsozialistischen Beraubungspolitik: 1995 war bereits durch einstimmigen Beschluss des Nationalrates der Nationalfonds für die Opfer des Nationalsozialismus geschaffen worden, am 1. Oktober 1998 war eine Historikerkommission zur Aufarbeitung eingesetzt worden, die im Februar 2003 ihren Schlussbericht vorlegte. Bereits in den Jahren 2000/2001 war eine sachgerechte Lösung in der Frage der NS-Zwangsarbeit und in der Lösung noch offener Fragen der Entschädigung von NS-Opfern erreicht worden.

Eine Katastrophe erschütterte die Weltöffentlichkeit: der 11. September 2001, der terroristische Anschlag auf das World Trade Center in New York mit dem Einsturz beider Türme. War dies der Auftakt für einen Krieg der Kulturen oder für Amerikas Triumph als alleinige Supermacht? Nicht nur für Europa, sondern auch für Österreich entstand daraus die Notwendigkeit einer völlig neuen weltpolitischen Orientierung.

Das 20. Jahrhundert / Das Jahrzehnt der Öffnung

Auch innenpolitisch unterscheiden sich die Probleme Österreichs wenig von denen seiner Nachbarn: Ob die angepeilte nachhaltige Sanierung des Staatshaushaltes gelingen kann, ob eine sachgerechte Lösung der Probleme der Pensionssicherung und des Gesundheitswesens möglich sein wird, ob die EU-Erweiterung zur Erfolgsgeschichte wird, wie sich Österreich politisch und ökonomisch im erweiterten Europa positioniert, ob der innere Umbau des Staates in Verfassungskonvent, Verwaltungsreform und weiterer Privatisierung gelingen kann, wird zwar die weitere Entwicklung von Demokratie und Wirtschaft in Österreich bestimmen. Entscheidend aber wird sein, ob das Klima des gesellschaftlichen Konsenses, das die zweite Hälfte des 20. Jahrhunderts in Österreich so erfolgreich geprägt hat, auch für die Zukunft gesichert werden kann.

Demonstration gegen Rassismus am Stephansplatz, 12. November 1999.

Zeittafel

1891	Otto Schäffler konstruiert die erste elektrische Zählmaschine Österreichs.
1892/1900	Einführung der Goldwährung (Krone-Heller)
19. 3. 1896	Erste Kinovorführung in Wien
10. 9. 1898	Ermordung Kaiserin Elisabeths
1. 1. 1900	Einführung der Kronen-Währung
15. 6. 1904	Otto Nußbaumer führt die erste drahtlose Musikübertragung durch.
10. 12. 1905	Bertha von Suttner erhält den Friedensnobelpreis.
1906/07	Einführung des allgemeinen, gleichen, direkten und geheimen Wahlrechts für Männer
14.–24. 5. 1907	Erste allgemeine Wahlen in Österreich
5. 10. 1908	Annexion von Bosnien-Herzegowina
28. 6. 1914	Ermordung von Thronfolger Franz Ferdinand und seiner Gemahlin in Sarajevo
23. 7. 1914	Ultimatum an Serbien
28. 7. 1914	Österreich-Ungarn erklärt Serbien den Krieg.
6. 8. 1914	Kriegserklärung Österreich-Ungarns an Russland
12. 8. 1914	Frankreich und England erklären Österreich den Krieg.
16. 11. 1914	Aufruf zur Zeichnung der 1. Kriegsanleihe
23. 5. 1915	Kriegseintritt Italiens
22. 6. 1915	Beginn der ersten von insgesamt 12 Isonzoschlachten
15. 5. 1916	Beginn der k. u. k. Offensive in Südtirol
4. 6. 1916	Beginn der Brussilow-Offensive
21. 10. 1916	Ermordung von Ministerpräsident Karl Graf Stürgkh durch Friedrich Adler
21. 11. 1916	Tod Kaiser Franz Josephs I. Seine Nachfolge tritt Kaiser Karl I. an.
26. 1. 1917	Einführung des Mieterschutzes
30. 5. 1917	Wiedereinberufung des Reichstages
24. 7. 1917	Erlassung des Kriegswirtschaftlichen Ermächtigungsgesetzes
7. 12. 1917	Die USA erklären Österreich-Ungarn den Krieg.
21. 10. 1918	Zusammentritt der prov. Nationalversammlung Deutsch-Österreichs
30. 10. 1918	Gründung des Staates Deutsch-Österreich; Bildung der ersten Regierung unter dem Vorsitz von Karl Renner
3./4. 11. 1918	Unterzeichnung und Inkrafttreten des Waffenstillstands zwischen Österreich-Ungarn und den Alliierten
11. 11. 1918	Verzicht Kaiser Karls auf „Anteil an den Regierungsgeschäften"
12. 11. 1918	Ausrufung der Republik Deutsch-Österreich
27. 11. 1918	Frauen erhalten das Wahlrecht.
16. 2. 1919	Wahlen zur konstituierenden Nationalversammlung
15. 3. 1919	Karl Renner bildet Koalitionsregierung aus Christlich-Sozialen und Sozialdemokraten.
23./24. 3. 1919	Kaiser Karl I. verlässt Österreich.
1919/20	Über 70 Sozialgesetze (Arbeitslosenversicherung, Arbeiterurlaub, Betriebsräte ...)
Frühjahr 1919	Einsetzen ausländischer Hilfslieferungen
17. 4. und 15. 6. 1919	Kommunistische Putschversuche in Wien
10. 9. 1919	Friedensvertrag von St. Germain
17. 12. 1919	Gesetz über die Einführung des Achtstundentages
22. 8. 1920	Eröffnung der ersten Salzburger Festspiele
1. 10. 1920	Annahme der neuen Verfassung der Republik Österreich durch die Nationalversammlung
10. 10. 1920	Volksabstimmung in Kärnten
17. 10. 1920	Nationalratswahlen: Christlich-Soziale werden stärkste Partei, die Sozialdemokraten scheiden aus der Regierung aus.
16. 12. 1920	Aufnahme Österreichs in den Völkerbund
14.–16. 12. 1921	Volksabstimmung in Westungarn. Das Burgenland kommt zu Österreich. Ödenburg (Sopron) u. Umgebung bleiben bei Ungarn.
31. 5. 1922	Prälat Ignaz Seipel wird Bundeskanzler (bis 1924 und 1926–1929).
Juli 1922	Höhepunkt der Hyperinflation
4. 10. 1922	Völkerbundanleihe von 650 Millionen Goldkronen (Genfer Sanierung).
1923	Einführung der Umsatzsteuer, Beamtenabbau
1. 6. 1924	Attentat auf Bundeskanzler Ignaz Seipel
30. 9. 1924	Gründung der RAVAG (Radio Verkehrs AG)
20. 12. 1924	Einführung der Schillingwährung
1924	Erste Einführung von Profifußball in Österreich
4. 11. 1926	Linzer Programm der Sozialdemokraten
30. 1. 1927	Zwei Todesopfer bei Zusammenstoß zwischen dem Republikanischen Schutzbund und den Frontkämpfern in Schattendorf
15. 7. 1927	Brand des Justizpalastes
1928	Erster österreichischer Tonfilm
5. 10. 1929	Krise der Boden-Credit-Anstalt
25. 10. 1929	„Schwarzer Freitag" – New Yorker Börsenkrach, Beginn der „Weltwirtschaftskrise"
18. 5. 1930	Korneuburger Eid der Heimwehr
15. 5. 1931	Enzyklika *Quadragesimo anno* von Papst Pius XI.
12.–14. 9. 1931	Gescheiterter Putschversuch des steirischen Heimwehrführers Walter Pfrimer
20. 5. 1932	Erste Regierung Dollfuß
4. 3. 1933	So genannte „Selbstausschaltung" des Parlaments, Beginn der Diktatur
7. 3. 1933	Der Ministerrat beschließt, mit dem Kriegswirtschaftlichen Ermächtigungsgesetz von 1917 zu regieren. Aufhebung der Versammlungs- und Pressefreiheit
25. 3. 1933	Auflösung und Verbot des Republikanischen Schutzbundes
20. 5. 1933	Gründung der „Vaterländischen Front"
26. 5. 1933	Verbot der Kommunistischen Partei
1. 6. 1933	„Tausendmarksperre" durch das Deutsche Reich
12. 6. 1933	Beginn einer Serie von NS-Sprengstoffanschlägen in ganz Österreich
19. 6. 1933	Verbot der NSDAP
11. 9. 1933	„Trabrennplatzrede" von Engelbert Dollfuß
12.–15. 2. 1934	Bürgerkrieg; Blutige Kämpfe zwischen dem Republikanischen Schutzbund und dem Bundesheer, verstärkt durch Heimwehreinheiten; Auflösung der Sozialdemokratischen Partei durch die Regierung
17. 3. 1934	Unterzeichnung der Römischen Protokolle, Bekräftigung der österreichisch-italienischen Zusammenarbeit
1. 5. 1934	Verkündung der Ständestaatlichen Verfassung
25. 7. 1934	Nationalsozialistischer Putschversuch, Ermordung von Bundeskanzler Engelbert Dollfuß
29. 7. 1934	Kurt Schuschnigg wird mit der Bildung einer Regierung betraut.
Ende 1934	Höhepunkt der Arbeitslosigkeit (770.000 Personen)

Das 20. Jahrhundert / Zeittafel

3. 8. 1935	Eröffnung der Großglockner-Hochalpenstraße
11. 7. 1936	Juliabkommen: Anerkennung der vollen Souveränität Österreichs, Amnestie für 17.000 Nationalsozialisten in Österreich
12. 2. 1938	Treffen Hitler–Schuschnigg am Obersalzberg (Berchtesgadener Abkommen)
11. 3. 1938	Deutsches Ultimatum an Österreich; Rücktritt von Kurt Schuschnigg, Bildung der Regierung Seyß-Inquart
12. 3. 1938	Einmarsch der Wehrmacht in Österreich
13. 3. 1938	„Bundesverfassungsgesetz" über die „Wiedervereinigung Österreichs mit dem Deutschen Reich"
15. 3. 1938	Kundgebung Hitlers auf dem Wiener Heldenplatz
1. 4. 1938	Erster Transport verhafteter Österreicher ins KZ Dachau
10. 4. 1938	Volksabstimmung über den „Anschluss"
24. 5. 1938	Aufteilung Österreichs in sieben „Gaue". Der Name Österreich wird durch „Ostmark" ersetzt.
8. 8. 1938	Beginn der Errichtung des KZ Mauthausen
29. 9. 1938	Münchner Abkommen zur Annexion der deutschsprachigen Teile der Tschechoslowakei
9./10. 11. 1938	Novemberpogrom („Reichskristallnacht")
22. 7. 1939	Verhaftungswelle unter der österreichischen Widerstandsbewegung
1. 9. 1939	Angriff auf Polen, Beginn des Zweiten Weltkriegs
1940/41	Blitzkriege
9. 11. 1940	Rede von Winston Churchill über Österreich als Opfer der NS-Aggression
22. 6. 1941	Beginn des Russlandfeldzugs
1941	Erster Hochofen in Linz angeblasen.
25. 8. 1942–2. 2. 1943	Schlacht um Stalingrad
9. 8. 1943	Hinrichtung von Franz Jägerstätter
13. 8. 1943	Beginn der Luftangriffe auf Österreich
30. 10./1. 11. 1943	Moskauer Deklaration über die Wiederherstellung eines österreichischen Staates
20. 7. 1944	Missglücktes Bombenattentat auf Hitler
29. 3. 1945	Erste alliierte Truppen erreichen österreichisches Territorium.
6.–13. 4. 1945	Kampf um Wien
27. 4. 1945	Proklamation über die Unabhängigkeit Österreichs durch die Provisorische Staatsregierung
15. 4. 1945	Gründung des ÖGB
30. 4. 1945	Selbstmord Hitlers in der Reichskanzlei
8. 5. 1945	Kapitulation des Deutschen Reichs
1. 5. 1945	Die Bundesverfassung vom 1. Oktober 1920 tritt in der Fassung von 1929 wieder in Kraft.
8. 5. 1945	Verbot der NSDAP (Registrierungspflicht)
3. 7. 1945	Schaltergesetz, 60 Prozent der vorhandenen Reichsmarkguthaben werden eingefroren.
4. 7. 1945	Erstes Kontrollabkommen; Festlegung der Besatzungszonen durch die vier Alliierten
11. 9. 1945	Alliierter Rat wird als höchstes Kontrollgremium eingesetzt.
24./25. 9. 1945	Erste Länderkonferenz
20. 10. 1945	Anerkennung der Provisorischen Staatsregierung durch den Alliierten Rat bzw. die Westmächte
25. 11. 1945	Erste Nationalratswahl der Zweiten Republik
30. 11. 1945	Wiedereinführung der Schillingwährung
20. 12. 1945	Erstes Kabinett Figl. Karl Renner wird zum Bundespräsidenten gewählt.
8. 3. 1946	Ankunft der ersten Lebensmittelhilfssendung durch die UNRRA
26. 6. 1946	Zweites Kontrollabkommen
6. 7. 1946	Beschlagnahme des gesamten „deutschen Eigentums" in der Sowjetzone durch die Sowjetunion; Errichtung der USIA
5. 9. 1946	Gruber-De Gasperi-Abkommen über Südtirol
Sommer 1947	Pariser Konferenz, Vorbereitung des Marshallplans
21. 4. 1948	Nationalrat beschließt Amnestie für minderbelastete Nationalsozialisten.
2. 7. 1948	Unterzeichnung des Marshallplan-Abkommens zwischen den USA und Österreich
27. 8. 1948	Österreich wird Mitglied der Weltbank und des Internationalen Währungsfonds.
26. 3. 1949	Gründung des Verbands der Unabhängigen (VdU)
9. 10. 1949	2. Parlamentswahlen
8. 11. 1949	Zweites Kabinett Figl
1947–1951	Fünf Lohn-Preis-Abkommen bilden den Ausgangspunkt für die österr. Sozialpartnerschaft.
4. 10. 1950	Höhepunkt der durch die Sowjets unterstützten Streikwelle
31. 12. 1950	Tod von Bundespräsident Karl Renner
6. 5. 1951	Erste Bundespräsidentenwahl durch das Volk – aus der Stichwahl am 27. Mai geht Theodor Körner als Sieger hervor.
27. 11. 1952	Inbetriebnahme des ersten LD-Stahlwerkes in der VÖEST in Linz
2. 4. 1953	Amtsantritt der Regierung Raab I
1. 5. 1953	Offizielles Ende der Lebensmittelbewirtschaftung
1953	Beginn des „Raab-Kamitz-Kurses" durch die Regierung Raab I
11. 7. 1954	Wiederbeginn des Autobahnbaus
15. 5. 1955	Unterzeichnung des österreichischen Staatsvertrages im Belvedere
1. 8. 1955	Erste Fernsehsendung in Österreich
26. 10. 1955	Bundesgesetz über die immerwährende Neutralität Österreichs
1955	Einführung des ASVG, Eröffnung des Tauernkraftwerks Glockner-Kaprun
15. 12. 1955	Beitritt Österreichs zur UNO
8. 4. 1956	Gründung der FPÖ
23. 10. 1956	Beginn des Ungarn-Aufstandes – Österreich nimmt über 200.000 Flüchtlinge auf.
12. 3. 1957	Gründung der „Paritätischen Kommission" für Lohn- und Preisfragen
30. 3. 1958	Eröffnung der ersten AUA-Fluglinie (Wien–London)
1. 2. 1959	Verkürzung der wöchentlichen Arbeitszeit auf 45 Stunden
16. 7. 1959	Bildung der Regierung Raab III
1959	volle Konvertibilität des Schillings
1. 1. 1960	Unterzeichnung des EFTA-Vertrages
1961	Raab-Olah-Abkommen: weitere Installierung sozialpartnerschaftlicher Gremien
29. 9. 1960	Der erste österreichische Atomreaktor in Seibersdorf bei Wien wird in Betrieb genommen.
11. 4. 1961	Julius Raab übergibt die Kanzlerschaft an Alfons Gorbach.
3. 6. 1961	Treffen Kennedy–Chruschtschow in Wien
1960er-Jahre	Große Bildungsoffensive (Gründung zahlreicher Höherer Schulen und Universitäten)
2. 4. 1964	Josef Klaus wird Bundeskanzler.
1964	Drei-Wochen-Urlaub
20. 10. 1964	Höhepunkt der Olah-Krise
23. 5. 1965	Franz Jonas wird zum Bundespräsidenten gewählt.
19. 4. 1966	Regierung Klaus II – ÖVP-Alleinregierung

26. 4. 1968	„Koren-Plan": Maßnahmenkatalog zur Überwindung der kurzfristigen Konjunktur- bzw. langfristigen Strukturprobleme
21. 8. 1968	Niederschlagung des „Prager Frühlings" durch die Truppen des Warschauer Paktes
1969	Paketlösung für Südtirol
3. 3. 1970	Die Regierung Josef Klaus demissioniert – SPÖ-Chef Bruno Kreisky wird mit der Bildung einer Koalitionsregierung betraut.
21. 4. 1970	SPÖ-Minderheitsregierung
21. 1. 1971	Kabinett Kreisky II. Bildung einer SPÖ-Alleinregierung
22. 12. 1971	Kurt Waldheim wird UN-Generalsekretär.
1971	Einsetzen der österreichischen Hartwährungspolitik
15. 6. 1972	Gesetz über die Einführung der Mehrwertsteuer
22. 7. 1972	Freihandelsabkommen mit der Europäischen Gemeinschaft
28. 9. 1973	Erster Terroranschlag von Palästinensern in Österreich
1973	Erste Erdölkrise, Beginn des „Austro-Keynesianismus"
14. 1. 1974	Verordnung über einen autofreien Tag pro Woche
23. 1. 1974	Beschluss der Strafrechtsreform (inklusive Schwangerschaftsabbruch)
23. 6. 1974	Rudolf Kirchschläger wird zum Bundespräsidenten gewählt.
1. 1. 1975	Verkürzung der Arbeitszeit auf 40 Stunden
21. 12. 1975	Terroranschlag auf den Sitz der OPEC in Wien
5. 11. 1978	Volksabstimmung über die Inbetriebnahme des Kernkraftwerks Zwentendorf
7. 7. 1979	Alois Mock wird ÖVP-Bundesparteiobmann.
16. 3. 1983	Einführung der Meldepflicht für AIDS nach den ersten beiden AIDS-Toten
24. 4. 1983	Nationalratswahl. Die SPÖ verliert die absolute Mehrheit.
24. 5. 1983	Angelobung der Regierung Fred Sinowatz (Kleine Koalition SPÖ-FPÖ)
27. 10. 1983	Bruno Kreisky wird als SPÖ-Parteiobmann von Fred Sinowatz abgelöst.
10.–13. 9. 1983	Erster Besuch Papst Johannes Pauls II. in Österreich
1983–1986	Kleine Koalition SPÖ-FPÖ
8. 12. 1984	Beginn der Besetzung der Hainburger Au gegen den Bau des Donaukraftwerks Hainburg
9. 7. 1985	Höhepunkt des österreichischen Weinskandals
26. 11. 1985	Höhepunkt der Verstaatlichten-Krise
1. 3. 1986	Beginn der „Waldheim-Affäre"
26. 4. 1986	Reaktorunfall im Kernkraftwerk Tschernobyl
8.–9. 6. 1986	Kurt Waldheim wird zum Bundespräsidenten gewählt. Fred Sinowatz tritt zurück; Nachfolger wird Franz Vranitzky.
13. 9. 1986	Jörg Haider neuer FPÖ-Bundesparteiobmann
8. 5. 1989	Jörg Haider Landeshauptmann von Kärnten
27. 6. 1989	Die Außenminister Gyula Horn und Alois Mock durchtrennen den Eisernen Vorhang zwischen Ungarn und Österreich bei Klingenbach.
17. 7. 1989	Außenminister Alois Mock übergibt in Brüssel Österreichs Ansuchen um Mitgliedschaft in der EG.
30. 1. 1990	Beginn des „Lucona"-Prozesses in Wien
4. 4. 1990	Beginn des „Noricum"-Prozesses
2.–10. 10. 1991	Franz Viehböck als erster Österreicher im Weltall
24. 5. 1992	Thomas Klestil wird Bundespräsident.
23. 1. 1993	„Lichtermeer" auf dem Wiener Heldenplatz
4. 2. 1993	Austritt von Heide Schmidt aus der FPÖ, Gründung des Liberalen Forums
3.–6. 12. 1993	Beginn der Briefbombenserie in Österreich
1. 1. 1994	Der Europäische Wirtschaftsraum tritt in Kraft.
12. 6. 1994	Volksabstimmung über den EU-Beitritt Österreichs
24. 6. 1994	Unterzeichnung des EU-Beitritts-Vertrages Österreichs auf Korfu
1. 1. 1995	Österreich wird Mitglied der EU.
18. 7. 1997	Einigung auf die Teilnahme Österreichs am Schengener Abkommen
1. 7.–31. 12. 1998	EU-Präsidentschaft Österreichs
3. 10. 1999	Nationalratswahlen; Mandatsgleichstand ÖVP-FPÖ
31. 1. 2000	Sanktionsdrohung der EU gegen Bildung der ÖVP-FPÖ-Regierung
12. 9. 2000	Ende der Sanktionen
1. 1. 2002	Einführung des Euro

Weiterführende Literatur

Ableitinger, Alfred, Die innenpolitische Entwicklung, in: Mantl, Wolfgang (Hg.), Politik in Österreich. Die Zweite Republik: Bestand und Wandel, Wien 1992, 119–203
Albrich, Thomas, Eisterer, Klaus, Gehler, Michael, Steiniger, Rolf (Hg.), Österreich in den Fünfzigern, Innsbruck 1995
Albrich, Thomas, Eisterer, Klaus, Steiniger, Rolf (Hg.), Tirol und der Anschluss. Voraussetzungen, Entwicklungen, Rahmenbedingungen, 1918–1938, Innsbruck 1988
Alexander, Helmut, Lechner, Stefan, Leidlmair, Adolf, Heimatlos. Die Umsiedlung der Südtiroler, Wien 1993
Außenpolitische Dokumente der Republik Österreich 1918–1938, hg. v. Klaus Koch, Walter Rauscher und Arnold Suppan, Wien 1993 ff.
Bamberger, R., Bruckmüller, Ernst, Gutkas, Karl (Hg.), Österreich-Lexikon, 2 Bde, Wien 1995
Berchtold, Klaus, Verfassungsgeschichte der Republik Österreich. Wien 1998

Bischof, Günter, Austria in the First Cold War, 1945–55. The Leverage of the Weak, London 1999
Bischof, Günter, Leidenfrost, Josef (Hg.), Die bevormundete Nation. Österreich und die Alliierten 1945–1949, Innsbruck 1988
Bischof, Günter, Pelinka, Anton, Stiefel, Dieter, (Hg.), The Marshall Plan in Austria, New Brunswick 2000
Black, Peter, Ernst Kaltenbrunner. Vasall Himmlers: Eine SS-Karriere, Paderborn 1991
Botz, Gerhard, Die Eingliederung Österreichs in das Deutsche Reich, Wien 1976
Botz, Gerhard, Gewalt in der Politik: Attentate, Zusammenstöße, Putschversuche, Unruhen in Österreich 1918 bis 1938, 2. Aufl., München 1983
Brauneder, Wilhelm, Deutsch-Österreich 1918. Die Republik entsteht, Wien 2000
Bruckmüller, Ernst, Nation Österreich: kulturelles Bewußtsein und gesellschaftlich-politische Prozesse, 2., erg. u. erw. Aufl., Wien 1996
Bruckmüller, Ernst, Sozialgeschichte Österreichs, 2. Aufl. Wien 2001

Bruckmüller, Ernst u.a., Geschichte der österreichischen Land- und Forstwirtschaft im 20. Jahrhundert, Wien 2002
Brusatti, Alois (Hg.), Julius Raab: eine Biographie in Einzeldarstellungen, Linz 1985
Butschek, Felix, Die österreichische Wirtschaft im 20. Jahrhundert, Stuttgart 1985
Dachs, Herbert, Gerlich, Peter, Müller, Wolfgang C., Die Politiker. Karrieren und Wirken bedeutender Repräsentanten der Zweiten Republik, Wien 1995
Denscher, Barbara (Hg.), Kunst & Kultur in Österreich. Das 20. Jahrhundert, Wien 1999
Die Beneš-Dekrete, hg. v. Barbara Coudenhove-Kalergi u. a., Wien 2002
Die österreichischen Bundeskanzler. Leben und Werk, hg. v. Friedrich Weissensteiner und Erika Weinzierl, Wien 1983
Die Politiker. Karrieren und Wirken bedeutender Repräsentanten der Zweiten Republik, hg. von Herbert Dachs u. a., Wien 1995

Das 20. Jahrhundert / Weiterführende Literatur

Eine europäische Erregung: die „Sanktionen" der Vierzehn gegen Österreich im Jahr 2000; Analysen und Kommentare, hg. v. Erhard Busek, Wien 2003
Embacher, Helga, Haas, Hanns, Natmessnig, Charlotte (Hg.), Vom Zerfall der Großreiche zur Europäischen Union. Integrationsmodelle im 20. Jahrhundert, Mitteilungen des Österreichischen Staatsarchivs, Sonderband 5, Wien 2000
Fischer, Heinz, Die Kreisky-Jahre 1967–1983, Wien 1993
Fischer, Heinz, Gratz, Leopold (Hg.), Bruno Pittermann – Ein Leben für die Sozialdemokratie, Wien 1985
Gehler, Michael, Der lange Weg nach Europa. Österreich vom Ende der Monarchie bis zur EU, 2 Bde, Innsbruck 2002
Gehler, Michael, Sickinger, Hubert (Hg.), Politische Affären und Skandale in Österreich. Von Mayerling bis Waldheim, Innsbruck 1995
Goldinger, Walter, Dieter A. Binder, Geschichte d. Republik Österreich: 1918–1938, Wien 1992
Hagspiel, Hermann, Die Ostmark: Österreich im Großdeutschen Reich 1938–1945, Wien 1983
Hamann, Brigitte, Hitlers Wien. Lehrjahre eines Diktators, München 1996
Handbuch des politischen Systems Österreichs, hg. von Herbert Dachs u. a., Wien 1991
Handbuch des politischen Systems Österreichs. Erste Republik 1918–1933, hg. von E. Tálos u. a., Wien 1995
Hanisch, Ernst, Der lange Schatten des Staates. Österreichische Gesellschaftsgeschichte im 20. Jahrhundert, Österreichische Geschichte, hg. von H. Wolfram, Bd. 9, Wien 1994
Hanisch, Ernst, Gau der guten Nerven: die nationalsozialistische Herrschaft in Salzburg 1938–1945, Salzburg 1997
Hautmann, Hans, Geschichte der Rätebewegung in Österreich, Wien 1983
Höbelt, Lothar, Von der vierten Partei zur dritten Kraft. Die Geschichte der VdU, Graz 1999
Hopfgartner, Anton, Kurt Schuschnigg, Graz 1989
Jabloner, Clemens u.a., Schlussbericht der Historikerkommission der Republik Österreich, Wien 2003
Jagschitz, Gerhard, Mulley, Klaus-Dieter (Hg.), Die wilden fünfziger Jahre. Gesellschaft, Formen und Gefühle eines Jahrzehnts in Österreich, St. Pölten 1985
Karner, Stefan, Die Steiermark im 20. Jahrhundert: Politik, Wirtschaft, Gesellschaft, Kultur, Graz 2000
Kerekes, Lajos, Von St. Germain bis Genf. Österreich und seine Nachbarn, 1918–1922, Wien 1979
Khol, Andreas, Faulhaber, Theodor, Ofner, Günther (Hg.), Die Kampagne. Kurt Waldheim – Opfer oder Täter? Hintergründe der Szenen eines Falles von Medienjustiz, München 1987
Kindermann, Gottfried-Karl, Hitlers Niederlage in Österreich, Hamburg 1984
Kindermann, Gottfried-Karl, Österreich gegen Hitler. Europas erste Abwehrfront 1933 bis 1938, München 2003
Kirchschläger, Rudolf, Immer den Menschen zugewandt: Reden von Bundespräsident Dr. Rudolf Kirchschläger aus den letzten 25 Jahren, hrsg. von Josef Pühringer, Wien 2000
Klaus, Josef, Macht und Ohnmacht in Österreich, Wien 1971
Klemperer, Klemens von, Ignaz Seipel. Staatsmann einer Krisenzeit, Graz 1976
Knight, Robert, „Ich bin dafür, die Sache in die Länge zu ziehen." Die Wortprotokolle der österreichischen Bundesregierung von 1945 bis 1952 über die Entschädigung der Juden, Frankfurt 1988
Kos, Wolfgang, Rigele, Georg (Hg.), Inventur 45/55, Wien 1996

Kreisky, Bruno, Zwischen den Zeiten; Im Strom der Politik, Erinnerungen, 3 Bde, Wien 1986/88
Kreissler, Felix, Der Österreicher und seine Nation, Wien 1984
Kriechbaumer, Robert (Hg.), Österreichische Nationalgeschichte seit 1945. Der Spiegel der Erinnerung. Die Sicht von innen, Wien 1998
Kriechbaumer, Robert, Die großen Erzählungen der Politik. Politische Kultur und Parteien in Österreich von der Jahrhundertwende bis 1945, Wien 2001
Kriechbaumer, Robert, Hg., Die Ära Josef Klaus. Österreich in den „kurzen" sechziger Jahren, Wien 1998
Kriechbaumer, Robert, Schausberger, Franz (Hg.), Volkspartei – Anspruch und Realität. Zur Geschichte der ÖVP seit 1945, Wien 1995
Kriechbaumer, Robert, Schausberger, Franz, Weinberger, Hubert, (Hg.), Die Transformation der österreichischen Gesellschaft und die Alleinregierung Klaus, Salzburg 1995
Luza, Radomir, Widerstand in Österreich 1938–1945, Wien 1985
Mähr, Wilfried, Der Marshallplan in Österreich, Graz 1989
Mantl, Wolfgang (Hg.), Politik in Österreich. Die Zweite Republik: Bestand und Wandel, Wien 1992
Matis, Herbert, Die Wundermaschine: die unendliche Geschichte der Datenverarbeitung; von der Rechenuhr zum Internet, Frankfurt 2002
Mayrhofer, Fritz, Schuster, Walter (Hg.), Nationalsozialismus in Linz, 2 Bde, Linz 2001
Nasko, Siegfried, Reichl, Johannes, Karl Renner. Zwischen Anschluß und Europa, Wien 2000
NS-Herrschaft in Österreich. Ein Handbuch, hg. von Emmerich Tálos/Ernst Hanisch/Wolfgang Neugebauer/Reinhard Sieder, Wien 2001
Österreich 1918–1938. Geschichte der Ersten Republik, Bd. 1, hg. von Erika Weinzierl/ Kurt Skalnik, Graz 1983
Österreich und die Große Krieg 1914–1918. Die andere Seite der Geschichte, hg. v. Klaus Amann und Hubert Lengauer, Wien 1989
Österreich. Die Zweite Republik, 2 Bde, hg. von Erika Weinzierl/Kurt Skalnik, Graz 1972
Panagl, Oswald, Kriechbaumer, Herbert, Hg., Wahlkämpfe. Sprache und Politik, Wien 2002
Pape, Matthias, Ungleiche Brüder. Österreich und Deutschland 1945–1965, Wien 2000
Paul Bernhard Wodrazka, Und es gab sie doch! Die Geschichte der christlichen Arbeiterbewegung in Österreich in der Ersten Republik (Europäische Hochschulschriften III/950, Frankfurt 2003
Pelinka, Anton, Die Kleine Koalition. SPÖ-FPÖ 1983–1986, Wien 1993
Pelinka, Peter, Österreichs Kanzler: von Leopold Figl bis Wolfgang Schüssel, Wien 2000
Plaschka, Richard, Haselsteiner, Horst, Suppan, Arnold, Drabek, Anna, Zaar, Brigitta (Hg.), Mitteleuropa-Konzeptionen in der ersten Hälfte des 20. Jahrhunderts, Wien 1995
Rathkolb, Oliver, Washington ruft Wien. U.S.-Großmachtpolitik und Österreich 1952–1962, Wien 1995
Rauchensteiner, Manfried, Der Sonderfall. Die Besatzungszeit in Österreich 1945 bis 1955, Wien 1995
Rauchensteiner, Manfried, Der Tod des Doppeladlers. Österreich-Ungarn und der Erste Weltkrieg, Graz 1993
Rauchensteiner, Manfried, Die Zwei. Die Große Koalition in Österreich 1945–1966, Wien 1987
Rauscher, Walter, Karl Renner. Ein österreichischer Mythos, Wien 1995
Renner, Karl, Österreich von der Ersten zur Zweiten Republik, Wien 1953

Rennhofer, Friedrich, Ignaz Seipel, Wien 1978
Rumpler, Helmut, Eine Chance für Mitteleuropa. Bürgerliche Emanzipation und Staatsverfall in der Habsburgermonarchie. Österreichische Geschichte 1804–1914, Wien 1997
Sandgruber, Roman, Norbert Loidol, Der Eiserne Vorhang. Die Geschichte – Das Ende – Die Mahnung, in: Der Eiserne Vorhang. Katalog zur Sonderausstellung des Heeresgeschichtlichen Museums, Wien 2001, 15–52
Sandgruber, Roman, Ökonomie und Politik. Österreichische Wirtschaftsgeschichte vom Mittelalter bis zur Gegenwart, Wien 1995
Schausberger, Franz, Ins Parlament, um es zu zerstören, Wien 1995
Schausberger, Norbert, Der Griff nach Österreich. Der Anschluss, Wien 1978
Schmidl, Erwin A., Der „Anschluß" Österreichs. Der deutsche Einmarsch im März 1938, Bonn, 3. Aufl. 1994
Schmidl, Erwin A., Die Ungarnkrise 1956 und Österreich, Wien 2003
Schmidl, Erwin A., Österreich im frühen Kalten Krieg 1945–1958. Spione, Partisanen, Kriegspläne, Wien 2000
Stadler, Friedrich, Weibel, Peter (Hg.), The Cultural Exodus from Austria, Wien 1995
Stadler, Karl R., Hypothek auf die Zukunft. Republik 1918–1921, Wien 1968
Steininger, Rolf, Südtirol zwischen Diplomatie und Terror 1947–1969, 3 Bde, Bozen 1999
Steininger, Rolf, Gehler, Michael (Hg.), Österreich im 20. Jahrhundert, 2 Bde, Wien 1997
Stiefel, Dieter, Die große Krise in einem kleinen Land. Österreichische Finanz- und Wirtschaftspolitik 1929–1938, Wien 1988
Stiefel, Dieter, Die österreichischen Lebensversicherungen und die NS-Zeit: wirtschaftliche Entwicklung; politischer Einfluß; jüdische Polizzen, Wien 2001
Stourzh, Gerald, Um Einheit und Freiheit. Staatsvertrag, Neutralität und das Ende der Ost-West-Besetzung Österreichs 1945–1955, Wien 1998
Stourzh, Gerald, Vom Reich zur Republik. Studien zum Österreichbewusstsein im 20. Jahrhundert, Wien 1990
Stourzh, Gerald, Zaar, Brigitta (Hg.), Österreich, Deutschland und die Mächte. Internationale und österreichische Aspekte des „Anschlusses" vom März 1938, Wien 1990
Suppan, Arnold, Jugoslawien und Österreich 1918–1938. Bilaterale Außenpolitik im europäischen Umfeld, Wien 1996
Svoboda, Wilhelm, Die Partei, die Republik und der Mann mit den vielen Gesichtern. Oskar Helmer und Österreich II, Wien 1993
Traum und Wirklichkeit. Wien 1870–1930. Katalog, Wien 1985
Trost, Ernst, Figl von Österreich: das Leben des ersten Kanzlers der Zweiten Republik, 6. Aufl. Wien 1992
Ulrich, Johann, Der Luftkrieg über Österreich 1939–1945, Wien 1986
Volsansky, Gabriele, Pakt auf Zeit. Das deutsch-österreichische Juli-Abkommen 1936, Wien 2001
Wagnleitner, Reinhold, Coca-Colonisation und Kalter Krieg. Die Kulturmission der USA in Österreich nach dem Zweiten Weltkrieg, Wien 1991
Walterskirchen Gudula, Starhemberg oder Die Spuren der „30er Jahre", Wien 2002
Williamson, Samuel R., Austria-Hungary and the Origins of the First World War, New York 1991
Wohnout, Helmut, Regierungsdiktatur oder Ständeparlament? Gesetzgebung im autoritären Österreich, Wien 1993

Bild- und Quellennachweis

© VBK, Wien 2003 (Abdruck mit freundl. Genehmigung v. Frau Y. Weiler): 105

Agentur Regina M. Anzenberger/Foto: Toni Anzenberger: kl. Umschlagbild

Agentur Regina M. Anzenberger/Foto: Robert Newald: 170

CONTRAST/Hausner: 179

Imagno/Austrian Archives, Wien: Frontispiz, 21 (unten), 30 (unten), 33 (oben links), 38 (oben), 41 (oben), 44 (unten links), 56 (oben rechts,© bei den Rechtsnachfolgern Reyl-Hanisch), 65 (oben), 73, 78 (unten), 94 (oben/Foto: Gerhard Trumler), 102 (rechts), 133, 137, 147, 148 (oben rechts u. unten), 149 (oben links), 160 (unten), 161 (unten), 162 (oben links), 163, 172, 178, 180

Institut für Zeitgeschichte – Bildarchiv: großes Umschlagbild, 18, 50, 65 (unten), 68 (unten), 69 (oben), 78 (oben), 81 (links), 82 (unten links), 87, 90, 92, 95 (unten), 99 (oben), 103 (rechts), 157 (unten)

Österr. Staatsarchiv/Foto: Andreas Dobslaw: Umschlagbild hinten, 129 (re.)

Heeresgeschichtliches Museum Wien: 46

Niederösterreichisches Landesmuseum: Bild am Buchrücken

Oberösterreichisches Landesmuseum, Linz: 39 (oben links)

Wiener Stadt- und Landesbibliothek, Plakatsammlung: 47, 53 (Mitte), 72, 77 (unten), 89, 112 (unten), 117 (unten), 119

Foto Votava: 26 (rechts), 27, 28 (unten), 79, 104 (unten), 111 (unten), 118, 127 (oben), 131, 138, 141, 143, 148 (oben links), 153, 155, 158, 164, 166, 168, 169, 184

Foto Thomas Hofmann: 55 (unten), 70 (unten)

Arbeiterkammer Wien: 49 (rechts)

Dokumentationsarchiv des öst. Widerstandes: 49 (li.), 66 (ob.), 83 (ob.), 93, 98

Galerie Magnet, Kunsthandel: Nachsatz (Abdruck mit freundlicher Genehmigung von Frau Prof. Leonore Boeckl)

Lehár-Schlössl, Wien: 12 (unten)

Stadtarchiv Wels: 24

Foto Herbert Sündhofer: 29 (oben rechts u. unten), 156 (unten)

Haus-, Hof- und Staatsarchiv, Wien: 30 (oben)

Erzbischöfliches Dom- und Diözesanmuseum, Wien: 51

Kärntner Landesarchiv, Klagenfurt: 43 (unten)

Burgenländisches Landesarchiv, Eisenstadt: 44 (oben)

Österreichische Galerie Belvedere: 10 (unten)

Wien Museum: 63, 107 (links), 108

Bundespressedienst, Wien: 125 (unten), 126 (oben rechts), 156 (oben), 181, 185

Bildarchiv der Österr. Nationalbibliothek: 11 (oben), 15 (links), 26 (links), 34 (oben), 37 (unten), 38 (unten), 40 (unten), 55 (unten), 57 (unten), 60 (unten), 67 (oben), 83 (Mitte), 95 (oben), 97, 176

Flugblätter-, Exlibris- und Plakatsammlung d. Ö. Nationalbibliothek: 35 (ob.)

Archiv d. Gedenkstätte Mauthausen, BM f. Inneres: 85, 86 (oben), 99 (unten)

Salzburger Literaturarchiv: 96 (Mitte rechts)

Stadtarchiv Bregenz: 102 (links)

Gerhard Trumler: 177

Harry Weber, Wien: 59

Bildstelle der Niederösterreichischen Landesregierung: 124 (unten)

Presse- und Informationsdienst der Stadt Wien: 112 (oben)

CASE STEYR Landmaschinentechnik, St. Valentin: 139 (oben)

Kulturforum St. Pölten: 139 (unten)

Foto Dr. Hermann Grögl, Wien: 91, 101, 135 (rechts)

Foto Willfried Gredler-Oxenbauer: 61 (unten)

Bundespolizeidirektion Wien - Archiv: 53 (oben re.), 103 (links), 114, 117 (oben)

PROFIL-Fotoarchiv: 171

© Erich Sokol: 165

Foto Helmut Baar: 154

Foto Oliver Herrmann, Berlin: 173

Foto Fritz Kern: 159

Foto Johann Gürer: 160 (oben links)

Foto Barbara Pflaum: 130, 140 (unten), 144, 149 (oben re. u. unten), 157 (ob.)

János Kalmár: 187

Foto Viktor Kabelka bzw. Sammlung Viktor Kabelka: 14, 21 (oben), 67 (un.), 71, 82 (ob.), 86 (un.), 121

Sammlung Kurt Apfel: 58, 62

Ernst Hanisch, Salzburg: 84 (unten rechts)

Sammlung Judith Büttner, Wien: 68 (oben)

Sammlung Hänsel, Wien: 13 (oben), 23, 25, 28 (oben), 29 (oben li.), 31, 32 (oben u. Mitte), 34 (unten), 37 (re.), 39 (unten), 43 (oben), 45, 56 (unten), 57 (unten), 60 (unten), 61 (oben), 64, 69 (unten), 70 (oben), 75 (oben), 80 (oben u. unten li.), 81 (unten), 82 (unten Mitte u. re.), 84 (oben), 94 (unten), 96 (links u. Mitte li.), 106, 120, 122, 123, 124 (unten), 127 (unten), 134, 136, 162 (unten), 174, 175

Archiv Heinz Hacker, Wien: 33 (oben rechts u. unten), 37 (links)

Sammlung La Speranza, Wien: 80 (unten rechts), 84 (unten links)

Zeichnungen u. Karten Peter Pleyel: 20, 36, 42, 52 (oben), 54, 88, 115, 116, 182

Sammlung Peter Pleyel: 36 (unten), 110, 111 (oben), 113

Sammlung Sachslehner, Wien: 13 (unten), 15 (rechts), 48, 56 (links), 74, 75 (unten), 76 (aus: Hellmuth Langenbucher, Volkhafte Dichtung der Zeit, Berlin 1939), 96 (unten), 161 (oben), 162 (oben rechts)

Archiv Pichler Verlag: Vorsatz, 6, 10 (links), 11 (unten), 17, 19, 32 (unten), 35 (unten), 39 (rechts), 52 (unten), 53 (oben links), 53 (unten), 66 (unten), 77 (links), 83 (unten), 96 (oben), 100, 104 (oben), 107 (rechts), 125 (unten), 126 (links), 128, 129 (links), 132, 142, 145, 151, 160 (oben links)

Privatbesitz: 12 (oben), 22, 41, 44 (unten rechts), 81 (oben rechts), 152

Neue Glühlichter, 1908: 16

H. Kesten, Lauter Literaten. Porträts. Erinnerungen. Wien 1963: 77 (ob. re.)

Karl Heinz Ritschel, Julius Raab. Salzburg 1975: 126 (un.), 135 (li.), 140 (oben)

Wiener Stadt- und Landesbibliothek: 109

Autor und Verlag bedanken sich für die freundlichen Abdruckgenehmigungen. Die Rechtslage bezüglich der reproduzierten Bildvorlagen wurde – soweit möglich – sorgfältig geprüft; eventuell berechtigte Ansprüche werden bei Nachweis vom Verlag in angemessener Weise abgegolten.

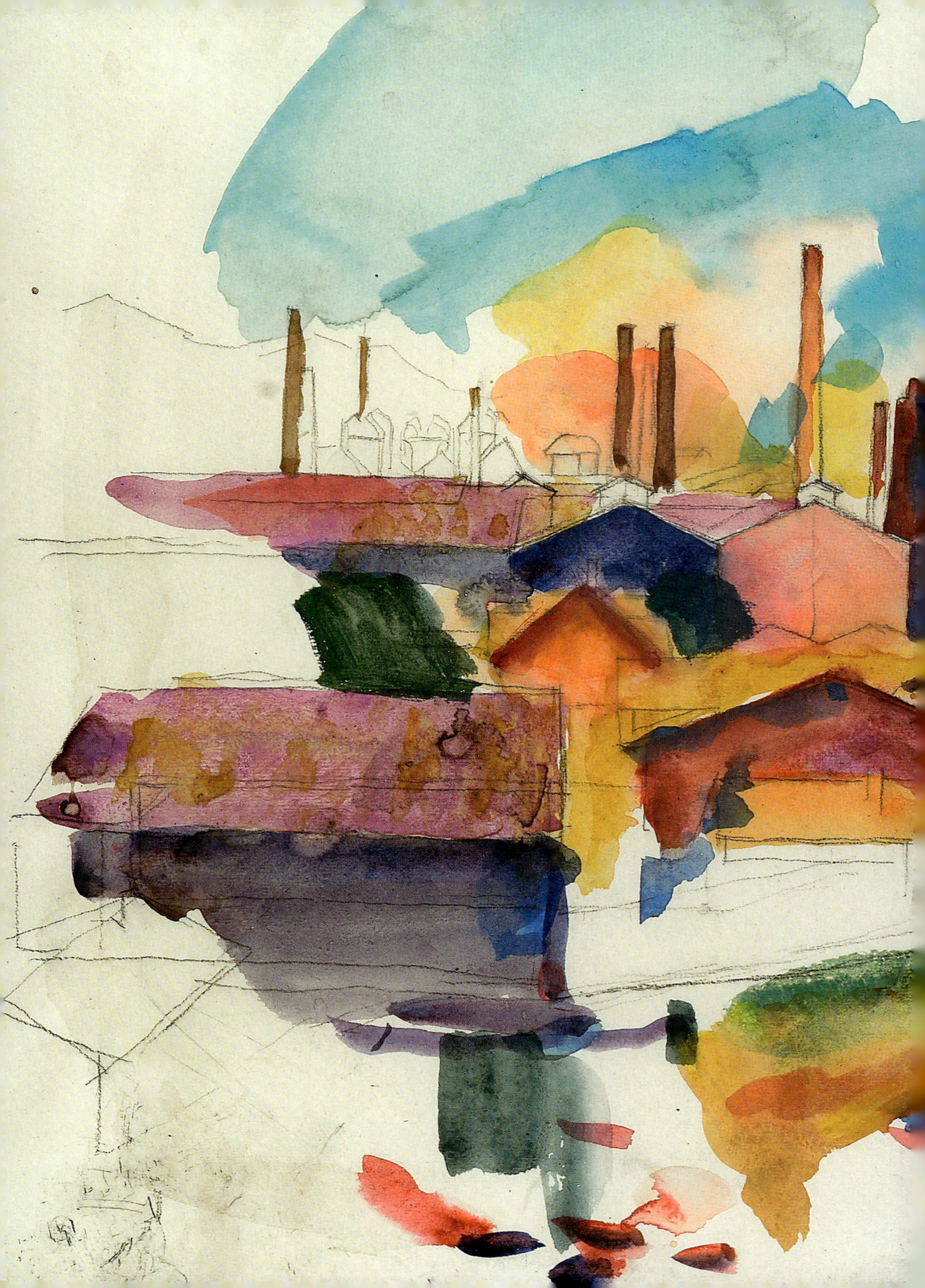